Beate Großegger
Bernhard Heinzlmaier

Die neuen vorBilder der Jugend

Stil- und Sinnwelten im neuen Jahrtausend

G&G Verlag

Die Deutsche Bibliothek – CIP-Einheitsaufnahme
Der Titeldatensatz für diese Produktion ist bei der Deutschen Bibliothek erhältlich.

Gedruckt mit Förderung des Bundesministeriums für Wissenschaft und Forschung sowie der Magistratsabteilung 7 (Wissenschafts- und Forschungsförderung) der Stadt Wien

1. Auflage 2007

Umschlaggestaltung und Layout: Pia Moest
Lektorat: Susanne Held
Satz: grafik design jeannette pobst, wien
Coverfoto: © Universal Music
Druck: Printed in Europe
ISBN 978-3-7074-0519-4

Inhalt

Auf den Spuren der „Spaßgesellschaft"

Beate Großegger

„Früher war alles anders“: Jugend in der individualisierten Gesellschaft

„Wir sind die Spaßgesellschaft – ja, das stimmt schon“, meint Nina. „Ich hab damit kein Problem ...“. Warum auch? Was soll schlecht daran sein, wenn man das Leben genießen und Spaß haben will? Nina ist ein weltoffener und lebenslustiger Typ. Was in der Jugendkultur derzeit so läuft, darüber weiß sie Bescheid. „Aber ich zähle zu den Normaleren“, sagt sie. „Ich bin nicht so der Freak.“ Dennoch bekennt sie sich offen zum Spaßprinzip. Und damit ist sie nicht allein. Wenn auch mit kleinem Augenzwinkern sehen heute sieben von zehn Jugendlichen in dem Ausspruch „Der einzige Weg, das Leben zu ertragen, ist es zu genießen“ so etwas wie eine persönliche Lebensphilosophie. (Institut für Jugendkulturforschung 2005a) Bei Erwachsenen trägt ihnen das den Ruf ein, die Speerspitze der so genannten Spaß- und Ego-Gesellschaft zu sein. Die Jugendlichen selbst sehen es freilich anders.

Wer einen Blick in die Geschichte wagt, wird feststellen: Derlei Auffassungsunterschiede zwischen Jung und Alt sind nicht neu. Jede Erwachsenengesellschaft hat ein Idealbild, wie Jugendliche sein sollten. Und fast immer wird sie von der Jugend enttäuscht – eine Konstante der Beziehung zwischen Jung und Alt, die sich durch die historischen Epochen zieht wie ein roter Faden. Schon die „alten Griechen“ hatten ihre liebe Not mit dem Nachwuchs: Sokrates klagte, so wird überliefert, dass die Jugend dem Luxus fröne und Autoritäten missachte. Außerdem habe sie schlechte Manieren und widme sich allerlei unnützen Beschäftigungen wie etwa Tratschen und Herumlungern. Zweieinhalbtausend Jahre später hat sich, so scheint es, in der Einschätzung der Erwachsenen diesbezüglich wenig geändert. Auch heute noch stoßen sich viele daran, dass Jugendliche lieber mit ihren Freunden „abhängen“ und „chillen“, als sich einer (aus Sicht der Erwachsenen) sinnvollen Aktivität zu widmen – etwa sozialem oder auch politischem Engagement. Auch heute noch akzeptieren Erwachsene es nicht so ohne weiteres, wenn Jugendliche nicht bereitwillig in ihre Fußstapfen treten, um all das fortzuführen, was sie selbst für gut, recht und sinnvoll halten, sondern stattdessen ihre eigenen Mittel und Wege nutzen, um in der Welt, in der sie groß werden, einen Platz für sich zu suchen und zu finden. Und nach wie vor tut sich vorzugsweise beim Freizeitverhalten, bei den Vorbildern und Idolen, aber auch bei den Wertvorstellungen und der Philosophie des „Savoir-vivre“ zwischen dem, was aus Sicht der Erwachsenen wünschenswert wäre, und dem, was den Jugendlichen gefällt, eine Kluft auf.

Zugegeben, die Erwachsenen waren vermutlich noch nie so bemüht, „ihre“ Jugendlichen zu verstehen, wie heute. Eine Vielfalt an Erziehungsratgebern, die die Regale der Buchhandlungen füllen, zeugen davon. Dennoch haben Kids und Jugendliche noch immer den Eindruck, dass Erwachsene „einfach nix kapieren". Die Jugendforschung liefert dazu beklemmende Daten: Ganze achtzig Prozent der 11- bis 18-Jährigen meinen, man müsse Erwachsene besser über die Anliegen der Jugendlichen informieren, damit diese mehr Verständnis zeigen. (Institut für Jugendkulturforschung 2005a)

Einen Generationenkonflikt gibt es – aus Sicht der Jugendlichen – zwar nicht. Die Jugendlichen haben aber vielfach das Gefühl, man lebe aneinander vorbei. Kein Wunder, denn die Beschäftigung der Erwachsenen mit der Jugend konzentriert sich allzu oft einseitig auf Problemthemen, die sie selbst als bedeutsam empfinden: Angefangen bei fehlenden Ausbildungsplätzen und mangelnden beruflichen Zukunftschancen bis zu Verhaltensauffälligkeiten, psychischen Störungen und dem Trend zur Konsumsucht, der den Medien in steter Regelmäßigkeit eine dicke Schlagzeile wert ist. Jugend wird hier, so scheint es, zum Problem: Einem Problem, dem die Erwachsenenwelt mit geeigneten Strategien im politischen, präventiv-pädagogischen und auch therapeutischen Bereich oft nur mehr schlecht als recht beizukommen versucht. Das, was für breite Mehrheiten unter den Jugendlichen Normalitätsstatus hat, was in ihrem Alltag neben all den Problemen und Gefahren, die das Leben so mit sich bringt, abgeht, was ihnen wichtig und im Umfeld der Gleichaltrigen Thema ist, bleibt allzu oft ausgeblendet. Woran es fehlt, ist Interesse für die vielfältigen kulturellen Stile, mit denen Jugendliche ihrem Lebensgefühl Ausdruck geben und mit denen sie auf die unübersichtliche und oftmals überfordernde Welt, in der sie leben, reagieren.

Markus, 15, zum Thema Generationenbeziehung: „Konflikt gibt es keinen. Aber ich glaube, man lebt so irgendwie aneinander vorbei."
Nadja, 14: „Die Erwachsenen sollten sich mehr mit den Dingen befassen, über die ich mit meinen Freunden rede."

Aufwachsen im Zeitalter der Individualisierung

Wenn man über die „heutige Jugend" spricht, tut man dies in der Regel, indem man mit früheren Jugendgenerationen vergleicht. Und ganz automatisch gelangt man dabei an den Punkt, dass früher vieles, um nicht zu sagen alles, anders war. Doch das ist ohnehin klar, denn früher war früher und heute ist heute. In nahezu allen Lebensbereichen hinterlässt der soziale, kulturelle, technologische und auch ökonomische Wandel seine Spuren. Das, was sich vormals im Alltag bewährt hat, das, was mehrheitsfähig war, und auch das, was aus Sicht der Jugendlichen geeignet erschien, um sich von den Eltern abzugrenzen und als eigene, neue Generation zu definieren, hat heute kaum mehr Bedeutung. Zumindest hat es nicht mehr dieselbe Bedeutung wie früher, als die Welt eben noch eine andere war. Die Gesellschaft hat sich während der letzten Jahrzehnte gewaltig verändert – und mit ihr die Jugend, die in ihr heranwächst. Soziologen und Soziologinnen sprechen von gesellschaftlichen Modernisierungsprozessen. Und sperrige Fachbegriffe wie „Individualisierung" oder „Globalisierung" avancieren selbst unter wissenschaftlichen Laien zu populären Schlagwörtern unserer Zeit: Sie helfen uns verstehen, warum das Heute mit dem Früher so ganz und gar nicht vergleichbar ist.

Individualisierung meint, dass etablierte gesellschaftliche Institutionen wie die Kirche oder die Politik, aber auch traditionelle Solidargruppen wie die Familie, Jugendorganisationen und Verbände als Ordnungskraft in der Lebensführung der Menschen an Bedeutung verlieren. In vielen Bereichen des Alltags schwindet damit die soziale Kontrolle. Der eigene Gestaltungsspielraum wächst. Das eröffnet neue Chancen, es birgt aber auch vielfältige neue Risiken, denn wer in einer Welt lebt, die nicht länger von der ordnungsstiftenden Verbindlichkeit und Klarheit traditioneller Strukturen regiert wird, kann sich nicht einfach zurücklehnen und darauf warten, dass das eigene Leben entlang einer von außen vorgegebenen Ordnung seinen Gang nehmen wird. Im Zeitalter der Individualisierung muss man sein Leben selbst in die Hand nehmen. Man muss selbst etwas daraus machen. Und genau das ist gar nicht so einfach, zumal es verschiedenste Möglichkeiten und Wege gibt und man das Passende erst einmal finden muss. Optionenvielfalt bedeutet nämlich nichts anderes, als dass wir alle ständig mit bohrenden Fragen konfrontiert werden und gezwungen sind, für allerlei Sinn-, Seins- und auch Stilfragen quasi in Eigenregie passende Lösungen zu finden. Sich in einem Stressberuf selbst verwirklichen und Karriere machen oder sich lieber in einem weniger interessanten Berufsfeld ausbilden lassen, weil die Jobs dort weniger anstrengend und vergleichsweise sicher sind? Heiraten, Familie gründen und ein Einfamilienhaus bauen oder lieber eine Parttime-Beziehung auf Distanz, die sich zwar mit Zimmerpflanzen und einem Haustier vereinbaren lässt, mit Kindern jedoch nicht? Eine schicke Thailandreise, um nach dem Tsunami Devisen ins Land zu bringen und so die Tourismuswirtschaft anzukurbeln oder stattdessen ein Urlaub zuhause bei Freunden, weil Katastrophen-Sightseeing widerlich und Langstreckenflüge ökologisch bedenklich sind? Eine billige Kosmetik-Eigenmarke aus dem Supermarkt, die, wie man hört, gar nicht so schlecht sein soll, oder doch besser das qualitätsgeprüfte Trendprodukt aus der Parfümerie? Jeans von „H&M" oder lieber von „Diesel" oder vielleicht auch beides? Jeder und jede Einzelne steht in wichtigen und auch scheinbar banalen Dingen des Alltags ständig vor der Herausforderung, aus der Vielfalt der Möglichkeiten auszuwählen und dabei die „richtige" Entscheidung zu treffen. Nicht selten bedeutet das Überforderung.

Auch **Globalisierung** kann Überforderung bedeuten. Zumindest macht sie unser Leben komplex. Im Zeitalter der Globalisierung sind wirtschaftliche, soziale, aber auch kulturelle Prozesse nicht mehr wie einst auf ein geographisch überschaubares, räumlich begrenztes Aktionsfeld beschränkt. Drängenden Fragen der Zeit, etwa im Bereich der Umwelt- oder Entwicklungspolitik, ist mit nationalen Strategien kaum mehr beizukommen. Wirtschafts-, Arbeitsmarkt- und Sozialpolitik wird immer öfter an die Forderung geknüpft, über den Tellerrand des Nationalstaatlichen hinauszublicken und in einem größeren, globalen Zusammenhang zu denken. Heute ist nahezu alles mit allem in irgendeiner Form vernetzt. Das verändert u.a. auch die Beziehung der Menschen untereinander. Es hat Einfluss auf die Art und Weise, wie Menschen Gemeinschaft verstehen und wie sie sie leben. Und es hat natürlich ebenso Einfluss darauf, wie sie die Welt sehen. Botschaften und Bilder strömen durch weltweit verknüpfte Datennetze. Medien und neue Informations- und Kommunikationstechnologien sorgen zumindest in der westlichen Welt für eine zunehmende mediale Durchdringung des menschlichen Alltags. Sie holen Ereignisse aus der ganzen Welt in unsere Wohnzimmer. Dabei informieren sie nicht nur über die Tagespolitik aus aller Herren Länder und liefern Bilder von Kriegsgebieten und Krisenherden frei Haus, sie verbreiten auch Lifestyle-Trends und unterstützen damit, dass sich in der westlichen industriellen Welt im Konsum- und Freizeitverhalten bestimmte Muster ausbilden, die über nationale Grenzen hinweg wirken.

Lifestyles, auf deutsch: Lebensstile, beeinflussen die Lebensführung der Menschen. Sie funktionieren als flexibler Orientierungsrahmen. Sie bieten ausreichend Raum für individuelle Interpretationen und Umsetzungsweisen, stecken zugleich aber auch einige Eckpunkte ab, wie man seinen Alltag im Bezugsfeld des Lebensstils richtig organisiert: Was man tut und was man lässt, welche Prioritäten man setzt, wie man (guten) Geschmack beweist und, besonders wichtig, wie man all das durch entsprechende Stilmittel Ausdruck verleiht – angefangen beim Kleidungsstil, Freizeitverhalten, über Sprache bis zur Ess- und Trinkkultur und dem Konsum legaler oder auch illegaler Drogen. Niemand wird hier verpflichtet, mit dem Trend zu gehen, aber man wird – unterstützt durch Medien und Marketing – immerhin offensiv dazu eingeladen, die individuelle Lebensführung lifestyle-kompatibel zu re-organisieren.

In Zeiten der globalisierten Multi-Optionalität werden Lebensstile immer wichtiger: Sie funktionieren als Mittel der sozio-kulturellen Selbstvergewisserung und entlasten somit vom allgemeinen Orientierungsdruck, der aus der gesellschaftlichen Individualisierung resultiert und den Alltag des Gegenwartsmenschen prägt. Und sie bilden dabei ein Kontrastprogramm zu traditionellen Orientierungsinstanzen wie Kirche oder Politik, in denen klar umrissene Regeln und Normen den Ton angeben. Es mag ein wenig paradox klingen, aber genau das ist der Grund, warum sich heute Menschen, die sich als Individualisten begreifen und jede Form von Gruppenzwang scheuen, freiwillig einem Lebensstil „unterordnen". Der große deutsche Soziologe Gerhard Schulze spricht hier von einer „Bereitschaft zu Gemeinsamkeit", die durch die „Entgrenzung des Lebens" in individualisierten Gesellschaften entsteht. (Schulze 1995: 78)

Lifestyle bedeutet Orientierung

Der Lifestyle-Markt deckt mit seinem Angebot an lebensstilgerechten Mustern der Lebensführung heute einen wichtigen Teil jenes Orientierungsbedarfs ab, der vormals von etablierten gesellschaftlichen Institutionen gestillt wurde. Und er befördert zugleich auch, dass fernab der traditionellen Solidargruppen neue Formen der Gemeinschaft entstehen, in die man weder „hineingeboren" noch von den Älteren „hineinerzogen" wird, sondern die darin gründen, dass sich Menschen einen Lebensstil wählen, um ihn mit anderen zu teilen. Gemeinsamkeit entsteht hier durch gemeinsame Identifikation und sie wirkt weit über den sozialen Nahraum hinaus. Unterschiede zwischen verschiedenen Lebensstilgruppen werden mit allen möglichen und unmöglichen Mitteln der Selbstdarstellung, vor allem aber durch demonstrativen Konsum ganz bestimmter lifestyle-kompatibler Güter in Szene gesetzt. Konsumartikel werden nicht nach ihrem Funktionswert beurteilt, sondern an ihrem Symbolwert gemessen und als Image-Bausteine genutzt. Sie dienen dazu, nach außen hin für alle gut sichtbar Zugehörigkeit zu einer Lebensstilgruppe zu zeigen. Das heißt nun nichts anderes, als dass Lebensstile eine Ordnungskraft besitzen, die das soziale Miteinander strukturiert. Selbst die vormals graue Welt der Politik kann und will auf Lifestyle-Inszenierungen nicht mehr verzichten. Die Frage „Teurer Italienischer Rotwein oder lieber Bier?" entscheidet da schon einmal über das Profil, das einem Politiker vom Wahlvolk zugeschrieben wird. Nicht zuletzt deshalb beschreiben Sozialwissenschafter unsere Gesellschaft häufig auch als Lebensstilgesellschaft. (vgl. Richter 2005) Was heißt das alles nun aber in Bezug auf die heutige Jugend? Wie kommen diese Phänomene, die den allgemeinen gesellschaftlichen Wandel markieren und von denen wir ja letztlich alle in irgendeiner Form betroffen sind, in der Jugend zum Ausdruck?

Die Jugendforschung liefert dazu unmissverständliche Daten. Das Interesse der Jugendlichen für vereinsmäßig organisierte, traditionelle Formen des Miteinander ist gering. Das Vertrauen der Jugend in politische Institutionen wie auch etablierte Interessenverbände ist auf einem Tiefstand. Die Bereitschaft, sich im institutionellen Rahmen einer Nicht-Regierungsorganisation für ein gesellschaftspolitisches Anliegen einzusetzen und dabei in der Gemeinschaft Gleichdenkender bzw. gleichermaßen Engagierter Orientierung zu finden, ist lediglich bei einer exklusiven Minderheit gegeben. Und auch die Familie, die traditionell als erste und wichtigste Sozialisationsinstanz gesehen wird, hat im Lebensvollzug der Jugendlichen nicht mehr diese unangefochtene Vorrangstellung wie einst. Zwar ist die Familie für Jugendliche auch heute noch einer der wichtigsten Lebensbereiche, allerdings belegt sie nicht wie noch Anfang der 1990er Jahre ohne „Wenn" und „Aber" Platz 1. Peers, also Freunde und Freundinnen annähernd gleichen Alters, sind seit Beginn der 1990er Jahre für Jugendliche immer wichtiger geworden: und zwar nicht nur als Freizeitpartner, sondern auch als Ansprechpersonen bei allerlei Problemen, die sich im Alltag ergeben. (Großegger 2003a: 34ff)

Freunde und Freundinnen spielen in den Prozessen der Identitätsbildung und Realitätsbewältigung bei Jugendlichen heute bereits eine dermaßen große Rolle, dass manche gar meinen, die Peers könnten dem sozialen Heimathafen „Familie" als wichtigster Sozialisationsinstanz den Rang ablaufen. Sei es wie es sei, das Rad der Zeit lässt sich ohnehin nicht zurückdrehen. Man muss zur Kenntnis nehmen, dass die Weltaneignung bei der heutigen Jugend nicht mehr in erster Linie im Rahmen traditioneller Strukturen stattfindet und dass in den Prozessen der Persönlichkeitsbildung der Einfluss Erwachsener schwindet. Die großen ideologischen Deutungsinstanzen, die den Jugendlichen einstmals ein vorgefertigtes Angebot machten, wie die Welt, die sie umgibt, und die Rolle, die sie darin spielen, zu verstehen sei, haben ausgedient. Teils haben sie sich überholt, weil sie nicht ausreichend glaubhaft machen konnten, dass sie einen Beitrag zur Lösung von Alltagsproblemen und brennenden Fragen der Zeit leisten. Teils haben sie sich mit einem eigenwilligen Verständnis von Moral selbst diskreditiert. Teils haben sie sich in ihrer Angebotsstruktur aber einfach auch nicht ausreichend an die sich wandelnden Bedürfnisse der Menschen, die in Richtung Selbstbestimmung und Beteiligung gehen, angepasst. Und so wird Inspiration und auch Orientierung von Jugendlichen heute eben immer öfter woanders gesucht und gefunden: im Umfeld Gleichaltriger und natürlich auch in den Medien des Pop. Dort spielt die Jugendkultur. Und dort regiert der Lifestyle. Ob HipHop, Techno, Metal, ob Snowboard, Skateboard oder Punk – die populären jugendkulturellen Szenen der Gegenwart haben ihr gegenkulturelles Mäntelchen schon lange abgestreift und triefen geradezu vor Lifestyle. Und genau das macht sie für breite Mehrheiten attraktiv. (vgl. Großegger/Heinzlmaier 2002)

© Universal Music / Marc Schilkowski

Hier geht es um Lebensgefühl und einen zu diesem Lebensgefühl passenden Style, den man mit allerlei demonstrativen Mitteln gekonnt in Szene setzt, um wissen zu lassen, dass man dazu gehört. Was vielleicht etwas kompliziert klingen mag, ist vom Prinzip her ganz einfach. Es funktioniert nach der Logik „Wenn du dir ansiehst, wie einer aussieht, weißt du meistens auch, welche Musik er hört: zumindest sehe ICH, ob er MEINE Musik hört. Und das genügt."

acts > More Facts > More Facts > More Facts > More Facts> Mo

Wie äußern sich jugendkulturelle Lebensstile?

> Jugendkulturelle Stile äußern sich in einem expressiven Verhalten, das für Mitglieder der Stilgemeinschaft typisch ist; man spricht daher auch von „expressiven Gruppenstilen". (Hahn u.a. 1999: 29, Vaskovics u.a. 1997) Jede Stilgemeinschaft hat einen eigenen, gegenüber anderen Stilgemeinschaften abgegrenzten expressiven Gruppenstil.
Der expressive Gruppenstil ist das, was auch von Außenstehenden bemerkt wird. Deutlich zu Tage tritt er in den Selbstinszenierungen, im Freizeitverhalten und den Konsummustern der Gruppenmitglieder.
Die Mitglieder dieser Stilgruppen kennen sich nicht notwendiger Weise persönlich. Sie erkennen sich an typischen Merkmalen (Mode/Markenpräferenz, Sprache, Musikgeschmack etc.) und an bestimmten Ritualen und Attitüden, die den expressiven Gruppenstil charakterisieren. (vgl. Großegger/Heinzlmaier 2002, Hitzler u.a. 2001) Für die Mitglieder der Stilgemeinschaft funktioniert dieser expressive Gruppenstil als Identifikation nach innen und zugleich als Abgrenzung nach außen.

> Jugendkulturelle Stile werden durch Kommunikation bzw. kommunikative Interaktion nicht nur stabilisiert, sondern immer zugleich auch in Nuancen variiert und bearbeitet. So wird kultureller Wandel möglich und die Jugendkultur bleibt ständig in Bewegung, in Entwicklung, im Fluss.
In der Jugendkulturforschung werden jugendkulturelle Stilgemeinschaften als imaginierte, also vorgestellte Gemeinschaften verstanden, die durch miteinander geteilte Bedeutung bzw. gemeinsame Identifikation zusammengehalten werden. Für die Bildung einer Stilgruppe spielen sowohl persönliche Kontakte, also die Kommunikation von Mensch zu Mensch, als auch die Auseinandersetzung mit stilrelevanten Medien eine wichtige Rolle.

> Jugendkulturelle Stile stellen einen Deutungsrahmen für die Auseinandersetzung mit dem persönlichen Alltag bereit. Und sie unterstützen die Entwicklung eines selektiven Blicks, der die Aufmerksamkeit auf das in der eigenen Stilgemeinschaft Wesentliche lenkt.
Mit anderen Worten: Jugendliche, die sich intensiv mit einem jugendkulturellen Lifestyle identifizieren, tendieren dazu, die Welt, die sie sich aneignen, durch eine szenespezifische Brille zu sehen. Das heißt, sie nehmen viele Facetten des Alltags ganz anders wahr als „Outsider". Und sie „be-deuten" Begriffe, die aus dem Alltag bekannt sind, vor dem Hintergrund des lebensstilorientierten Deutungsrahmens der Szene u.U. auch völlig anders als der durchschnittliche Erwachsene: Snowboarder, die den von ihnen gewählten jugendkulturellen Lifestyle unter dem Motto „No risk, noch fun" leben, verstehen unter „extrem sein" in der Regel etwas anderes als ihre Eltern. Und HipHopper, die mit der „Attitude" der „Freestylers" Regeln außer Kraft setzen, indem sie sie ignorieren und an ihrem „eigenen Ding" arbeiten, verstehen unter „Opfer (des Systems) sein" etwas anderes als die Arbeitsmarktberaterin, die eine als nicht-vermittelbar eingestufte, arbeitslose Jugendliche zu Qualifizierungsmaßnahmen motivieren will.

Über achtzig Prozent der Jugendlichen orientieren sich, wie die Jugendkulturforschung zeigt, an einer jugendkulturellen Szene oder begreifen sich sogar als Teil einer Szene. (Institut für Jugendkulturforschung 2007a, Institut für Jugendkulturforschung 2005a, BSMG 2003) Sie nutzen die Chance, ihren Alltagsvollzug im spielerischen Zugriff auf jugendkulturelle Stile zu organisieren. Sie definieren sich über „ihre" jugendkulturelle Szenen und tauchen alternativ zu den traditionellen Gemeinschaftsformen in eine Gemeinschaft der Gleichgesinnt-Gleichgestylten ein. Hier regiert ein Prinzip, das die Hamburger Indie-Band „Tocotronic" in den späten 1990er Jahren mit „Ich will Teil einer Jugendbewegung sein" in Worte zu fassen versuchte – nur eben, dass es die großen Jugendbewegungen nicht mehr gibt, sondern dass sich die Jugendkultur heute stattdessen als segmentierte Jugendkulturlandschaft mit einer bunten Vielfalt an Szenen präsentiert und breite Mehrheiten zur Teilnahme einlädt.

Tabelle 1: Jugend in Szenen

Es gibt verschiedene Jugendkulturen und Jugendszenen. Bitte sag mir, zu welchen der folgenden Szenen du dich zugehörig fühlst.

	11 bis 18 Jahre	11 bis 14 Jahre	15 bis 18 Jahre	männlich	weiblich
Snowboard	26,4	24,2	28,7	24,2	28,7
Fußball	25,7	31,0	20,3	42,7	8,7
Computerszene	23,9	25,4	22,5	36,3	11,5
Fitness	21,0	16,3	25,8	17,5	24,5
HipHop	18,3	20,8	15,8	16,4	20,2
Beachvolleyball	16,2	16,9	15,5	11,1	21,4
Metal/Rocker	13,9	10,4	17,3	16,6	11,2
Mountainbike	13,1	16,9	9,2	17,8	8,4
Inline-Skater	12,5	17,0	8,1	9,1	16,0
Techno	11,1	6,2	16,0	11,3	10,9
Ökos/Alternative	10,3	7,1	13,4	4,2	16,3
Skateboard	9,9	13,3	6,5	14,0	5,9
Punks	8,7	9,6	7,7	8,7	8,6
House	7,0	3,3	10,6	5,9	8,1
Streetball	4,0	3,0	4,9	5,9	2,0
Skinheads	2,4	1,7	3,2	3,4	1,4
Gothics/Grufties	2,2	1,4	3,1	1,3	3,2
Trekkies	2,2	2,4	2,0	2,9	1,4
Basis	880	440	440	440	440

Quelle: Institut für Jugendkulturforschung (2007): elf/18 – die Jugendstudie, rep. für 11- bis 18-Jährige, n=880, Angaben in %

Das Bekenntnis zu jugendkulturellen Stilen fordert im Hier und Jetzt hohes Engagement. Für die Zukunft sind sie aber nicht bindend. Wer nicht mehr will, der steigt aus. Wer etwas anderes spannender findet, orientiert sich neu. Langfristige Stiltreue ist in der zeitgenössischen Jugendkultur ebenso wenig Thema wie Prinzipientreue. „Re-invent yourself" tönt das Motto: ganz so wie der „Claim" der Footwear-Marke „art". Mit visionären Lebensentwürfen oder gar gesellschaftspolitischen Utopien, die so mancher Nicht-Zeitgenosse in jugendkulturellen Phänomenen zu entdecken hofft, hat das alles wenig zu tun.

Identität im Zeichen des „Re-invent yourself"

Lange Zeit ging man davon aus, dass Identität und damit letztlich auch die Persönlichkeit eines Menschen etwas ist, das irgendwann im Jugend- und Jungerwachsenenalter gebildet wird und, wenn sie erst einmal so richtig Formen angenommen hat, dann auch ein Leben lang hält. Doch diese Vorstellung hat sich überholt. Der dynamische gesellschaftliche Wandel hat diesem Konzept die Basis entzogen. Identität wird heute als eine lebenslange Baustelle gesehen. Jeder und jede Einzelne muss sich selbst „er-finden". Und zwar ständig aufs Neue. Nur so ist es möglich, von einer sich dynamisch wandelnden Welt nicht überrollt zu werden, sondern mit der Zeit und den durch sie bedingten ständig neuen Anforderungen zu gehen und – um den Wortschatz der Identitätstheorie zu benutzen – zu wachsen. Das Spiel „Was bin ich?" hat in diesem Verständnis zwar einen Ausgangspunkt, aber kein Ende. Identitätsarbeit wird zu einem niemals endenden Prozess der Selbstorganisation, bei dem alles, was heute gültig ist, nur ein Zwischenergebnis darstellt, auf das bald schon ein erstes „Update" folgt. Bricolage, Identitätssampling, Bastelexistenz, Patchwork-Identität, das sind nur einige Begriffe, mit denen sich die Jugendforschung diesem Phänomen annähert. (vgl. Eikelpasch/Rademacher 2004; Keupp u.a. 2002) Gefragt ist heute jedenfalls, dass man Vieles mit Vielem verknüpfen kann, aber auch, dass man so manches unverbunden nebeneinander stehen lässt, ohne sich den Kopf darüber zu zerbrechen, ob das nicht ein Widerspruch sei. Gefragt ist aber vor allem auch, dass man nicht alles, was auf der Identitätsbaustelle heute von Bedeutung scheint, in das Morgen mitnimmt, sondern Vieles einfach abstreifen kann, ohne sich deshalb prinzipienlos oder untreu gegenüber sich selbst und seiner Umwelt zu fühlen.

In der Zeit, in der Jugendliche die biographische Lebensphase „Jugend" durchlaufen, wechseln viele die Szenen. Ganz selbstverständlich experimentieren sie mit verschiedenen, gelegentlich auch gegenläufigen jugendkulturellen Stilen. Dabei nehmen sie das eine mit auf ihren Lebensweg, streifen anderes ab, basteln an ihren Selbstkonzepten und modifizieren ihre Selbstentwürfe vermittelt über die Stilpraxis ständig aufs Neue. Einer Lebensstilgruppe anzugehören und im Bezugsrahmen dieser Gruppe den Lebensstil „so richtig" zu leben, wird dabei nicht als Zwang zu Konformität empfunden, sondern ist für lebensstilorientierte Jugendliche ganz im Gegenteil Ausdruck von Individualität.

Vera, 16: „Mein Freund Basti ist Punk und er ist Ökofuzzi. Er ist Vegetarier und er ist Pazifist. Er ist wieder einmal so ein Individualist – ein purer."

Für die heutige Jugend gilt: Es gibt unterschiedlichste Wege, jugendkulturaffin zu sein und das Anderen auch zu zeigen. In der Jugendkultur unterwegs sein bedeutet für sie, zu akzeptieren, das vieles nebeneinander existieren kann, ohne dass immer gleich eine (inter-)jugend-kulturelle Begegnung stattfinden muss. Hohes Involvement, was den eigenen Lifestyle betrifft, und gleichgültige Toleranz gegenüber den Lifestyles der Anderen, so lautet die Regel. Und nach dieser Regel funktioniert auch der Kontakt Jugendlicher mit der Erwachsenenwelt.

Sandra, 18, Metal-Szene: „Ich hab nicht die Muße, dass ich mich herstelle und jeder alten Oma oder jedem Opa erkläre, warum ich ein verkehrtes Kreuz am Ohrring habe. Jeder soll das machen, was er will, solange er Anderen damit nicht weh tut."

In einer Zeit, in der die allgemeinen, für jede und jeden gleichermaßen gültigen Orientierungsmuster passé sind, eröffnet das Spiel mit den jugendkulturellen Stilen für Jugendliche Freiräume für ein identitätssuchendes und identitätsstiftendes Experimentieren am Selbst.

uzia Puiu / youthphotos.eu

acts > Short Facts > Short Facts > Short Facts > Short Facts> Sh

Jugendkulturelle Szenen im Überblick

Einblicke in die populärsten jugendkulturellen Szenen und ihre Lifestyles bietet der „Jugendkultur-Guide" von Beate Großegger und Bernhard Heinzlmaier, der unter der Adresse: www.jugendkultur.at/Jugendkultur%20Guide.pdf als E-book verfügbar ist.

Und mehr noch: Es ermöglicht ihnen, sich ihrer Umwelt gegenüber als „nicht mehr Kind", sondern eben als Jugendlicher zu präsentieren – und zwar mit all den vielen Gesichtern, die Jugend heute zu bieten hat. Tatsache ist, dass in der Gegenwartsgesellschaft verbindliche Muster bzw. institutionalisierte Übergänge, die den Übergang von Kindheit zu Jugend und später dann vom Jugendlichen zum Erwachsenen regeln, fehlen.

Das heißt, die Markierungen für „Ich bin kein Kind mehr, sondern schon Jugendlicher" bzw. „Ich bin nicht mehr Jugendlicher, sondern erwachsen" müssen von den Jugendlichen selbst gesucht und gefunden werden. Jugendkultur mit ihrer Vielfalt an jugendkulturellen Szenen bietet sich hier als Passage an, die den Ausgangpunkt „Kind" und den Endpunkt „Erwachsener" zumindest in lockerer Form in Beziehung setzt. Sie schafft einen Rahmen, in dem der biographische Spielraum „Jugend" von den Jugendlichen gestaltet werden kann.

Was lange übersehen wurde, ist, dass Jugendkulturen ein Bezugssystem sind, innerhalb dessen Jugendliche ihre Alltagserfahrungen interpretieren. Jugendkulturen bzw. jugendkulturelle Szenen sind Erlebnis- und Erfahrungsgemeinschaften, in denen Jugendliche durch selbstbewussten Zugriff auf allerlei Identitätsmaterialen aus der Popkultur und der Konsum- und Medienwelt personale und soziale Identität bilden und sich gemeinsam die Welt erschließen. Ein Ringen um sozio-kulturelle Selbstdeutung bzw. Selbstvergewisserung findet hier auf sehr spielerische Art und Weise statt.

Jugendkultur als Definitionskriterium der Lebensphase „Jugend"

Die demonstrative Orientierung an jugendkulturellen Stilen und Trends ist zu einem zentralen Faktor in der Selbstdefinition Jugendlicher geworden. Kriterien, nach denen Erwachsene „Jugend" definieren, wie Pubertät als „Einstiegsmarker" oder Volljährigkeit, Wahlrecht, Strafmündigkeit, Abschluss einer Ausbildung etc. als Markierung für den Ausstieg aus der Lebensphase „Jugend" spielen in den Selbstkonzepten der Jugendlichen meist eine Nebenrolle.

12-Jährige wollen nicht mehr Kind sein und versuchen dem Ausdruck zu verleihen, indem sie den Fernseher immer dann aufdrehen, wenn trendige MTV-Shows laufen, jugendkulturell codierten Marken ungeheure Bedeutung beimessen und den Musikgeschmack der eigenen Eltern peinlich finden. Die Jugendkultur bietet eine Bühne, die im frühen Teenie-Alter geöffnet wird und – wie die Forschung zeigt – oft erst Mitte Zwanzig oder noch später schließt. Jugendforscher und Jugendforscherinnen sprechen von einer langanhaltenden Jugend und meinen damit, dass junge Menschen mit Erreichen der Volljährigkeit heute nicht etwa wie auf Knopfdruck zu Erwachsenen werden. Sie treten häufig vielmehr in einen biographischen Raum zwischen „richtigen" Jugendlichen und „richtigen" Erwachsenen. In dieser Zeit pflegen sie nach wie vor einen jugendlichen Lebensstil und nehmen sich in ihren Mustern der Lebensführung diverse Freiheiten, die gemeinhin als Privilegien der Jugend gelten. Sie lassen etwa wissen, dass sie sich ein Leben ohne ausreichend Freizeit nicht vorstellen können, beteiligen sich lustvoll am jugendkulturorientierten Erlebnismarkt und halten von einem Leben ausschließlich für den Beruf ebenso wenig wie von frühem Kinderglück. Selbstbewusst verteidigen „langanhaltend Jugendliche" auch noch im Alter von 20+ ihre jugendkulturellen Freizeitpraxen und heben sich – wie sie meinen – damit vom traurigen Alltag des Durchschnittserwachsenen ab: Beispielsweise dadurch, dass sie Musik-Clubs frequentieren, in denen das Programm frühestens um 22:30 beginnt und somit sichergestellt ist, dass diejenigen, deren Wecker um 6:00 oder 6:30 läutet, weil sie zur Arbeit müssen, hier gar nicht anwesend sind.

In der Jugendsoziologie wird dieses Phänomen der „langanhaltenden Jugend" als eine Konsequenz allgemein steigender Bildungsniveaus interpretiert: Junge Menschen erreichen immer höhere Bildungsabschlüsse. Das bedeutet, dass immer mehr von ihnen heute auch im Jungerwachsenenalter noch in Ausbildung sind. Typisch für diese „Twentysomethings" ist, dass sie in ihren Weltanschauungen sowie auf der Lifestyle-Ebene zwar zu hundert Prozent selbstständig sind und sich von den Älteren im Regelfall da auch nichts sagen lassen. Finanziell sind sie aber – eben weil sie noch in Ausbildung sind – meist abhängig von den Eltern oder von Sozialleistungen des Systems. Aufgrund dieser ökonomischen Abhängigkeit werden sie von der Gesellschaft noch nicht in dem Maße in die Verantwortung genommen, wie dies bei der erwerbstätigen Bevölkerung der Fall ist. Sie sind von der wirtschaftlichen Reproduktion der Gesellschaft noch weitgehend abgekoppelt.

Und genau diese Abkopplung ist es, wie das Studienteam der 15. Shell Jugendstudie betont, die es ihnen ermöglicht, „viel Zeit und Energie in Aktivitäten im Konsum-, Medien- und Freizeitsektor zu investieren.“ (Dt. Shell 2006: 34)

Für das Marketing sind diese lifestyle-orientierten Twentysomethings eine hoch interessante Zielgruppe. Die Ironie bei der Geschichte: Als lifestyle-orientierte Konsumenten beleben sie die Wirtschaft und schaffen damit letztlich auch Arbeitsplätze. Als junge Menschen in Ausbildung stehen sie hingegen vor der Situation, nach Beendigung ihrer Ausbildung nicht automatisch auf einen Arbeitsplatz hoffen zu können. Arbeitsplatzmisere und mangelnde soziale Zukunftsgarantien – das ist das zweite Gesicht jener Welt, in die die heute Jungen hineingeboren sind.

Die fetten Jahre sind vorbei: „Spaßgesellschaft“ trifft „Ernst des Lebens“

Die Botschaft, dass die fetten Jahre vorbei sind, ist bei den Jugendlichen nur zu gut angekommen.

Die Vorstellung, später einmal keinen Arbeitsplatz zu finden oder aufgrund der schwierigen Wirtschaftslage seinen Job zu verlieren, zählt zu den größten Zukunftsängsten der heutigen Jugend. Aktuelle Jugendstudien zeigen das in aller Deutlichkeit.

Auch wenn die Jugendlichen insgeheim von einem gut bezahlten, langfristig sicheren und zugleich interessanten Job träumen – einem Job, der es ihnen ermöglicht, Karriere zu machen und trotzdem Familie zu haben und die Freizeit zu genießen, wissen sie doch insgeheim, dass derlei Träume am derzeitigen Arbeitsmarkt fehl am Platz sind. Heute geht es nicht (mehr) primär darum, den Traumjob zu finden, sondern in der Arbeitswelt überhaupt erst einmal Fuß zu fassen. Ohne entsprechende Ausbildung geht da gar nichts. Das hat sich herumgesprochen. Nicht zuletzt deshalb hat die Ausbildung neben den Freunden bei Jugendlichen im persönlichen Alltag heute Priorität Nummer 1. (tfactory Hamburg: 2007)

Jugendliche setzen Prioritäten

Fragt man 15- bis 19-Jährige, was ihnen in ihrem Leben derzeit ganz besonders wichtig ist, nennen, wie die deutsche Trendstudie Timescout zeigt, jeweils über 60 Prozent „Freunde, mit denen man Spaß haben und auf die man sich verlassen kann“ und „meine Ausbildung“. (tfactory Hamburg: 2007)

Von der Idee einer langfristigen Zukunftsplanung hat sich die breite Mehrheit verabschiedet: „Früher konnte man noch planen – aber jetzt geht das nicht mehr.“ So lautet die Devise. Und so setzt die Jugend vorzugsweise auf überschaubare, kleine Ziele, die in zwei, drei Jahren mit ein wenig Glück tatsächlich erreicht werden können, und versucht nicht allzu viel darüber nachzudenken, wie das sein wird, wenn man im Laufe des Berufslebens den Job vier-, fünf- oder sechsmal wechseln muss und zwischendurch vielleicht auch einmal arbeitslos ist. So gesehen ist es nicht verwunderlich, dass Jugendliche, wie die Forschung zeigt, heute nicht mehr so optimistisch in die Zukunft blicken wie noch vor einigen Jahren (vgl. Dt. Shell 2006: 170f) und ihr Vertrauen in die Politik auf einem Tiefstand ist.

Sandra, 18, Metal-Szene: „Politik interessiert mich eigentlich nicht. Ich kann mich vielleicht später mit der Politik befassen, wenn ich mein Leben auf die Reihe gekriegt habe – aber vorher interessiert's mich nicht. Vorher hab ich direktere Probleme."
Jan, 16, HipHop-Szene: „Ich finde die Welt total negativ. Alles dreht sich um einen absolut negativen Punkt. Alles nur Bullshit, was da rauskommt: die ganzen Leute, die Politiker ... Wenn ich mir die Nachrichten reinziehe, sehe ich den ganzen Tag nur Scheiße. Ich sehe nicht, dass irgendjemand irgendwo etwas Fettes bringt. Ich sehe nicht, dass irgendjemand etwas zu sagen hat oder irgendetwas Fettes auf die Beine stellt."

Lange Jahre wurde Bildung von den Erwachsenen als Allheilmittel gegen Arbeitslosigkeit gepriesen. Den Jugendlichen wurde vermittelt, dass eine qualifizierte Ausbildung nicht nur eine Investition in die berufliche Zukunft bedeutet, sondern vielmehr auch ein Garant für einen guten und vor allem fixen Job ist. Fragt man Jugendliche ganz spontan, was sie denn glauben, was die wichtigste Voraussetzung sei, um später einmal einen fixen Job zu haben, ist auch heute noch die häufigste Antwort: „Dass ich eine gute Ausbildung abgeschlossen habe". (Institut für Jugendkulturforschung 2007)

Viele junge Erwachsene, die diesem Bildungsversprechen gefolgt sind, machen nun aber die Erfahrung, dass sie eigentlich alles so gemacht haben, wie man es von ihnen erwartete: Sie haben sich an alle Regeln gehalten und dabei immer klar gemacht, dass sie mit dem System statt gegen das System arbeiten wollen. Dennoch finden sie nicht den Job, der ihren Ansprüchen und Qualifikationen entspricht – eben weil es in diesem System schlicht und einfach zu wenig freie Plätze für sie gibt. Nicht ganz zu unrecht spricht so mancher heute daher auch von einer „Bildungslüge". Andere formulieren vorsichtiger und verweisen auf einen „Trend zur Bildung bei gleichzeitiger Entwertung der Bildungsabschlüsse". Werden junge Menschen, wie manche meine, durch die längeren Ausbildungszeiten gar „absichtlich von ökonomisch verwertbaren Tätigkeiten und damit der wirtschaftlichen Reproduktion der Gesellschaft abgekoppelt", weil der Arbeitsmarkt ja ohnehin nicht in der Lage ist, sie aufzunehmen? (Dt. Shell 2006: 34) Die Frage ist brisant. Tatsächlich ist es ja so, dass man selbst in Zusammenhang mit Hochqualifizierten immer öfter das Schlagwort „Arbeitsplatzmisere" hört. Auch Mehrfachqualifikationen bieten keine Garantie mehr für einen gesicherten Arbeitsplatz. Was beim Berufseinstieg zählt, ist, dass man bestehende Qualifikationen an das aktuell verfügbare Jobangebot anzupassen in der Lage ist und sich auf alles Mögliche einstellen kann – auch wenn das den eigenen Vorstellungen vom Traumberuf nicht entspricht.

Was Jugendliche und junge Erwachsene sehen, wenn sie in ihre berufliche Zukunft blicken, wirkt jedenfalls alles andere als behaglich. Und dann wäre da noch etwas: Der Wohlfahrtsstaat ist, so hört man, in einer ernsthaften Krise. Auch das sorgt für Verunsicherung.

Wohlfahrtsstaatliche Zukunftsgarantieren stehen am Prüfstand

Bis ins 20. Jahrhundert war die Familie das normale Modell der persönlichen Zukunftssicherung: Man musste Kinder haben, denn man war im Alter auf die Versorgungsleistung dieser Kinder angewiesen. Doch dann kam der Sozialstaat und mit ihm ein neues Modell der Zukunftsvorsorge. Bereits die Großeltern der heutigen Jugend haben sich an die Vorzüge des Sozialstaates gewöhnt: Er bot eine existenzsichernde Zukunftsgarantie. Jugendliche knapp nach der Jahrtausendwende kennen gar nichts anderes: Für sie es ganz normal, den Staat in der Rolle eines Zukunftsgaranten zu sehen. Umso mehr verunsichert es sie, zu hören, „dass sich das soziale Versprechen des modernen Sozialstaates mittlerweile nicht mehr so einlösen lässt, wie das ursprünglich gedacht war." (Jureit 2006: 18) Sozialkürzungen und Leistungsabbau, erhöhte Arbeitsplatzrisiken, steigende Sozialbeiträge, kaum Perspektiven auf einen langfristig sicheren Vollzeitarbeitsplatz, die Notwendigkeit, auch privat für die Zeit, wenn man aus dem Berufsleben ausscheidet und in den Ruhestand geht, vorzusorgen – die Zukunftsszenarien, die Experten und Expertinnen in Zusammenhang mit der so genannten „Krise des Wohlfahrtsstaates" diskutieren, lassen wenig hoffen. Der Sozialstaat befinde sich im Umbruch, sagen sie, und tüfteln an einem „Relaunch", mit dem sich staatliche Sicherungs- und Versorgungsleistungen auch für die Zukunft, also dann, wenn die heute noch ganz Jungen älter geworden sind und diese Leistungen in Anspruch nehmen wollen, sicherstellen lassen. Und was tun indessen die Jugendlichen?

Sie ziehen aus all dem, wie es scheint, ihre eigenen Konsequenzen. Für sie gilt: Augen zu und durch. Was bleibt ihnen auch anderes übrig? Ihre nüchtern-pragmatische Haltung wird zum Selbstschutz. Sie konzentrieren sich auf das Hier und Jetzt. Sie versuchen einfach das Beste daraus zu machen. Eher intuitiv als reflektiert stellen sie sich auf das ein, was heute, in Zeiten des dynamischen Wandels, besonders gefragt ist. Allem voran sind das „Tugenden der Veränderung" wie Flexibilität, Spontaneität, Anpassungsfähigkeit an neue Situationen und vor allem auch ein „Damit-leben-können", dass langfristig gesehen so gut wie „nix mehr fix" ist: egal, ob das nun den Job, die Alterssicherung oder auch die Paarbeziehung betrifft.

„Mein Leben ist wie ein Rennen: Ich beaufsichtige Dinge, ohne sie zu kontrollieren." Mit diesen Worten beschreibt die französische Elektro-Band „Air" ihre persönliche Grundstimmung und bringt damit zugleich viel von dem, was das Lebensgefühl der heutigen Jugend ausmacht, auf den Punkt. Einfach mal schauen, was kommt – flexibel sein und sich nicht unter Druck setzen lassen, wird hier heute zum Überlebensprinzip: versuchen, sich irgendwie damit zu arrangieren, dass Etliches, was persönlich bewegt und betroffen macht, durch eigenes Tun (oder auch Lassen) kaum zu beeinflussen ist.

Pragmatismus plus eine tiefe Sehnsucht nach Harmonie

Ein demonstrativ nach außen getragener Pragmatismus ist jedoch nur die eine Seite, wie Jugendliche der unplanbar gewordenen Zukunft Herr zu werden trachten. Eine tiefe Sehnsucht nach sicheren, vertrauensvollen, stabilen und vor allem auch harmonischen Sozialbeziehungen, wie sie die Werteforschung bei der heutigen Jugend beobachtet, ist die andere. Nina unterstreicht die Ergebnisse groß angelegter quantitativer Studien, wenn sie auf die Frage „Was ist dir in deinem Leben denn derzeit ganz besonders wichtig?" sagt: „Mir ist wichtig, eine tolle Familie zu haben, und auch, dass unsere Clique zusammenbleibt." Und Jackie meint: „Bei mir ist es die beste Freundin – die kann ich auch um drei Uhr nachts anrufen, wenn ich Probleme hab." Sogar David, der unter Seinesgleichen als besonders cooler Typ gilt, surft auf dieser Welle: „Für mich momentan am wichtigsten sind meine Kumpels und auch meine Familie – ja und natürlich ganz klar: mein Hund."

Die heutige Jugend lässt diesbezüglich erstaunlich wenig offen. Gute Freunde, die für einen da sind, wenn man sie braucht und mit denen man so richtig Spaß haben kann, ein harmonischer Alltag im Elternhaus und irgendwann einmal die „große Liebe" finden – eine Beziehung, die es wirklich wert ist, eine, wo der Sex und auch „das mit dem Vertrauen" stimmt – was die Sozialforschung als die wahren, großen Sehnsüchte der heutigen Jugend zu Tage bringt, klingt nahezu banal und für viele vielleicht auch ein wenig zu solide. In der Medienberichterstattung wird diesen Jugendlichen nicht zuletzt deshalb gern auch ein Hang zum Neo-Konservativen unterstellt.

Doch das, was auf den ersten Blick so solide, ja fast konservativ wirkt, ist im Grunde nichts anderes als Taktik. Und zwar Taktik, um sich von den unüberschaubaren, vielfältig verflochtenen Problemen nicht lähmen zu lassen, sondern im Alltag handlungsfähig zu bleiben. Menschen zu haben, denen man wirklich vertrauen kann, wird zur Selbstmanagementstrategie. Denn: Vertrauen macht das Leben einfacher – das Motto ist simpel und überzeugend zugleich.

Man muss die Sache sehen, wie sie ist: Die Jugend hat ihr Systemvertrauen verloren. Sie nimmt zur Kenntnis, dass die vom System bislang garantierten wohlfahrtsstaatlichen Sicherungsleitungen in Frage stehen und dass Erwerbsarbeit in einem Normalarbeitverhältnis für immer mehr Menschen auch heute schon nicht mehr garantiert ist. Sie reagiert darauf aber eben nicht mit Orientierungslosigkeit und Sinnkrise. Resignative Frustration ist der breiten Mehrheit fremd. Und auch öffentlich Kund getane Wut ist eher die Ausnahme als die Regel. Die Jugendlichen ziehen eine andere Konsequenz: Wenn etablierte gesellschaftliche Instanzen nicht mehr in der Lage sind, stabile Eckpfeiler für die eigene Lebensführung abzustecken, sucht man sich eben alternative Orientierungspunkte, die im Hier und Jetzt zumindest psychische Stabilität versprechen und damit ein Abdriften in ein Sinnvakuum verhindern.

acts > More Facts > More Facts > More Facts > More Facts> Mo

Warum macht Vertrauen das Leben leichter?

In der Sozialwissenschaft hat sich Niklas Luhmann mit der Bedeutung, die das Vertrauen für die Alltagsbewältigung hat, intensiv beschäftigt. (vgl. Luhmann 2000) Vertrauen zu haben bedeutet für ihn Komplexitätsreduktion. Das heißt, wenn man Vertrauen in Menschen aus dem persönlichen Umfeld oder auch Vertrauen in gesellschaftliche Institutionen hat, erübrigt es sich, ständig darüber nachzudenken, wie unberechenbar das Leben doch ist. Und man sieht sich auch nicht ständig gezwungen, sich für dieses überfordernd-unberechenbare Leben zu rüsten. Durch Vertrauen gewinnt man Sicherheit für die eigene Lebensführung. Und diese Sicherheit macht einen letztendlich handlungsfähig. Das Gefühl ständiger Unsicherheit lähmt hingegen.

Wie die Forschung zeigt, gewinnt die Jugend Sicherheit für die eigene Lebensführung heute vor allem durch Vertrauen in harmonische Sozialbeziehungen: durch ihre Freunde und Freundinnen, ihre Paarbeziehung oder die Familie. Systemvertrauen ist der Jugend hingegen weitgehend abhanden gekommen.

Luhmann beschreibt Systemvertrauen als ein Vertrauen in die Fähigkeit des Systems, Systemleistungen in einem bestimmten Rahmen identisch zu halten. (vgl. Luhmann 2000: 90) Da der europäische Wohlfahrtsstaat nicht glaubhaft machen kann, dass er den Status quo sozialer Sicherungsleistungen stabil zu halten vermag, darf er von Seiten der Jugend also nicht mit Vertrauen rechnen.

Die von der Jugendforschung seit längerem beobachtete wachsende Politik- und Institutionenskepsis ist hier vielmehr logische Konsequenz. Jugendliche beurteilen gesellschaftliche Institutionen vor allem nach ihrem Nutzenaspekt und (Dienst-)Leistungscharakter und da der Nutzen bzw. die Leistungen langfristig nicht garantiert scheinen, sind sie auch nicht bereit, diese Institutionen als Eckpfeiler und Maßstab ihrer persönlichen Lebensorientierung zu sehen und ihnen Respekt zu zollen.

So setzt die heutige Jugend also vorzugsweise auf persönliches Vertrauen und auf positiv erlebte Sozialbeziehungen, um Sicherheit und Stabilität für die eigene Lebensführung zu gewinnen. Und dem nicht genug: Sie hat auch noch einen zweiten Trumpf im Ärmel: Sie setzt diverse re-kreative Fluchtpunkte, die der Erlebnismarkt anzubieten hat, ganz gezielt für individuelles Stimmungsmanagement ein. Einmal mehr kommen hier jugendkulturelle Lifestyle-Welten ins Spiel: Sie ermöglichen ein Abtauchen. Das macht das Leben lustiger und bunter und alles in allem ein wenig erträglicher – freilich nur auf Zeit, denn in der Jugendkultur gibt es heute für fast alles ein Kurzzeit-Ticket und einen garantierten Rückfahrtschein.

© Agris Baumanis / youthphotos.eu

„Frauenarzt“, Berliner HipHop-Act: „Die Leute wollen abschalten, sich gehen lassen und die Sau rauslassen. Die können nicht die ganze Zeit in ihren Depressionen versinken.“ (Spex #307 März/April 2007: 84)

Mittel und Wege, einem überfordernden Alltag zu entrinnen, gibt es viele: Das beginnt bei wohldosierten Risikokicks, die die in der Jugendkultur populären Erlebnis- und Extremsportarten bieten, reicht über das lustvoll-gemeinschaftliche Live-Feeling bei Musik-Festivals oder Sport-Events und geht bis zu gezielter Stimmungsmanipulation mittels diverser legaler und auch illegaler Substanzen. Und dann ist da natürlich noch das Party-Machen. „Get out of your mind and onto the dancefloor!“, so das Motto: Spaß, Erlebnisintensität und vielleicht auch ein wenig Exzess, um sich aus bohrenden Daseinsfragen zumindest kurzzeitig auszuklinken. Hier zählt der „Vibe“, also das, was in Englisch-Wörterbüchern mit wenig charismatischen Begriffen wie „Stimmung“, „Atmosphäre“ übersetzt wird. „Es geht um Offenheit und positive Einstellung, darum, die Ideen anderer Leute nicht zu dissen und nicht so lange an allem rumzugrübeln, bis du dich scheiße fühlst“, erklärt DJ Silverlink, einer der Protagonisten der britischen Club-Szene. Auch wenn die Art, wie die britischen Club-Kids feiern, für den österreichischen und deutschen Durchschnittsjugendlichen vielleicht etwas zu schrill sein mag, die „Attitude“ spricht allemal an: Zumindest jene siebzig Prozent, die freimütig erklären, dass ihre Lebensphilosophie in Richtung „Der einzige Weg, das Leben zu ertragen, ist es zu genießen" geht.

Tom, 16, zum Thema „Spaßgeneration": „Im Großen und Ganzen sind wir's schon, die Spaßgeneration, weil Scheiße, es nutzt eh nix: Irgendwie muss man es ja positiv sehen."

Man muss sich eben entscheiden: Entweder in depressive Lethargie verfallen oder das Beste daraus machen.

Und wenn man sich erst einmal entschieden hat, kann man dann auch ohne große Probleme dazu stehen, Repräsentant der viel zitierten Spaßgesellschaft zu sein.

acts > More Facts > More Facts > More Facts > More Facts> Mo

Nu Rave – britischer Party-Trend zwei Jahrzehnte nach den ersten Rave-Partys

Die Jugendkultur bringt immer wieder neue Club- und Party-Trends hervor. Das Prinzip „Party-Machen" wird dabei jeweils vor dem Hintergrund des aktuellen Zeitgeists interpretiert und nicht selten wird hierfür das eine oder andere Partyversatzstück aus den Partykulturen der letzten Jahre und Jahrzehnte wieder belebt. „Nu Rave" zum Beispiel: Zwei Jahrzehnte, nachdem sich die britische Jugendkultur mit Smileys und allerhand lustigen Pillen im Gepäck unter dem Titel „Rave" das Prinzip „Party bis zum Umfallen" erstmals mit riesengroßen Lettern auf die Fahnen schrieb, verschreiben sich junge Briten und Britinnen unter dem Titel „Nu Rave" wieder voll und ganz dem Party-Hedonismus und der exaltierten Sinnenfreude. Was „Nu Rave" genau ist, darüber scheiden sich die Geister. Musikalisch ist „Nu Rave" irgendwo an der Schnittstelle von elektronischer Musik und Indie-Rock angesiedelt – eine exakte Definition fällt schwer, zumal Szene-Gänger betonen, dass es bei „Nu Rave" nicht um Stilpurismus geht. In jedem Fall steht „Nu Rave" aber für eine „Rock'n'rave wave", also für elektronische Musik, zu der sich großartig rocken und zugleich großartig Party-Machen lässt. Darin scheint man sich einig.

Ansonsten gilt: „Nu Rave" ist stylish. Und „Nu Rave" ist – zumindest bei jungen Briten und Britinnen – der Party-Mind der Stunde: mit Neon-Farben, Smileys, selbstbemalten T-Shirts und futuristischen Designer-Outfits, die an Karneval erinnern, von Casette Playa (www.casetteplaya.com) zum Beispiel – alles ist bunt und lustig. Mode und Styling sind in der New-Rave-Szene mindestens ebenso wichtig, wenn nicht sogar wichtiger als die Musik. „These kids are not afraid to look like fucking idiots", so beschreibt Jamie von den „Klaxons", die übrigens als Nu-Rave-Namensgeber gelten, das, was hier vor sich geht. Und weiter: „Nu-rave has become a genuine part of people's live and I'm not about to tell them to stop having fun." (mixmag #191 April 2007: 84)

Glaubt man den Szene-Medien, will „Nu Rave" nur ja kein 90er-Jahre-Techno-Revival sein. Man sieht sich vielmehr als „proper future UK dance music". Ein wenig erinnert das Phänomen an die britische

Party-Kultur der späten 1980er Jahre, insbesondere den legendären „Spiral Tribe 1989", der mit der Musik- und Partyszene der nordenglischen Stadt Manchester eng verknüpft ist. Berühmt geworden ist die Manchester-Szene der späten 1980er mit ihrem eigenwilligen, enorm partytauglichen Mix aus House, HipHop und britischem Indie-Rock und ihrer Radikal-Philosophie von „Feiern bis zum Abwinken", was ihr letztlich auch den Beinamen Madchester-Szene eintragen sollte.
Die Manchester-Szene war damals ein Modell für Clubkultur, in der sich klassische Grenzen zwischen Rock und Dance-Music verflüssigten und verrücktes, exaltiertes Abfeiern auf die Spitze getrieben wurde. Szene-Gänger nannten das „Rave", was übersetzt so viel wie „rasen", „toben" heißt. Musikalisch neu war, dass Gitarrenbands und DJs, die bislang in scheinbar getrennten Welten gelebt hatten, plötzlich zusammenarbeiteten. Es fanden so genannte „Synergie-Abende" statt, wo – parallel oder auch nacheinander – DJs auflegten, Bands spielten und dazu Videos oder Lasershows gezeigt wurden. (vgl. Mühlenhöver 1999: 88ff) Tanz und Ekstase, Stimmungsmanagement durch Lichteffekte und aufwändige Multimedia-Shows, synthetische Drogen und Energydrinks und als Leitmaxime über allem stehend natürlich unlimitierter Spaß – frei nach dem Motto „Alles, was gefällt, ist erlaubt" –, das war es, worum es in dieser Dancefloor-Subkultur ging.

Bei „Nu Rave" scheint so manche Parallele zu diesem Party-Geist der späten 1980er Jahre unverkennbar. Und doch ist „Nu Rave" kein Revival. „Nu Rave" ist vielmehr eine Welt, in der das Prinzip „Geschichts- und Stiltreue" hemmungslos verworfen wird und wo das Prinzip „Party-Exzess" mit allerlei a-historisch zu verstehenden Zitaten für ein Publikum, das viel zu jung ist, um in den 1980er Jahren selbst Rave-Erfahrungen gemacht zu haben, aufbereitet wird. Was als gemeinsame „Sinndimension" bleibt, ist freilich die Programmatik des „Get out of your head". Für all jene, die sich noch immer fragen, was „Nu Rave" denn nun wirklich ist, hat „mixmag", das führende britische Dance-Music- und Club-Magazin, eine treffende Antwort bereit: „Nu rave is a joke that came true." (mixmag #191 April 2007: 83)

Vom Vorbild zum „Opfer": Die Generationenbeziehung steht Kopf

Es gibt Fragen, die man in der Kommunikation mit Jugendlichen vermeiden sollte. Die gute alte Vorbild-Frage ist etwa so eine. „Jeder hat doch so etwas wie ein Vorbild: Wem möchtest denn du am ehesten gleichen?"

Stellt man eine Frage wie diese, macht man sich bei der heutigen Jugend lächerlich. Jemandem gleichen, was soll das? Man will ja man selber sein – ein Original, ein unverwechselbares „Ich".

Als verpönt gilt heute, sich so sehr mit jemandem anderen zu identifizieren, dass man alles Eigenständige verliert und als Pseudo-Kopie seines Vorbildes durch das Leben geht.

„Ich finde, man kann sich an verschiedenen Menschen orientieren, aber man sollte dabei man selber bleiben." Nadine sagt, was viele Jugendliche denken. Und dann ist da noch etwas: Vor allem die guten Vorbilder sind für Jugendliche eine heikle Sache, zumal gute Vorbilder für sie ganz gewaltig nach „Erziehungsmaßnahme" klingen.

Maren, 14: „Für mich ist das Wort Vorbild negativ – vor allem, wenn ich daran denke, woran Erwachsene beim Wort Vorbild denken. Da heißt es dann: Du bist ja schon älter und vernünftiger, du musst doch ein Vorbild sein. Oder: Nimm dir deinen Schulkameraden als Vorbild – der hat gute Noten."

Jules, 15: „Bei den Erwachsenen hat das Wort Vorbild viel mit Erziehung zu tun: Da geht es um moralische Werte und ganz normale Solls – eben was man tut und was man nicht tut. Für die ist das Wort Vorbild Teil ihrer erzieherischen Maßnahmen. Und immer glauben sie, dass die Erwachsenen gute Vorbilder wären. Ich find das irgendwie voll für'n Arsch."

In den 1950er Jahren, als die erste große Jugendstudie im deutschsprachigen Raum durchgeführt wurde, war das freilich anders: Die Frage nach Vorbildern, die man nicht nur verehrte, sondern die vielmehr auch als Leitfiguren für die persönliche Lebensführung dienten, galt damals nicht etwa als naiv. Nein, sie umriss jene auch von Jugendlichen mitgetragene gesellschaftliche Wunschvorstellung, dass junge Menschen irgendwann, wenn sie reif genug wären, in die Fußstapfen vorbildlich agierender Erwachsener treten und das, was diese begonnen hatten, in ebenso vorbildlicher Weise fortführen würden.

Zwar zeigen die Daten, dass bereits damals ein nicht zu geringer Prozentsatz auf „gute Vorbilder" pfiff: Vier von zehn deutschen Jugendlichen und jungen Erwachsenen im Alter von 15 bis 24 Jahren machten kein Hehl daraus, kein persönliches Vorbild zu haben bzw. niemandem nachzueifern. Bei jenen, die sich zu Vorbildern bekannten, waren damals aber noch die Eltern, die Lehrer und die Vorgesetzten die großen persönlichen Leitbilder, in deren Fußstapfen sie selbst später einmal treten wollten. (Dt. Shell: 1954)

Damals schien die Welt noch in Ordnung – das Einzige, was die Erwachsenen der 1950er ein wenig irritierte, war, dass die Freizeitindustrie die Jugendlichen zu entdecken begann, und auch, dass der Nachwuchs nicht ganz so sportlich war, wie man sich das wünschte. Abgesehen davon waren die Jugendlichen (schon damals) nüchtern, pragmatisch und alles in allem – wie es hieß – „unromantisch". Anlässlich des Erscheinens der zweiten deutschen Shell Jugendstudie schrieb die „Frankfurter Allgemeine" in ihrer Ausgabe vom 12. April 1955: „Die Jugend von heute lebt im Zeitalter des Omnibus, des Motorrads und des Zeltlagers. Es spricht nicht gegen sie, dass sich den zweiten Platz der Rangskala ihrer Freuden der Erfolg im Beruf mit Anschaffungen und Geschenken teilt, und der neue Mantel von nicht wenigeren als die größte Freude empfunden worden ist als das gute Zeugnis. Aber es zeigt eine Fehlentwicklung an, wenn beim Sport dreimal soviel die Fußballmeisterschaft, an der sie nicht beteiligt waren, als ihren eigenen sportlichen Erfolg, als ihre größte Freude bezeichnen." Ja, ja – die 1950er Jahre, das waren noch Zeiten.

Zwei Jahrzehnte später, in den 1970er Jahren, sah das dann schon ganz anders aus: Die 68er-Studentenbewegung, die Hippies und „Woodstock" hatten neuen Wind in die Generationenfrage gebracht. Plötzlich hieß es: Nur niemals so werden wie die eigenen Eltern. Man nannte seinen Vater Spießer – frei nach dem Motto „Trau keinem über Dreißig", ein Slogan, der heute bestenfalls T-Shirts auf Jahrmarktständen ziert. Philipp flog aus der Schule, weil er sich in der Vorweihnachtszeit gotteslästerlich einen Adventkranz aufsetzte und mit segnender Geste theatralisch durch die Schulgänge schritt. Zudem bezichtigte die Schulleitung ihn der Verbreitung pornographischer Schriften: Philipp hatte das legendäre Beatles Songbook des britischen Magazin- und Postergrafikers Alan Aldridge, das heute als ein Stück Kulturgeschichte gehandelt wird, in den Unterricht mitgebracht. Dieses Songbook machte unter den popmusikinteressierten Mitschülern die Runde. Ein Schundwerk mit eindeutig zweideutigen Illustrationen, wetterte der Lehrerstab. Vor allem die Rutsche, die sich in der Illustration zum Liedtext von „Helter Skelter" um einen nackten weiblichen Körper schlang und auf der kleine schwarze Männchen mit Hut talwärts fuhren, um dann schließlich zwischen den Beinen der Frau einen Eingang ins Dunkle zu finden und zu verschwinden, sei in hohem Maße moralisch bedenklich und gefährde die Schulordnung, hieß es. Und so nahm Philipp seinen Schulranzen und ging.

Das Beatles Songbook von Alan Aldridge enthält 100 Beatles-Texte, die von eigens dazu eingeladenen Malern und Grafikern illustriert wurden. Heute gilt es als Klassiker der Popkultur und ist bereits in der zweiundzwanzigsten Auflage verfügbar.

Gerda, die knapp vor dem Abitur stand, erntete indessen zuhause wieder einmal eine dieser nervigen Anstandspauken, weil sie an der Bushaltestelle heftig und – wie die Mutter meinte – zügellos mit ihrem Freund geknutscht hatte. Das waren die 1970er.

Solange das Argument „Was sollen denn da die Leute denken?" Berechtigung hatte, funktionierte die Provokation prächtig – gelegentlich sogar ungewollt. Das ging bis in die frühen 1980er, als sich die Jugendforschung für Jugendkulturen zu interessieren begann und das Studienteam der Shell Studie ´81 erstmals die Einstellung Jugendlicher zu jugendkulturellen Stilgruppen wie den Punks oder den damals enorm populären Poppern, aber auch Disco-Fans, Rockern, Kernkraftgegnern, Hausbesetzern, Umweltschützern und links- sowie rechtsextremen Gruppierungen untersuchte. (Jugendwerk der Deutschen Shell: 1981) Wenig später entdeckte Axel New Wave und malte mit dicken schwarzen Lettern „This Is Not A Lovesong", den Titel eines Songs der britischen New-Wave-Band „Public Image Ltd." an die Wand seines ansonsten recht braven Jugendzimmers. Der Zoff, den es deshalb mit dem Vater gab, ist Familiengeschichte: Er wäre zuhause fast hinausgeflogen, hätte sich Oma nicht für „ihren Buben" stark gemacht. Eine Geschichte, die heute kaum mehr so spielen könnte: Nicht nur, dass heute wohl kaum ein Jugendlicher auf die Idee käme, in den nächsten Malerbedarfladen zu laufen, um zur Verunstaltung eines biederen Jugendzimmers schwarze Dispersionsfarbe zu besorgen. Die Elterngeneration des frühen 21. Jahrhunderts wäre mit einer derartigen Aktion wohl auch kaum mehr wirklich zu schockieren.

Der jugendkulturelle Tabu-Bruch ist ausgereizt

Heute gibt es nur mehr wenig, mit dem sich die Eltern und das Establishment aus der Reserve locken lassen. Die Jugend macht zwar kaum Anstalten, ihre Rolle als Hoffnungsträger der Gesellschaft in der von den Erwachsenen gewünschten Art und Weise auszufüllen. Sie bäumt sich gegen die Welt ihrer Eltern aber auch nicht mehr groß auf. Und sie investiert vor allem auch nicht viel Lebensenergie in Versuche, die Welt im großen Stil auf den Kopf zu stellen. Die Jugendlichen wissen eben nur zu gut: Wer heute noch etwas wirklich Radikales findet, wird damit nicht die Welt verändern, sondern viel eher in der nächstbesten Talk-Show landen. Will heißen: „Fick das System" – das ist nicht mehr. Zumindest nicht so, wie das vormals verstanden wurde. Das, was die heutige Jugend von ihren Vorgängergenerationen unterscheidet, ist, dass sie sich von Gesellschaftskritik großteils verabschiedet hat. Die breite Mehrheit hat einfach keine Lust, der viel zitierte Stachel im Fleisch des Establishments zu sein. Daran ändert sich auch nichts, wenn die vormals Jungen den rebellischen Attitüden ihrer eigenen Jugend nachtrauen und dabei nicht müde werden zu betonen, dass es nicht nur Privileg, sondern nahezu Pflicht der Jungen sei, Gegenpositionen einzunehmen, um das System in Bewegung zu halten und Verkrustungen in sozialer wie auch kultureller Hinsicht zu verhindern.

Heute ist eben alles anders: Erwachsene sind für Jugendliche weder Vorbild noch Reibebaum. Nina sagt: „Mein Vater ist ein cooler Typ, aber so werden wie er – das will ich nicht. Zuviel Ernst und zuviel Stress." Und Jakob, der HipHop-MC, begrüßt seinen Lehrbeauftragten mit einem freundschaftlichen „Hallo Opfer!" – was so viel heißt wie: Du bist ein netter Typ, aber du bist auch ein Opfer des Systems, und ich will ganz sicher nicht so enden wie du.

Friede, Freude, Eierkuchen – der Generationenkonflikt hat also ausgedient und mit ihm ist auch ein von breiten Mehrheiten getragener Weltverbesserer-Geist verschwunden. Doch warum ist das so?

Generationenforscher und -forscherinnen sind sich darin einig, dass heute schlicht und einfach das große, integrierende Material fehlt, auf dessen Grundlage sich junge Menschen annähernd gleichen Alters zu einer Generationengemeinschaft formieren, um gesellschaftspolitische Anliegen gegenüber den Älteren solidargemeinschaftlich zu vertreten und dabei auch die eine oder andere Vision von einer veränderten gemeinsamen Zukunft zu entwickeln. Es fehlen Themen und Ereignisse, die in der Lage wären, eine bestimmte Altersgruppe, also bestimmte Geburtsjahrgänge (in der Sozialwissenschaft spricht man hier auch von Kohorte) aufgrund gemeinsamer gesellschaftlicher Erfahrungen so betroffen zu machen, dass eine gefühlte Gemeinschaft und mit ihr ein auf gesellschaftspolitische Fragen bezogenes Generationenbewusstsein entsteht. Und dann ist da noch etwas, das nicht übersehen werden sollte: Den Jugendlichen ist nicht völlig entgangen, dass die politischen 68er und Post-68er mit jenen Gesellschaftsentwürfen, die sie einst entwickelt und gegenüber dem erwachsenen Establishment vehement vertreten haben, großteils kläglich gescheitert sind. So kommen sie also zu dem Schluss: Wieso sich anstrengen, wenn es ohnehin nichts bringt?

Da tragen sie als „Konsumkids" schon lieber ihre unpolitische Haltung selbstbewusst zur Schau. Wenn sich unter ihnen tatsächlich einmal so etwas wie ein Generationengefühl einstellt, dann ausgehend von gemeinsamen Konsum- und Medienerfahrungen. Hier geht es nicht um politische Solidarisierung, sondern um Kultmarken wie Adidas, um jugendkultu-

© Universal Int.

relle Trend-Medien wie MTV und die kunterbunte Welt von MySpace, YouTube und Co. Moralische Handlungsverpflichtungen gibt es dabei kaum. Generationengefühl dient hier, wie Ulrike Jureit betont, eher einer unverbindlichen Form der „Selbstbetrachtung, die verschiedene Perspektiven auf sich und die Welt auszuprobieren erlaubt." (Jureit 2006: 103)

Weltverbesserer-Geist verlangt nach Idealismus und vermutlich auch nach einer gewissen Dosis Naivität: Man muss im Glauben sein, dass irgendwann der Knopf gefunden wird, der, wenn er erst einmal gedrückt ist, alles zum Besseren verändern kann. Genau dieser Glaube fehlt der heutigen Jugend aber offenbar – vermutlich deshalb, weil sie die Komplexität, die den großen gesellschaftspolitischen Fragen unserer Zeit anhaftet, angefangen beim Thema „neue Armut" bis zur Multi-Kulturalitätsdebatte, im persönlichen Alltag tagtäglich hautnah erlebt und erahnt, dass es auf viele dieser Fragen eben keine einfachen Antworten gibt. Hat die Jugend mit der Naivität also auch die großen Träume verloren? Die Frage scheint berechtigt.

Jung und Alt in der Post-Konflikt-Ära

Da der große Generationenkonflikt abgedankt hat, könnte man vermuten, dass heute in stärkerem Maße als früher eine Begegnung zwischen den Generationen stattfindet. Doch dem ist nicht so. Man geht nicht aufeinander zu. Zumindest empfinden die Jugendlichen das so.

Tom, 16: „Ich glaube, man lebt so aneinander vorbei."

Erwachsene sind für Jugendliche eine seltsame Spezies, mit der man sich zu arrangieren weiß und von der man in materieller Hinsicht profitieren kann (etwa wenn man, wie heute durchaus üblich, bis Mitte Zwanzig im „Hotel Mama" wohnt). Im persönlichen Alltag misst man ihnen allerdings nicht allzu viel Bedeutung bei. Jugendliche konzentrieren sich, wie die Sozialforschung zeigt, vielmehr zunehmend auf sich selbst und Ihresgleichen. Die breite Mehrheit hat zwar ein durchaus gutes Verhältnis zu den Eltern. Jugendliche finden den Erziehungsstil ihrer Eltern heute „ganz in Ordnung": Die Mehrheit fühlt sich zu Hause geborgen und schätzt, dass die Eltern bemüht sind, dem Nachwuchs eine gute Ausbildung zu ermöglichen. Das Gesprächsklima in den Familien wird großteils positiv erlebt: Kinder dürfen mitreden – zumindest dürfen sie sagen, was sie denken. (BMSG 2003) Der Erziehungsstil der Elterngeneration findet bei der heutigen Jugend große Akzeptanz – nicht nur bei österreichischen, sondern auch bei deutschen Jugendlichen. Nur 27 Prozent der deutschen Jugendlichen und jungen Erwachsenen im Alter von 15 bis 24 Jahren würden ihre Kinder anders erziehen, als sie selbst erzogen wurden. Mitte der 1980er Jahre wollte hingegen noch rund jeder zweite deutsche Jugendliche und junge Erwachsene in der Kindererziehung einen anderen Erziehungsstil wählen als die eigenen Eltern. (Dt. Shell 2006: 58)

Doch auch wenn sich die Generationenbeziehung heute weitgehend konfliktfrei gestaltet, akzeptieren Jugendliche nicht mehr so ohne weiteres, was vormals als unhinterfragbare Tatsache galt: Nämlich dass Ältere aufgrund ihrer Lebenserfahrung automatisch immer die richtigen Entscheidungen treffen und auch immer genau wissen, was zu tun ist. Auch wenn das verstörend klingen mag: Jugendliche nehmen Erwachsene in vielen Bereichen des Alltags schlicht und einfach nicht mehr ernst.

Jugendliche fordern: Erwachsene müssen lernen, mit der Zeit zu gehen

> „nicht immer nur über Veränderungen schimpfen, sondern das Beste daraus machen“;

> „nicht so verkrampft sein Neuem gegenüber“;

> „sich an das 21. Jahrhundert anpassen“;

> „Es gibt Erwachsene, die gehen mit der Zeit, und dann gibt es welche, die halten immer an ihrer Zeit fest ... Man muss ja nicht unbedingt mitgehen, sondern man muss einfach offen bleiben für alles, sich einfach alles anschauen, ohne von Anfang zu sagen, dass es blöd ist, nur weil es eine Veränderung ist.“

Das, worüber Sozialisationstheoretiker unter dem Titel „Selbstsozialisation“ bereits längere Zeit spekulierten, wurde mit dem österreichischen Jugendbericht aus dem Jahr 2003 erstmals umfassend belegt und in den Folgejahren in mehreren Jugendstudien bestätigt: Die breite Mehrheit der Jugendlichen pfeift insbesondere in Alltagsdingen auf die Lebenserfahrung der Älteren und orientiert sich stattdessen lieber an lebensweltlichen Erfahrungen annähernd Gleichaltriger.

Acht von zehn Jugendlichen setzen in der Alltagsproblembewältigung auf Freunde und Freundinnen, die um ein paar Jahre älter sind – mit der Begründung: „Die kann man gut um Rat fragen, weil sie bereits ähnliche Erfahrungen gemacht haben.“ Und natürlich auch, wenn es um alltägliche Dinge wie Mode, Musik oder Technologie geht, verlassen sich die Jugendlichen mehrheitlich eher auf Tipps aus dem Freundeskreis, als auf den gut gemeinten Rat ihrer Eltern. Nur in wirklich schwierigen Situationen, etwa wenn man das Konto überzogen hat oder wenn man mit dem Gesetz in Konflikt geraten ist, dürfen Vater, Mutter und Co. „Trouble-Shooter” spielen. (vgl. Großegger 2003a: 34ff)

Ansonsten begegnen diese Jugendlichen dem Prinzip „Lebensweisheit“ heute mit einer seltsam friedlichen Ignoranz und orientieren sich vorzugsweise an Menschen, die sich durch wenig Lebenserfahrung auszeichnen, sich dafür aber mit ähnlichen Lebensthemen beschäftigen und auch ganz ähnliche Alltagssorgen haben wie sie selbst.

Noch etwas fällt auf: Früher ging man davon aus, dass die Jungen von den Älteren lernen könnten und sollten. Ziel war es, bei Jugendlichen einen sozialen Anpassungsprozess an gesellschaftliche Werte und Normen in Gang zu setzen. Die Jugendlichen sollten lernen, sich mit den Erwartungen, die die Gesellschaft an sie stellt, zu arrangieren und diese in ihr Selbstkonzept zu integrieren.

Es ging also im wesentlichen um ein „Hineinsozialisieren" der Jugendlichen in die Gesellschaft: ein klassisches Integrationsmodell, das in den öffentlichen Debatten rund um die Jugend auch heute noch Bedeutung hat. Allerdings glauben Jugendliche nicht mehr ohne „Wenn" und „Aber" daran, dass die Älteren ihre Rolle als Lehrmeister hier auch wirklich gut erfüllen können. Geht es nach den Jugendlichen, kehrt sich die traditionelle Rollenverteilung von Lehrenden und Lernenden in so manchem Lebensbereich heute sogar um.

Lena, 15: „Meiner Oma hab ich das Handy und das mit dem Euro erklärt."

Spricht man 11- bis 18-Jährige direkt darauf an, sagen immerhin 71 Prozent, also sieben von zehn Befragten, dass auch die Erwachsenen von den Jugendlichen Einiges lernen könnten. Vor allem, was die Lebenseinstellung betrifft, könnten sich die Erwachsenen von den Jüngeren einiges abschauen – das meinen immerhin 36 Prozent: Einfach lockerer und entspannter an die Wirren und Probleme des Alltags herangehen sollten die Erwachsenen, in allem, was sie tun, einfach eine Spur cooler sein, und trotz der Widernisse, die sich im Alltag auftun, ihre Lebensfreude nicht verlieren, meinen diese Jugendlichen.

Ein wenig scheint es so, als hätten Erwachsene – durch die Brille der Jugend betrachtet – zu leben verlernt: als würden sie unter Selbstentfremdungsprozessen leiden und vom grauen Alltag aufgefressen werden. Erwachsene müssten lernen, (wieder) Spaß am Leben haben – dazu gehört aus Sicht der Jugendlichen, auch einmal richtig feiern, die Sau rauslassen und Party machen. Wie heißt es so schön in der Jugendkultur: „Do the right thing, but hang loose", also mach das Richtige, aber bleib dabei immer locker. Angesagt wäre „eine angemessene Coolness: ein etwas spannenderer Lebensstil, der aber trotzdem keine Pflichten im Stich lässt" – so das Wunschbild der Jugendlichen. (Institut für Jugendkulturforschung 2007b)

> „Erwachsene sollten lernen, mal Spaß zu haben und zu relaxen: Meine Eltern machen sich immer Stress. Die müssten lernen, wie man einfach einmal abschaltet."
> „Erwachsene könnten einfach einmal ein bisschen cooler sein: einfach lockerer und nicht so angespannt – so wie wir Jugendlichen es sind."

Jeder fünfte 11- bis 18-Jährige meint übrigens, dass mit den Werten, die Erwachsene den Jugendlichen vorleben, etwas nicht stimmt. Mehr Toleranz – nicht nur gegenüber gesellschaftlichen Randgruppen oder Menschen anderer Hautfarbe, sondern auch gegenüber „normalen Leuten", die anders denken oder anders leben, mehr Weltoffenheit, weniger Schubladen-Denken, ein respektvollerer Umgang mit Mitmenschen – auch mit Kindern und Jugendlichen –, Großzügigkeit und Großherzigkeit, Kompromissbereitschaft in dem Sinne, dass man auch einmal nachgeben kann und nicht immer stur auf den eigenen Standpunkten beharrt, Zuverlässigkeit und Worttreue, wenn man jemandem ein Versprechen gegeben hat. Und last, but not least, dass man für seine Freunde da ist, wenn sie einen brauchen, dass man Beziehungen pflegt und auch bereit ist, Zeit in sie zu investieren – all das würden sich Jugendliche von den Erwachsenen wünschen und in all diesen Bereichen sehen sie Verbesserungsbedarf.

© Beate Großegger / jugendkultur.at

Tabelle 2: Was Erwachsene von Jugendlichen lernen könnten

Erwachsene reden häufig darüber, was junge Leute von den Älteren lernen können. Jetzt einmal umgekehrt: Gibt es auch etwas, was die älteren Leute deiner Meinung nach von den Jüngeren lernen können?
(Offene Frage – bis zu drei Nennungen; Auswertung: qualitativ-quantitative Inhaltsanalyse)

	11 bis 18 Jahre	11 bis 14 Jahre	15 bis 18 Jahre	männlich	weiblich
Erwachsene könnten in Bezug auf die Lebenseinstellung von Jugendlichen lernen	35,9	36,0	35,9	34,4	37,5
Erwachsene könnten in Bezug auf Werte von Jugendlichen lernen	18,3	11,4	25,2	14,1	22,6
Erwachsene sind eine Problemgruppe	14,9	16,2	13,7	13,6	16,3
Erwachsene sollten ihre Beziehung zu Jugendlichen optimieren	9,6	11,2	8,1	7,2	12,1
Erwachsene können mit Hilfe von Jugendlichen Technologiekompetenz erwerben	5,6	5,9	5,4	5,7	5,6
Erwachsene könnten in Bezug auf ihre Einstellung zu gesellschaftlichem Wandel von Jugendlichen lernen	5,6	3,4	7,8	5,3	5,9
Erwachsene können in Sachen Style/guter Geschmack von Jugendlichen lernen	3,7	5,2	2,2	1,4	6,0
Erwachsene können von Jugendlichen jugendrelevante freizeitkulturelle Skills lernen	3,1	4,9	1,4	6,1	0,2
Sonstiges (Fremdsprachen, Mathematik, neue Rechtschreibung etc.)	6,0	7,9	4,1	6,5	5,4
Basis	880	440	440	440	440

Quelle: Institut für Jugendkulturforschung (2007): elf/18 – die Jugendstudie, rep. für 11- bis 18-Jährige, n=880, Angaben in %

Jeder sechste Jugendliche geht sogar soweit, dass er Erwachsene als echte Problemgruppe beschreibt. Erwachsene sind zu passiv und ohne Power, heißt es da. Sie machen zu wenig Sport und leben ungesund. Sie agieren Mitmenschen gegenüber allzu gerne besserwisserisch – die Jugendlichen nennen das „Klugscheißen". Es fehlt ihnen in alltäglichen Dingen an Geduld und Gleichmut. Sie nehmen Probleme aus dem Beruf in das Privatleben mit hinüber. Sie sind Nörgler, „Meckerziegen", Menschen ohne Humor. Sie neigen zum Schwarzsehen, ihnen fehlt es an Fröhlichkeit und auch an Freundlichkeit ihren Mitmenschen gegenüber.

Und im Problemszenario, das die Jugendlichen umreißen, besonders wichtig: Erwachsene haben nie Zeit und sind immer im Stress. Diesbezüglich sind die Erwachsenen echte „Anti-Vorbilder".

Ein wenig wirken sie so wie Jack Bauer, der von Kiefer Sutherland verkörperte Held der US-amerikanischen Action-Kultserie „24": ständig unter Druck und alles in allem immer nahe am „Burn-out".

> Short Facts

„Jackbauering" – Trendwort der Überforderungsgesellschaft

„Jackbauering" ist in den USA zu einem Synonym für Überleben in einer allseits überfordernden, überkomplexen Hochgeschwindigkeitsgesellschaft geworden. So wie Jack Bauer, der Held der Action-Serie „24", muss man heute oft unheimlich schnell und unter Zeitdruck Entscheidungen treffen und Problemlösungen finden, wobei diese in der Regel nur provisorisch sind.

Der Gegenwartsmensch teilt mit Jack Bauer das Schicksal, oft nur halbe Lösungen zu liefern und dennoch nie fertig zu werden. Nach kurzer Verschnaufpause geht es weiter. Und wieder geht es darum, wenigstens das Nötigste zu erledigen. Wenn dies gemeistert ist, wartet schon das nächste Problem. Für Nachdenken und Zu-sich-Kommen ist in dieser Welt keine Zeit, für überlegtes Handeln, das sich an klaren moralischen Standards bemisst, wenig Platz. Darüber reden wird ständig auf später verschoben. Das Leben ist wie das Rennen des Hamsters im Rad. Und es besteht die Gefahr, dass man sich angesichts der permanenten Überforderung irgendwann selbst verliert.

Leben in Parallelwelten

Nach außen hin hat sich die Generationenbeziehung also entspannt. Der Konflikt ist wie weggewischt. Und doch ist das Verhältnis von Jung und Alt während der letzten Jahrzehnte nicht um so Vieles einfacher geworden wie man vielleicht vermuten würde. Nicht, dass man sich gegenseitig nicht leiden könnte. Aber für die Jugend gilt: Erwachsene leben nun einmal in einer Parallelwelt. Vieles, was in dieser Parallelwelt abgeht, scheint den Jugendlichen alles andere als vorbildlich. Vieles andere sehen sie durchaus positiv. Doch wieso sollten sie sich jemanden, der in einer Parallelwelt, also einer Welt, die anders ist, als die, in der man selber lebt, zum Vorbild nehmen? Warum sollten sie sich an dessen Einstellung und Lebensart orientieren? Das funktioniert ja doch nur in dieser anderen Welt. Was für einen Bankangestellten „passend gekleidet" ist, ist für einen Skater „voll daneben". Und wenn für die Tante die neue Handy-Kamera vielleicht noch etwas wirklich Tolles ist, ist das für ihre Nichte ein langweiliger alter Hut: „Skypen" ist doch viel cooler. Erwachsene, die sich auskennen, nennen das auch oft ganz Fachmännisch „Voice-over-IP", kurz VOIP, meinen damit aber nichts anderes als die schöne neue Welt der Internet-Telefonie, zu der eben auch Skype gehört. Aber mit der Tante kann man ja ohnehin nicht darüber reden; die weiß ja nicht einmal, was das ist: Internet-Telefonie. Die Argumentation, die Jugendliche anbieten, um das Phänomen zu erklären, wirkt durchaus schlüssig.

In Style-Fragen, beim Musikgeschmack, bei der Mode und vor allem aber auch bei Dingen rund um neue Informations-, Kommunikations- und Unterhaltungstechnologien macht es wenig Sinn, auf die Älteren zu hören, zumal die oft einfach nicht wissen, was läuft. Jugendliche orientieren sich hier deshalb an ihren Freunden – insbesondere an Leuten mit dem gewissen Trendsetter-Image, also jenen, die eine echte Nase für das Neue haben. Und sie verfolgen, unterstützt durch jugendkulturrelevante Medien wie MTV und Co., natürlich auch das Tun und Treiben ultimativer Stil-Ikonen aus dem Pop.

Man muss kein Prophet sein, um zu sehen, dass sich heute gerade in Sachen Lifestyle und Technologie die traditionelle Vorbildorientierung in ein Gegenteil verkehrt. Immer öfter sind es hier die Erwachsenen, die einen tiefen Blick riskieren, was bei den Jungen „in" und „trendig" ist. Und die Jugendlichen wissen das und verkünden selbstbewusst: „Bei technischen Dingen und beim Style orientieren sich die Alten an uns."

Unsere Gesellschaft frönt dem Jugendkult – Sozialforscher und Sozialforscherinnen sprechen von einem Trend zur „Juvenilisierung", der Erwachsene dazu verführt, sich ein passendes, junges Image zuzulegen oder zumindest daran zu arbeiten. Und so gibt es heute eben 50-Jährige, die Snowboarden lernen, 45-Jährige, die sich ihr erstes Tattoo machen lassen, und 40-Jährige, die sich bei H&M im Partnerlook mit ihren Kindern einkleiden. Doch auch wenn Erwachsene immer wieder mal gerne ein stilistisches Versatzstück aus der Jugendkultur kopieren, um ihr Alltagsrepertoire damit jugendlich aufzupeppen, finden die wenigsten Zugang zu den kulturellen Welten, in denen Jugendliche leben und die von Mode, Musik, allerlei technischen „Devices" und, nicht zu vergessen, einem dazu passenden Lebensgefühl geprägt sind. Trotz des um sich greifenden Jugendkults bleiben den Erwachsenen die jugendkulturellen Lebenswelten großteils fremd: Sie werden nicht zu Bewohnern dieser symbolischen Welten. Ja, sie finden in der

Regel nicht einmal auf der Verständnisebene Zugang.

Tom, 16: „Die Erwachsenen haben den Erwachsenenaspekt dabei – die haben einfach oft den falschen Aspekt dabei."

Die juvenilen Erwachsenen bleiben Kopisten, die lediglich das nach außen hin Sichtbare ein wenig unbeholfen imitieren, ohne dabei in jugendkulturellem Sinne authentisch zu sein. Und: Nicht authentisch zu sein, ist für die heutige Jugend so ziemlich das Schlimmste, was es gibt – auch oder vielleicht gerade, weil die Massenkultur Teil ihres Lebens ist. Wir wären bei einer weiteren Facette, die die Jugend zu Beginn des 21. Jahrhunderts prägt.

„Ich mag keine Poser, echt sein ist wichtig": Das Authentische im Spiel „Was bin ich?"

„Ich mag keine Poser, echt sein ist wichtig" – das ist ein Satz, der für die breite Mehrheit der Jugendlichen Gültigkeit besitzt. „Poser", also Leute, die nur so tun als ob, sind verpönt: Sie sind nicht glaubwürdig, nicht authentisch. Das macht sie zu Witzfiguren: Menschen, die man einfach nicht ernst nehmen kann. Authentizität markiert heute einen Grundwert der Jugend. Und ihre Suche nach dem Echten signalisiert eine tiefe Sehnsucht nach etwas, das offensichtlich nicht selbstverständlich ist. Doch was bedeutet „echt" und „authentisch" überhaupt? Und wie wird Authentizität von Jugendlichen erlebt?

Befragt man das Wörterbuch, so erfährt man, dass das spröde Wörtchen „authentisch" aus dem Griechischen kommt: Der „auth-éntēs ist der Urheber, Ausführer, derjenige, der mit eigener Hand etwas vollbringt. Das erste Wortglied leitet sich von „autós", das „selbst, eigen" bedeutet, ab; der zweite Teil des Wortes ist nicht sicher gedeutet. (Duden, Etymologie 1997: 55) In unsere Alltagssprache übersetzt bedeutet „authentisch" glaubwürdig, echt. Soweit scheint die Sache klar – auch für Jugendliche. Was „Echt-Sein" in ihrem Alltag konkret bedeutet, das steht freilich auf einem anderen Blatt. Genauer gesagt: Es steht auf vielen verschiedenen Blättern. Jene „Echtheit", die Jugendliche meinen, wenn sie sich zum Echt-Sein bekennen und von „Posern" distanzieren, ist nämlich keine feststehende Größe. Es gibt sie in der Jugendkultur vielmehr in unterschiedlichsten Bedeutungsvariationen.

So nimmt Christine beispielsweise für sich in Anspruch, echter bzw. authentischer zu sein als viele in ihrer Klasse – und zwar weil ihr unbekannte Indierock-Bands lieber sind als kommerziell sehr erfolgreiche Massen-Entertainer wie Robbie Williams, Madonna und Co., aber auch weil sie, wie sie sagt, keine „Tussi" ist und Converse statt Stilettos trägt. Bei Christines

Verständnis von Authentizität gehört das „Nicht-stylisch-Sein" einfach dazu. Die türkischen Jungs aus Murats HipHop-Clique sehen das anders: Sie tragen XXL-T-Shirts mit großen Markenlogos auf der Brust und so genannte „BlingBlings", Goldketten mit protzigen Anhängern, wie man es aus der US-amerikanischen Gangsta-Szene kennt. Murat und seine Freunde bekennen sich zu Markenkult und materiellen Werten. Und sie fühlen sich gerade darum authentisch. Sie beziehen sich auf die späten 1970er und frühen 1980er Jahren, als die farbige Jugend in den Ghettos der amerikanischen Großstädte die HipHop-Kultur „erfand" und BlingBlings dort zu einem Symbol dafür wurden, dass man es auf seine Weise geschafft hatte.

Auch „Freizeitpunks" wie Nina finden sich auf ihre eigene Weise echt: Sie tragen Anti-Atomkraft- und Che-Guevara-Sticker, ohne sich für die Wurzeln der Anti-AKW-Bewegung oder die Biographie von Che wirklich zu interessieren. Und sie sehen sich dennoch nicht etwa als „Poser". Fascho-Skinheads wie Roman verteidigen ihren rechten Skinhead-Kult als den einzig wahren, richtigen und „echten" gegenüber den so genannten Oi-Skins, die sich selbst als unpolitisch bezeichnen, auf ein ausgefeiltes ideologisches Fundament pfeifen und die „echten" Wurzeln der Skinhead-Bewegung im Großbritannien der späten 1960er beschwören – eine Ära, als sich die politische Rechte für die Skinheads noch nicht interessierte. „Ich scheiß auf euren Spirit of 69, ich scheiß auf eure Roots", der Refrain aus „Küsst meine Boots", einem Song der illegalen Rechtsrockband „Endstufe", macht deutlich, wie Fascho-Skins über die „Echtheit" der Oi-Skins denken.

Barbara hingegen meint in freier, popkultureller Interpretation des anarchistischen Mottos „Kein Gott, kein Staat, kein Herr, kein Sklave" mit koketter Attitüde, nur derjenige sei echt, der sich von nichts und niemandem etwas vorschreiben lässt.

Barbara, 19: „Wenn man jedem Menschen zutrauen könnte, dass er in der Anarchie überlebt, würde ich sagen: Ja sofort! Weil es gibt für mich nichts Schlimmeres als irgendjemand, der sagt: Du machst das jetzt so und du wirst das immer so machen. Da bin ich lieber Anarchist und sag: Ich mach, was ich will."

Authentizität hat in der Jugendkultur offenbar etwas Chamäleonhaftes an sich. Authentizität hat hier keine substanzielle, für alle gleich bleibende und in gleichem Maße gültige Bedeutung – zumindest, wenn es nach den Jugendlichen geht. Es gibt kein normiertes Modell, das klar definiert, was authentisch ist. Authentizität ist eher so etwas wie eine Grundidee, die dazu einlädt, individuell stimmige Interpretationen und Bearbeitungen des Prinzips „Echt-Sein" zu finden. Die Logik ist simpel: Jugendliche suchen sich einen Rahmen, in den sie mit ihrem Sein hineinpassen und versuchen, das nach außen hin auch zu zeigen. Das, worum es geht, ist, im Zugriff auf eine der vielen möglichen Lesarten von „Echt-Sein", die die jugendkulturellen Lifestylewelten bieten, für sich eine passende Definition von Authentisch- bzw. Echt-Sein zu finden und sich entlang dieser Definition selbst zu beschreiben.

Authentizität durch die Brille der Identitätsforschung gesehen

Authentizität, so wie sie von den Jugendlichen verstanden wird, hat mit Selbstverwirklichung zu tun – allerdings nicht mit jener Selbstverwirklichung, wie sie einst „Easy Rider" im gleichnamigen Kultfilm von Peter Fonda verkörperte und die mit einem kompromisslosen Ausstieg aus der Mehrheitsgesellschaft verbunden war. Heute gilt: Man kann sich problemlos selbstverwirklichen, dabei authentisch fühlen und dennoch integrierter Bestandteil dieser Mehrheitsgesellschaft sein. Diejenigen, die für sich beanspruchen, echt zu sein, müssen sich einfach echt im Sinne von in sich stimmig fühlen. Ansonsten ist alles offen und vieles möglich. Oder, um es mit Raphis Worten zu sagen: „Eigentlich ist ja jeder irgendwie echt – oder er kann es zumindest sein, wenn er das will."

Identitätsforscher und Identitätsforscherinnen betonen, dass Authentizität im Sinne eines Gefühls des „In-sich-stimmig-und-nicht-entfremdet-Seins" zu einem wichtigen Faktor in der Identitätsentwicklung, wenn nicht gar zu einem zentralen Identitätsziel Jugendlicher geworden ist. Den Grund dafür sehen sie im sozialen Wandel: „Gerade weil die Identitäten heute weniger vorgegeben sind und weniger erprobt sind, vor allem wegen der zunehmenden Optionalität, eben weil die Subjekte heute kreativer, innovativer und experimenteller mit den Chancen und Risiken der Lebensgestaltung umgehen müssen, ist die individuelle Authentizität ein so wichtiges Kriterium für eine gelingende Identität." (Keupp u.a. 2002: 269)

Jugendliche wachsen in einer Welt heran, in der Vieles möglich, aber eben nichts mehr fix ist. Sie navigieren durch vielfältige Erlebnis- und Erfahrungsräume, die sich nicht mehr zu einem in sich geschlossenen Ganzen zusammenfügen lassen. Viele verschiedene Wirklichkeiten konkurrieren miteinander, existieren nebeneinander oder durchdringen sich wechselseitig. Keine dieser Wirklichkeiten bietet ein Identitätsmodell an, dass man sich einfach wie einen Mantel überstülpen könnte. Jede dieser Wirklichkeiten offeriert aber diverse Identitätsoptionen und lädt Jugendliche dazu ein, mit ihnen zu experimentieren und sie gleich einem riesengroßen Identitätspuzzle in einer persönlich stimmigen Art und Weise zueinander in Beziehung zu setzen. Anstatt sich an einem großen Vorbild zu orientieren, arbeiten sich die Jugendlichen in ihren Identitätsprojekten an vielfältigen Inspirationen ab – Inspirationen, die sie aus ihrer Erfahrungsumwelt beziehen. Sie blicken dabei in das nahe soziale Umfeld. Sie kokettieren aber natürlich auch mit „neuen Helden" der Pop- und Jugendkultur.

Vorbild-Sampling nennt sich das, was dabei herauskommt. Und Vorbild-Sampling ist für Jugendliche allemal authentischer als die traditionelle Vorbildorientierung, da es nicht nacheifernde Selbstaufgabe bedeutet, sondern individuellen Interpretationen Raum gibt und die Eigenlogik der Zusammenstellung zum Programm erhebt.

Ingrid, 17: „Wenn ich ein Vorbild habe, dann ist das meistens so zusammengebastelt: aus irgendwelchen Eigenschaften und irgendwelchen Erfahrungen. Vorbild – das ist nicht jemand Bestimmtes für mich."

Die Sache mit dem „eigenen Ding"

Die subjektiv wahrgenommene, selbst zugeschriebene „Echtheit" hat in den Selbstkonzepten der heutigen Jugend einen ähnlich hohen Stellenwert wie das Autonomie-Konzept bei der Jugend der 1970er oder frühen 1980er Jahre. „Autonom sein" war damals gleichbedeutend mit selbstbestimmt Handeln, mit Eigenverantwortlichkeit. „Autonom sein" bedeutete selbständig und unabhängig sein und nach den eigenen Regeln leben: Heraustreten aus institutionellen Zwängen und starren Traditionen. Man verfolgte seine eigenen Ziele und machte sich – beseelt vom gegenkulturellen Zeitgeist – dafür stark, diese gegenüber der etablierten, traditionellen Ordnung auch durchzusetzen. Man trachtete danach, sich von allzu verpflichtenden Sozialbindungen zu emanzipieren. Man grenzte sich in der Lebensart von den eigenen Eltern ab: Mit 18 oder 19 Jahren von zuhause auszuziehen, um fortan mit Freunden in einer Substandard-Wohnung mit Gang-WC so leben zu können, wie es einem passte, lag im Trend. Ökonomische Unabhängigkeit galt damals als wichtige Voraussetzung, um im Denken und Handeln unabhängig zu sein. Gegen den Strom schwimmen war in den autonomie-geprägten Selbstkonzepten der 70er- und 80er-Jahre Jugend fest integriert. Und auch wenn im Nachhinein Vieles, mit dem junge Menschen damals ihren Autonomie-Status durchzusetzen trachteten, so gar nicht vernünftig erscheint, war die ganze Sache doch irgendwie kopflastig. Lebenslust, Passion und die Leichtigkeit des Seins war im Autonomie-Paket, mit dem man sich damals selbst beschenkte, noch nicht automatisch inkludiert.

Heute ist das anders: Auch mit Anfang Zwanzig haben viele kein Problem damit, noch immer im „Hotel Mama" zu wohnen. Im Familienverband leben Jung und Alt ohnehin ihr eigenes Leben. Von der Lebensart der Eltern hat man sich meist schon mit 15 oder 16 Jahren emanzipiert. Und von „Mum" und „Dad" wird das in aller Regel auch akzeptiert. Selbstbestimmung misst sich heute nicht mehr in dem Ausmaß wie früher an der ökonomischen Unabhängigkeit von den Eltern. Und es geht den Jugendlichen auch nicht mehr nur darum, die sich gesetzten Ziele dem Gegenwind des Systems zum Trotz zu erreichen. Heute zählt etwas ganz Anderes: nämlich, wie man sich selbst dabei fühlt. Natürlich ist es Jugendlichen noch immer wichtig, in ihrem Denken und Tun in ganz klassischer Weise selbstbestimmt zu sein – nicht zuletzt deshalb, weil sie sich durch diese Autonomie vom „Kind" unterscheiden und den Weg zum „richtigen", vollwertigen Erwachsenen nehmen. Selbstbestimmt-Sein allein ist aber nicht mehr genug. Nur wenn eigenverantwortliches, selbstbestimmtes Tun von einem Gefühl begleitet wird, dass das, was sie tun, in sich stimmig ist, den eigenen Bedürfnissen gerecht wird und sie damit „echt" und „authentisch" macht, dann macht es auch Sinn. Identitäts- wie auch Gesellschaftstheoretiker und -theoretikerinnen sprechen von einer „subjektivistischen" oder auch „authentizistischen Wende". Im jugendkulturellen Jargon klingt das einfacher: Es geht einfach darum, sein „eigenes Ding" zu machen und dabei auch noch Spaß zu haben. Authentisch sind in diesem Verständnis mithin all jene, die es verstehen, ihr Leben halbwegs normal und dennoch möglichst gut zu leben. Das macht sie in gewisser Weise sogar zu einem Vorbild.

Nela, 15, HipHop-Szene: „Ich denke, Erwachsene sehen Menschen, die irgendetwas Tolles für die Gesellschaft gemacht haben, als Vorbilder und nicht so wie wir Menschen, die einfach ihr Leben leben."

Authentizität = Selbstwahrnehmung und Inszenierung

Als Gesetz der Stunde gilt: Du darfst kein Abziehbild der Massenkultur sein und du darfst dich auch nicht durch den Fleischwolf der Systemzwänge drehen lassen.

Du musst dich authentisch fühlen und darfst nicht an Selbstentfremdung leiden. Und dem nicht genug: Wenn du auch von den anderen als echt und nicht als Poser gesehen werden willst, musst du dich nach außen hin angemessen präsentieren. In der Jugendkultur geht es heute ganz massiv darum, die gefühlte und selbstzugeschriebene Authentizität gegenüber der sozialen Umwelt auch zu vertreten und sich so zu inszenieren, dass niemand auf die Idee kommen kann, man selbst sei ein Poser.

Wenn es dabei bunt und expressiv zugeht, ist das auch okay – der Authentizität tut dies nicht automatisch einen Abbruch.

acts > More Facts > More Facts > More Facts > More Facts> Mo

Was bedeutet „authentisch" für Jugendliche?

„Authentisch" ist positiv besetzt und bedeutet „in sich stimmig sein". Dieses in sich Stimmige heißt nichts anderes, als dass man sich selbst, mit dem was man tut, gut fühlt. Voraussetzung dafür ist natürlich, dass man selbstbestimmt handeln und das, was einem selber wichtig ist, umsetzen kann. Ist das der Fall, macht einen das nach außen hin glaubwürdig bzw. echt.
„Nicht-authentisch" ist negativ besetzt. Nicht authentisch ist, wer „gegenüber seinen tiefsten Bedürfnissen unsensibel ist, diese betrügt oder in einem Lebensplan handelt, der nicht zu ihm passt." (Keupp u.a. 2002: 265) Aber auch wer sich selbst betrügt, indem er coole Leute oder auch coole Styles oberflächlich

nachahmt, anstatt sich Inspirationen zu holen und das, wovon er sich inspirieren lässt, für den „Eigenbedarf" zu adaptieren, ist nicht echt.

> „Poser", also Menschen, die nur so tun als ob, stehen für Imitation ohne echte identifikatorische Auseinandersetzung mit dem, was sie tun. Das, was sie tun, wirkt nicht stimmig. Das macht sie unglaubwürdig oder, um es in einem jugendkulturellen Jargon zu sagen: Es macht sie zum „Fake", was so viel wie „Fälschung" bedeutet.

> „Entfremdete" sind Menschen, die ihre inneren Bedürfnisse gegen Zwänge, die von außen kommen, nicht angemessen durchsetzen können. Sie sind nicht in der Lage, das, was sie selber tun wollen und wobei sie sich gut fühlen, mit dem, was ihnen von außen abverlangt wird, in ein stimmiges Verhältnis zu bringen. Das macht sie „unecht". Sie sind klassische Opfer des Systems. Und diese Option ist für Jugendliche verständlicher Weise mindestens eben so unattraktiv.

Schrille Typen gelten bei Jugendlichen nicht automatisch als oberflächlich, sondern sind, wenn sie auf eine stimmige Art schrill wirken, vielleicht sogar besonders „echt" – zumindest dann, wenn sie glaubhaft machen können, dass sie mit ihren schrillen Attitüden etwas über sich selbst aussagen wollen.

Julia, 17: „Es gibt bunte Vögel, die damit etwas ausdrücken wollen. Und es gibt bunte Vögel, die es einfach machen, damit sie bunte Vögel sind – die sagen: Ah, damit fall ich auf und daher mach ich's auch. Eine wirkliche Lebensberechtigung haben bei mir nur die, die damit etwas sagen wollen."

Authentizität wächst in der Subjektivität des Einzelnen. Und sie muss in Szene gesetzt werden, um in der sozialen Umwelt Bestätigung zu finden. Nur dann kann sie ihre Wirkung als Mittel der Selbstdefinition voll entfalten. Weil dem so ist, plädieren Jugendliche, die sagen „Ich mag keine Poser – echt sein ist wichtig", auch nicht etwa für das Prinzip „Sein" statt „Schein", sondern bekennen sich vielmehr selbstbewusst zum Prinzip „Selbstdarstellung".

Mit dem Wert „Authentizität" verhält es sich ähnlich wie mit anderen Werten. Es reicht heute nicht mehr aus, diese Werte einfach zu haben. Man muss sie auch nach außen hin zeigen, um Respekt zu bekommen – ja, um überhaupt wahrgenommen zu werden. Wir leben nun mal in einer Inszenierungsgesellschaft und da gilt: Wer nicht auffällt, fällt durch. Glaubwürdige Selbstinszenierungen gelten in dieser Welt nicht als oberflächlich, sie erfahren vielmehr echte Wertschätzung: Sie gelten als Ausdruck von Authentizität. Inszenierung bedeutet nicht etwa Verfälschung eines wie immer gearteten Realen oder Ablenkung von einem wie immer gearteten „Eigentlichen". Sie dient, wie Gabriele Klein und Malte Friedrich betonen, vielmehr „der Selbstbeschreibung und als solche nicht nur dem Selbst-Ausdruck, sondern auch der Selbst-Entdeckung." (Klein/Friedrich

2003: 151) Inszenierung ist für Jugendliche ein Mittel, um sich selbst auszulegen und anderen zu zeigen, wie man sich auslegt und auch wie man sich dabei fühlt. Und wieder kommt hier die Jugendkultur ins Spiel, denn sie lädt die Jugendlichen dazu ein, im Supermarkt der jugendkulturellen Trends und Stile ein passendes Gehäuse zu finden, in das sie sich mit ihrem Selbstentwurf einbauen können.

> More Facts

Selbstinszenierungen bringen Anerkennung und stabilisieren Identität

Der Hang Jugendlicher zur Selbstinszenierung wird von der Öffentlichkeit gerne als ein Ausdruck der Oberflächlichkeit unserer Gesellschaft interpretiert und daher als bedenklich eingestuft. Aus Sicht der Identitätsforschung haben offensive Selbstinszenierungspraxen, mit denen Jugendliche auf sich aufmerksam machen, aber durchaus ihren Sinn: Sie unterstützen nämlich die Bildung von Identität. Wer sich inszeniert, bekommt Feedback von der sozialen Umwelt – sei es positives oder auch negatives Feedback. Dieses Feedback hilft, den Blick auf sich selbst zu schärfen und zu entscheiden, in welche Richtungen die weitere Arbeit am Selbst(konzept) gehen kann und soll.
Feedback ist also wichtig. Dabei gilt allerdings: Nicht von jeder Seite kommend ist Feedback für Jugendliche gleich viel wert. Wie ihre Lehrer und Lehrerinnen auf Selbstinszenierungen reagieren, ist der breiten Mehrheit der Jugendlichen egal, denn die Lehrer sind den Jugendlichen persönlich meist nicht allzu wichtig. „Lehrer haben nichts mit meinem Leben zu tun", sagt Barbara. So gesehen ist es ihr auch gleichgültig, was diese über ihr Outfit, ihr Styling, ihre demonstrativ nach außen getragene „Attitude" denken. Bei Freunden und Freundinnen ist das anders. Hier will sie natürlich Anerkennung und Respekt bekommen. Wie man aus der Identitätsforschung weiß, fördert Anerkennung den Selbstwert und wirkt damit identitätsstabilisierend, wobei hier drei verschiedene Dimensionen eine Rolle spielen (vgl. Keupp u.a. 2002: 256 ff):

> Anerkennung im Sinne von Aufmerksamkeit von Menschen, die für einen persönlich wichtig sind; Identitätstheoretiker und Identitätstheoretikerinnen sprechen hier von „signifikanten Anderen";

> Anerkennung im Sinne von positiver Bewertung; es geht also um das, was HipHopper „von Kollegen Props bekommen" nennen;

> „Selbstanerkennung": Gemeint ist damit, dass man selbstsicher denkt und sagt: „Ich finde das, was ich mache, gut – egal, was die anderen denken." Hier geht es also darum, sich zum „eigenen Ding" zu bekennen.

Die verschiedenen jugendkulturellen Stilgemeinschaften stellen in Bezug auf das „Authentisch-Sein“ ganz unterschiedliche Lesarten bereit.

Sie definieren Codes und fixieren die passenden Accessoires, die es Jugendlichen ermöglichen, sich in einem jugendkulturellen Bezugsfeld als authentisch zu inszenieren. Sie bieten Authentizitätsfolien zur Weiterbearbeitung an. Individuelle Empfindungen und Bedürfnisse werden in eine szene-spezifische Zeichensprache und Ritualpraxis übersetzt. Das individuelle Authentisch-Sein-(Wollen) wird jugendkulturell überformt und durch Treue zum Stil bekundet. Und immer geht es dabei in irgendeiner Form um „das eigene Ding“: um das, worauf man „wirklich Bock hat“ (Stichwort: nicht-entfremdetes Sein) und um „nicht sein wollen, sondern eben sein“ (Stichwort: kein Poser sein).

Die Mittel und Wege, die den Jugendlichen dabei offen stehen, sind vielfältig. Und die in den alltagskulturellen Praxen der Jugendlichen lebendig werdenden Interpretationen des abstrakten Wertes „Authentizität“ ebenso. Das zeigen die folgenden Beispiele.

„Mucke machen, auf die man Bock hat”: Authentizität im HipHop

HipHop, das sind weite Hosen, die im Schritt durchhängen, so genannte Baggy Pants. HipHop, das ist „Rap“, also Sprechgesang, „Graffiti“ und „Breakdance“. HipHop, das sind diese weichen, schlaksigen Bewegungen, die cool und lässig rüber kommen und bei denen man sofort an das mittlerweile allseits bekannte, hiphop-typische „Yo Mann“ denkt. Und: HipHop ist „street“. „Street“ ist, wie Szene-Kenner wissen, ein anderes Wort für „real”. Und beide Begriffe sind Synonyme für das spröde Wörtchen „authentisch“. Wie keine andere Jugendkultur ist HipHop mit dem Leitwert des „Authentischen“, „Echten“ verknüpft. Doch worin besteht diese HipHop-typische Authentizität, dieses „Real sein“ eigentlich genau?

Real sein bedeutet im HipHop, sich so zu geben, wie man ist. Also nicht etwas sein zu wollen, was man nicht ist, „sondern einfach sein.“ Und real sein bedeutet zugleich auch, sein „eigenes Ding“ durchziehen, also „die Mucke machen, auf die man wirklich Bock hat“ und dabei „Skills“ und „Style“ beweisen.

Asia, türkischer Rapper aus Köln: „Viele fragen, was für mich real ist. Für mich ist ‚real’, dass du dich so gibst, wie du bist.“ (Klein/Friedrich 2003: 152)

Kommerzieller Erfolg wird in der Szene nicht negativ gesehen. „Underground“ oder – wie deutsche HipHopper sagen – „Untergrund“ ist im HipHop kein zwingendes Bewertungsmaß für Authentizität. Und auch persönliche soziale Marginalisierungserfahrungen sind für HipHop-Artists nicht ein unbedingtes „Muss“, um in der Szene als „real“ und „street“ zu gelten. „Untergrund ist ein Rap-Begriff. Unterschicht ist eine soziale Kategorie. Dazwischen muss man differenzieren", sagt der Berliner Rapper und HipHop-Produzent „B-Lash". „Es gibt im HipHop keine Unterschicht. Untergrund ist HipHop, der keinen kommerziellen Durchbruch geschafft hat. Du gehst den Independent-Weg mit kleinem Label und Vertriebsweg, investierst kaum Werbung und schaust, wie du mit deinem Ding weiterkommst." Und She-Raw meint: „Der Untergrund ist ein Ort, an dem ich nicht mehr sein möchte." (Spex #307 März/April 2007: 78)

Kohle verdienen ist im HipHop also nichts Anstößiges und es macht vor allem auch nicht unauthentisch. Aber Kohle darf nicht der einzige Lebensinhalt sein. Oder um es im „HipHop-Deutsch" zu sagen: „Du darfst deinen Arsch nicht verkaufen". Du darfst dich nicht zu einem reinen Dienstleister der Musik- und Freizeitindustrie machen lassen. Und natürlich solltest du für derartige Dienstleister auch nicht Publikum sein.

Melbeatz: „Ich bin kein Dienstleister. (...) Ich will Neues schaffen." (Spex #307 März/April 2007: 81)

Um als „real" zu gelten, muss man den Szene-Code der HipHopper beherrschen. Das heißt, man muss wissen, was abgeht, welche Marken „in" sind, welche „Acts" am Laufen sind und was sich in der Szene sonst noch so tut. Und man muss natürlich auch die „Attitude" des HipHop glaubwürdig verkörpern: Man muss sie „representen".

Mevlut, türkischer Rapper aus Wien: „Du musst real bleiben – und nicht irgendeinen Blödsinn oder einen Schwachsinn rappen – und dich selber zeigen, dass du einfach rapptechnisch gut bist, dass du gute Texte schreiben kannst, dass du gute Beats hast und rappen kannst." (Celen/Öztürk 2006: 35)

Wie vermutlich in keiner anderen Szene gehören Realness und Inszenierung im HipHop zusammen. Nur wenn man sich im Kontext des hiphop-spezifischen Authentizitätswertekanon angemessen selbst darstellen kann, ist man real und kein Poser. Nur wenn man seine „Realness" angemessen rüberbringt, bekommt man von den „Kollegen" dafür „Props". Dabei macht es freilich einen Unterschied, ob man sich in jenem Teil der Szene, die vom US-amerikanischen Bling-Bling-Rap inspiriert ist oder aber im deutschen HipHop mit Artists von „Blumentopf" und „Fettes Brot" bis zu „Sammy Deluxe" zuhause fühlt.

Der Bling-Bling-Rap ist Gangsta-Style und spielt mit dem Mythos vom Ursprung der HipHop-Kultur in den farbigen Ghettos der amerikanischen Großstädte. HipHop wird hier als Ausdrucksform, ja politische Artikulationsform sozial benachteiligter farbiger Jugendlicher verstanden. Identifikation mit dem Gangsta-Style und Bling-Bling-Attitüden findet man zum einem bei den ganz jungen Jungs, 11-, 12-, 13-Jährigen, die in die Jugendkultur gerade erst einsteigen, zum anderen aber vor allem auch bei Jungs wie Murat, die aus einer Migrantenfamilie stammen und andere Alltagserfahrungen haben als das typische österreichische oder deutsche Mittelschichtkind. Für sie ist die Bling-Bling-Geschichte eine Identifikationsressource, denn sie sehen sich als Leute, die – so wie einst die farbige Ghetto-Jugend in den USA – zu den Verlierern der Gesellschaft zählen, die am Rande stehen oder denen die Gesetze der Parks und Straßen jedenfalls besser vertraut sind als die gutbürgerliche Existenz in der Vorstadt. Und sie sind es auch, die so gar kein Problem mit der goldenen Regel des „Bling-Bling-Rap" haben, die lautet: „Hast du was, dann bist du was." Wer kein Geld hat, der denkt sich eben eher als andere: Geld macht schon glücklich.

Alisen: „Ich denke mal, Geld macht schon glücklich. Wenn ich zu wählen hätte zwischen Underground und nicht so groß rauszukommen und rauszukommen und Kohle zu machen, dann würde ich schon den Weg wählen: rauskommen und Kohle machen." (Celen/Öztürk 2006: 49)

Goldketten, dicke Ringe mit Brillanten, fette Uhren, große Autos, teure Klamotten, Kokain und ausreichend „Bitches", leicht bekleidete Luxus-Frauen, die sich als willfährige Sex-Partnerinnen anbieten – die medialen Inszenierungen US-amerikanischer Top-Acts akzentuieren den Markenkult und die Luxussucht. Wenngleich Murat und seine Freunde das ein wenig übertrieben finden, ist selbstbewusstes zur Schau stellen von kommerziellem Erfolg für sie aber nicht automatisch ein Zeichen mangelnder Authentizität. Ganz im Gegenteil: Das, worum es geht, ist, auf den eigenen Erfolg stolz zu sein und das auch zu zeigen.

Sido: „Wenn die Rapper damals in Amerika viel Geld verdient haben, haben sie sich für ihr ganzes Geld eine Goldkette gekauft. Den ganzen Vorschuss erst mal verbraten. Das ist so ein HipHop-Status-dicke-Eier-Ding." (Spex #307 März/April 2007: 78)

Deutscher HipHop ist da ganz anders: Real sein ist hier eine Lebenseinstellung und ein Lebensgefühl, das man verinnerlicht und dem man in der Musik und

seiner gesamten Lebensweise Ausdruck gibt. In den Reimen werden Alltagserfahrungen verarbeitet. Gesellschaftspolitische Themen werden durch die Brille der eigenen Subjektivität betrachtet. Das, was man durch diese Brille wahrnimmt, wird ironisch-kritisch oder einfach nur lustig vertextet.

Vieles davon ist für Murat und seine Freunde an den persönlichen Alltag nicht anschlussfähig und so werden Acts wie „Blumentopf" von Jungs aus dem Migrantenmilieu gern auch etwas abfällig als „Studenten-Rap" oder auch „Öko-Rap" klassifiziert. Und Sammy Deluxe ist ihnen irgendwie zu intellektuell. Deutsche Hip-Hop-Acts finden eben schwerpunktmäßig woanders ihr Publikum.

Hier geht es nicht so sehr darum, soziale Benachteiligungen am eigenen Leib erfahren zu haben, um als authentisch zu gelten. Vielmehr geht es darum, ein „authentisches Lebensgefühl zu haben, ohne entsprechende Erfahrungen in Kauf zu nehmen." (Klein/Friedrich 2003: 80) Als Grundprinzip gilt: Wenn man das richtige „Feeling" (Lebensgefühl) hat, wenn man die richtige „Attitude" (Lebenseinstellung) repräsentiert, ist es eher nebensächlich, woher man kommt.

acts > Short Facts > Short Facts > Short Facts > Short Facts > Sh

Nicht-authentisch ist, wem die Street-Credibility fehlt

Als nicht-authentisch gelten in der HipHop-Szene „Artists", bei denen man den Eindruck gewinnt, dass sie zugunsten des kommerziellen Erfolgs das „eigene Ding" verleugnen:

> „Möchte-Gern-Gangster", die das Gangster-Leben glorifizieren und dabei kräftig die Klischee-Mühle mahlen; die „authentische" Szene quittiert dies mit: „Dieses übertriebene Gangster-Ding geht mittlerweile ja schon jedem auf den Sack."

> „Deutsch-Rapper", die offensichtlich bemüht sind, möglichst lustig zu reimen, um (sich) besser verkaufen zu können. Sie machen nicht ihr eigenes Ding und verraten damit Grundwerte des HipHop.

Ob US-amerikanisch inspirierter Bling-Bling-Rap oder deutscher HipHop – als goldene Authentizitätsregel gilt: Gute Rapper machen gute Bilder. Die Reime sind wie ein Tagebuch, in das andere hineinlesen dürfen: deutlich, ehrlich und oft auch ein bisschen exhibitionistisch – Anekdoten aus dem eigenen Leben eben. Das, was man zu sagen hat, kommt aus der eigenen, subjektiven Erlebniswirklichkeit: Es ist ein Stück Lebensrealität, so wie es sich einem selbst darstellt und das man in Reimform in die Lebensrealität derer, die Publikum sind, rüberwachsen lässt.

Uzay, Hamburg: „HipHop ist für mich, es ist wie'n Tagebuch (...) HipHop ist das, was ich erzähle. Das, was ich denke. Das, was ich fühle. Das, was mich traurig macht, oder das, was mich freut. Meine Gefühle ...".
Pierre, Wien: „Also in erster Linie ist es eine Lebenseinstellung. Das ist einfach, was man macht, was man ist (...)". (Gottschlich u.a. 2006: 29)

Und was für HipHop-Artists gilt, gilt natürlich auch für all jene, die zwar nicht selber rappen, Graffiti sprühen oder Breakdance machen, die sich der HipHop-Szene aber dennoch verbunden fühlen und sich als Teil der Szene sehen. Um als real zu gelten, müssen auch sie glaubhaft machen, dass sie die Werte des HipHop wirklich leben. Im Klartext heißt das: Du kannst Baggy-Klamotten tragen, aber du darfst dabei nicht für Marken „Werbung laufen". Du musst dein eigenes Ding machen, es gut machen, Spaß dran haben und dich dabei (subjektiv) stimmig fühlen.

„Youth against Establishment": Lebensphilosophie im Freestyle-Sport

„Do the right thing, but hang loose": Mach das Richtige, aber bleib dabei immer schön locker und entspannt, so tönt es auch in den jugendkulturellen Sportszenen – genauer gesagt im Freestyle-Sport. Die Rede ist allem voran von Roll- und Brettsportarten wie Skateboard und Snowboard oder Aggressive Inline, aber auch Freestyle-Skiing.

Ein Gefühl der Freiheit, Ausbrechen aus den Zwängen des Systems, sich selbst spüren, kein Poser und nicht entfremdet sein – einmal mehr geht es hier um das, was in der Identitätsforschung als „authentische Subjektivität" bezeichnet wird.

Jonas Emery, 26, Snowboarder, auf die Frage, warum Freestyle beim Snowboarden so wichtig ist: „Adding the freestyle in it is just like adding hot powder into a Thai soup." (Lodown #56 Mai/Juni 2007: 132)

Einmal mehr werden hier individuelle Authentizitätsstrategien durch einen jugendkulturellen Lifestyle überformt. Dazu gehören die richtigen Klamotten, die richtige Musik, die richtigen Connections in der Szene und natürlich einmal mehr die richtige Attitude – eben „Do the right thing, but hang loose": das machen, was einem selber wichtig ist, dran bleiben, auch wenn es einmal Gegenwind gibt, darauf pfeifen, was andere dazu sagen und denken, Spaß an der Sache haben und alles in allem einfach nicht so verklemmt und verbiestert sein, wie der typische zielstrebige Durchschnittsbürger. In den Freestyle-Sportarten dreht sich alles darum, Kontrolle über sein eigenes Leben zu haben und sich nicht – wie im Vereinssport – festgelegten Regeln unterzuordnen: sich bzw. sein „Ego" nicht hinter diese Regeln zurückzustellen.

Freestyle bedeutet, eigene Regeln zu finden und sich darin auszuleben, wie der Text aus einer Anzeige der Skater-Marke „Oakley" verrät: „For me skateboarding has always been an alternative or an answer to team sports. No coaches, no rules. Just me, the streets and my board. Freedom." Mach dein eigenes Ding – diese Botschaft steht hier einmal mehr ganz groß im Vordergrund. Und ihr Wirkungsradius ist bei weitem nicht nur auf sportliche Dinge begrenzt.

die-Pallaud: „jo leute. was sagt ihr eigentlich zu skaterinnen, die dreadlocks haben. jedenfalls bin ich am überlegen, ob dreadlocks so zu meiner skatekleidung passen würden. gibt ja nicht sehr viele skater und vor allem skaterINNEN, die so ne pracht aufm schädel tragen"
miuimi: „ich würds nicht machen. Is so diese öko-weltverbesserer-schiene"
ability: „find die frage komisch ... hat ja irgendwie nichts mit skaten zu tun? naja, egal. zieh einfach dein ding durch" (skateboard.de – Forum: geposted am 2.4.2007, 21:56)

„Dein Körper ist ein Labor – kein Heiligtum", so lautet das Motto der Freestyler. Und dabei gilt: „Der Labor-Chef, der bist du." Beim Freestyle-Sport treten der Körper, das Sportgerät und die Umgebung in eine ganz eigenartige Beziehung zueinander: Körper und Sportgerät verschmelzen, das Brett wird an den Körper angepasst. Die Bewegungsempfindung wird dadurch gesteigert und ein Gefühl der körperlichen Selbstkontrolle suggeriert. Zugleich wird der Körper mittels Sportgerät über seine Grenzen hin ausgedehnt. Die Umwelt wird in die Bewegungserfahrung mit einbezogen. Dies schafft eine ganz spezielle Erlebnisqualität: eine mit echter Intensität. Es geht darum, wahre Größe zu erreichen – für sich selbst und für diejenigen, denen man zutraut, dass sie das beurteilen können. Und wahre Größe erreicht man nur, wenn man mit der Gefahr flirtet. Typisch für Freestyler ist, dass sie sich nicht als potentielle Opfer der Gefahr, sondern als Beherrscher des Risikos sehen. Mit den teils grenzgängerischen Körperpraxen, die unter dem Titel „No risk, no fun" – also: wo kein Risiko, da auch kein Spaß – laufen, sichern sie sich unter ihresgleichen Aufmerksamkeit und Annerkennung. Diverse Verletzungen, die sie sich beim Sport holen, stempeln sie zu einer „coolen Sau". Angst, dieses Vokabel gibt es hier nicht, so scheint es – und wenn, dann nur in einer ironischen Brechung.

demi: „mein skateboard hat immer angst vor der landung, und ich um ihn."
schröder: „dein skateboard istn typ???"
demi: „na klar ist der männlich, sächlich wäre öde und wärs en mädel hätte ich es schon lange zur hölle geschickt. dein skateboard ist ja bestimmt auch ein typ, oder? ;)" (skateboard.de – Forum, gepostet am 2.4.2007, 22:13)

Die Faszination, die vom Freestyle-Sport ausgeht, ist im Grunde leicht erklärt: An die eigenen Grenzen gehen und darüber hinauswachsen, erst das Adrenalin spüren und dann erleben, wie sich der „Flow" einstellt. Das ist ein Grundprinzip dieser Sportarten und gilt natürlich auch in vielen anderen Bereichen des Abenteuer-, Extrem- und Risikosports. Hier passiert das, was Karl-Heinrich Bette als typisch für sämtliche Risiko- und Abenteuersportarten skizziert: Nämlich, dass riskante Sportpraxen ihren Akteuren dazu dienen, den Verdrängungseffekten der Gesellschaft zumindest punktuell zu entrinnen und ein Gefühl der Macht über das eigene Handeln zurückzugewinnen. Bette begreift diese Sportarten als „soziale Nische, die der Selbstermächtigung des modernen Subjekts dient.“ (Bette 2004: 12)

Das Gefühl gegenüber den gesellschaftlichen Institutionen selbst machtlos und nichtig zu sein, wird beim Eintauchen in die Welt des Freestyle-Sports außer Kraft gesetzt. Verdrängungseffekte der „Organisationsgesellschaft“ (Bette 2004: 12) werden mit körperlicher Selbsterfahrung unterlaufen – wenn auch nicht auf einer intellektuellen Ebene. Hier geht es um Erlebnisse und um die Gefühle, die in diesen Erlebnissen angeeignet werden. Hier passiert das, was Gerhard Schulze als charakteristisch für Erlebnisse beschreibt: nämlich, dass sich Gefühle mit Selbstbeschreibungen verbinden. Dabei gilt: „Gelungene Erlebnisse sind nicht einfach gegebene Eindrücke, die man zuerst hat, um sie dann mehr oder weniger kompetent zu beschreiben; vielmehr sind Erlebnisse Konstruktionen, deren Eigenart unweigerlich durch die Beschreibung mitgeprägt wird. Gefühle sind psychophysisches Rohmaterial, aus dem sich ganz unterschiedliche Gestalten bilden lassen. Was schließlich herauskommt, hängt maßgeblich von der reflexiven Aneignung der eigenen Gefühle ab.“ (Schulze 2004: 224)

Um es auf den Punkt zu bringen: Im Freestyle-Sport wird individuelles Fühlen, individuelle Körpererfahrung und ein jugendkulturelles Lebensgefühl, das Jugendliche in den Freestyle-Szenen miteinander teilen und über das sie sich selbst beschreiben, zueinander in Beziehung gesetzt. Und das, was daraus entsteht, ist Lebensgefühl und Statement zugleich.

„Youth against establishment“ – Volcom, eine der führenden Skater-Marken, steht nicht ohne Grund unter diesem Motto. Die Helden des Freestyle-Sports richten sich mit ihrer Attitude gegen die Normalität, in der „Otto Normalverbraucher“ lebt. Und sie zeigen das der Außenwelt auch selbstbewusst an. Sie tun dies aber nicht aus einer im engeren Sinne politischen Motivation: Sie machen keine Anstalten, das System, deren Opfer sie nicht sein wollen, im Großen zu ändern, sondern sie machen – in der kleinen Welt der Szene – eben einfach nur ihr eigenes Ding.

Das ist der Geist des Freestyle: Institutionenskepsis ohne Aufbegehren, Ausstieg aus gesellschaftlichen Zwängen, sich nicht vereinnahmen lassen: das tun, was einem selber passt, was subjektiv stimmig ist. Regeln brechen, neue finden, sich selbst gestalten: der Freestyle-Mind trifft den jugendlichen Zeitgeist. Die Skepsis gegenüber etablierten gesellschaftlichen Institutionen, angefangen bei der Politik, über die Schule bis zum Sportverein, wird hier jugendkulturell überformt. Der Ausbruch aus gesellschaftlichen Zwängen wird hier einmal mehr in ein jugendkulturelles Lifestyle-Mäntelchen gehüllt und liefert eine Antwort auf die drängende Frage „Was bin ich?“.

Die Indie-Schiene: Sehnsucht nach dem Anders-Sein

Eine durch Identitätsmaterialien des Lifestyle-Marktes angereicherte Suche nach persönlicher Authentizität findet man heute aber auch dort, wo man sie nicht gleich vermuten würde: Bei Jugendlichen, die sich mit demonstrativer Distanz gegenüber marktgängigen jugendkulturellen Stilen und Trends positionieren: jenen, die man gemeinhin „Indies" nennt. „Indie" ist ein Kürzel für „independent", also unabhängig. Lange Zeit bedeutete „Indie", in ökonomischer und kreativer Hinsicht unabhängig zu sein – von der Mehrheitsgesellschaft wie auch von der Musik- und der Freizeitindustrie, die sie bediente. Indie, das waren kleine unabhängige Plattenlabels und Musiker, die sich von der Musikindustrie nicht vereinnahmen lassen wollten. Entstanden war die Independent-Kultur im Kontext des „Punk". Als politisches Statement einer Undergound-Jugendkultur funktionierte sie vor allem in den 1980er Jahren. Indie war damals ein Gegenmodell zu dem, was man gemeinhin den „kommerziellen Markt" nennt. Doch heute ist alles anders. Heute steht Indie nicht mehr für alternative Produktionsverhältnisse. Indie ist vielmehr zu einem musikalischen Genre geworden, dessen Artists nicht an kleine unabhängige Labels gebunden sind, sondern die durchaus auch bei einem so genannten „Major", also einem großen internationalen Label, unter Vertrag stehen können. Indie ist also kein politisches Statement mehr, sondern schlicht und einfach ein Stil, der wie alle anderen jugendkulturellen Stile von Jugendlichen dazu genutzt wird, um sich selbst zu beschreiben.

Wer heute „Indie" ist, hört Musik von Bands, die zu Recht oder auch zu Unrecht unter dem Titel „Indie und Alternative" promotet werden – angefangen bei „Franz Ferdinand" und den „Kaiser Chiefs" bis zu „Coco Rosie" und „Malajube" – oder er steht auf Acts, die der so genannten alternativen elektronischen Musikszene zuzurechnen sind. Und er trägt „Converse" zu einem lustigen T-Shirt und – bei Kurzsichtigkeit – vielleicht auch eine Brille in retroidem Krankenkassenlook. Natürliche Blässe statt Sonnestudio-Bräune ist obligatorisch. Alternative Radiosender und Programmkino (alternativ zu den großen US-Blockbustern) gehören zumindest bei den Stilsicheren zum Grundrepertoire.

Anti-Haltung ist hier „in", dagegen sein gehört dazu, konsumkritische Gesten sind hip. Wie in allen anderen Zonen der Jugendkultur frönt man zwar auch hier der jugendkulturellen Lebenslust, doch diese besteht nicht etwa in einem schnellen Spaß, mit dem das klassische Großraumdisco-Publikum zu beglücken ist, sondern steht vielmehr für das schöne Leben einer selbsternannten „Anti-Chartspop-Avantgarde". Und man fühlt sich damit authentischer, echter als der österreichische oder deutsche Durchschnittsjugendliche, der auf MTV abfährt und sich freimütig zum bunten Warenkorb der Konsumgesellschaft bekennt. Kritik am so genannten Kommerz ist hier fester Bestandteil der Selbstinszenierungspraxen. „Ich lasse mich nicht beeinflussen – es geht darum, was mir gefällt", so lautet hier das Motto. Die richtige Dosis Effizienzverweigerung kommt dabei freilich auch nie schlecht; gemeint ist eine coole Distanz zum grauen Alltag von „Otto Normalverbraucher" und den dort gültigen Regeln, wie sie etwa von Artists wie Adam Green lifestylegerecht verkörpert werden.

Adam Green über seine Erfahrungen beim „Jobben": „Den längsten Job hatte ich in einem Laden für gebrauchte Kleidung, ein halbes Jahr lang. Ich schloss morgens auf und abends ab, da war niemand, der mich kontrollierte. Um die Klamotten brauchte ich mich nicht zu sorgen, hieß es, die würden sich von selbst verkaufen. Also setzte ich mich auf einen Stuhl, legte die CD mit meinen Songs ein und versuchte sie jedem zu verkaufen, der danach fragte. ‚Hey, wollen Sie eine? Kostet fünf Dollar.' Ich bin an die hundert Stück losgeworden. Das hat mich einige Schritte nach vorn gebracht." (Visions #156 März 2006: 42)

Als authentisch gilt, wer Individualist ist und dem Diktat der Unterhaltungsindustrie zum Trotz glaubhaft machen kann, ausschließlich das zu tun, wovon er selbst überzeugt ist. Authentisch ist der, der sich in keine Schublade stecken lässt und der – auch wenn sein Look unverkennbar „Indie" ist – jede Selbstzuordnung zu einer Lifestyle-Gruppe scheut. Im Klartext: Authentisch ist der, der nirgendwo dazu gehören will und dennoch voll dabei ist. In erster Linie sind es übrigens, wenig verwunderlich, Jugendliche aus den höheren Bildungsschichten und mehr noch junge Erwachsene aus dem Studentenmilieu, die sich solcherart als „authentische Individualisten" begreifen.

Für diese „Indies der zweiten Generation" gilt im Grunde nichts anderes als für HipHop in seinen marktgängigsten Ausdrucksformen, nämlich, dass es für die, die dazu gehören, klare Regeln gibt: also „Musts", „Dos" und „Don'ts". Worin der Unterschied zum Mainstream genau besteht, ist ihnen nicht immer völlig klar. Was aber allemal fix ist, ist, „dass die Indie-Schiene einfach besser ist." Konkret heißt das: Man interessiert sich für popmusikalische Nischen-Phänomene wie beispielsweise „Anti-Folk", bei denen man sich so gut wie sicher sein kann, dass sie niemals zum Megaseller werden, und positioniert sich damit fernab der ungeliebten Masse als echter „Connaisseur".

acts > More Facts > More Facts > More Facts > More Facts> Mo

Anti-Folk – die Nische in der Nische

Jugendliche, die im „Alternative Mainstream" zuhause sind, präsentieren sich ihrer Umwelt gerne so, als würden sie in einem Paralleluniversum des Nicht-Marktgängigen leben. Dazu gehört u.a. auch, sich für musikalische Subkultur-Phänomene zu interessieren – beispielsweise für Anti-Folk.

Anti-Folk ist eine sehr spezielle Nische in der US-amerikanischen Singer-/Songwriter-Szene, die mit Namen wie „Adam Green" und den „Moldy Peaches" (Adam Green und Kimya Dawson), aber auch „Ani DiFranco" oder „Devendra Banhart" verbunden ist.

> Das Besondere an Anti-Folk: Anti-Folk klingt wie Folk, setzt im Gegensatz zum klassischen Folk à la Woody Guthrie oder Joan Baez aber nicht auf ernste, klare Botschaften mit politischem Anspruch, sondern punktet mit assoziativen Mehrdeutigkeiten und Botschaften, die offen bleiben. Ironie und Sarkasmus sind feste Bestandteile des „Anti-Folk-Universums". Und das Prinzip „Subjektivität" steht im Vordergrund: sich ausdrücken, kreativ sein, Baden in den eigenen Emotionen, Reflexion der eigenen Selbstbefindlichkeit, das ist es, worum es hier geht. Do-it-yourself, Kreativität und Open-stage-Konzepte, also Veranstaltungsorte mit offenen Bühnen, wo jeder, der Lust hat, Artist sein kann, sind hier Teil des Programms. (vgl. Büsser 2005)

„Will man den Antifolk auf einen gemeinsamen Nenner bringen, so ist es wohl der, dass die Szene nach Zusammenhalt und nichts in ihrer Musik nach Perfektion strebt, dass Dilettantismus und kindliche Naivität bewusst gepflegt werden, was eine intime Authentizität zur Folge hat, die die kommerzielle Poplandschaft nicht bietet. Stets wird etwas eingeklagt, was der Welt abhanden gekommen zu sein scheint – Zuneigung und gegenseitiger Respekt", so kommentiert das „Laut-Werk Poplexikon" das Phänomen „Anti-Folk" (http://www.laut.de/lautwerk/antifolk/index.htm, Zugriff an 17.4.2007)

> So charismatisch die Anti-Folk-Szene von musikalischen Insidern auch beschrieben wird, quantitativ spielt Anti-Folk hierzulande kaum eine Rolle. Anti-Folk ist bestenfalls ein Nischen-Trend. Lediglich 15 Prozent der jugendkulturellen Trendsetter im Alter von 11 bis 29 Jahren kennen Anti-Folk, 3 Prozent meinen, dass Anti-Folk ein angesagter Sound sei und nur rund 1,5 Prozent nennen Anti-Folk als einen ihrer liebsten Musikstile. (tfactory Hamburg 2007)

Politisch sehen sich die meisten „Indies der zweiten Generation" übrigens eher links, wobei links sein weniger für politische Praxis steht, sondern eher eine Frage des persönlichen Lifestyles ist. Angesagt sind hier nicht strenge Programmatiken, sondern Artists, die Lebensgefühl transportieren und dabei keine Denkvorgaben machen, sondern zum freien Assoziieren anregen – frei nach dem Wir-sind-Helden-Motto: „Es ist schöner, den Leuten aus der Seele zu sprechen, statt ihnen in die Seele zu reden."

Bianca Casady von Coco Rosie: „Klar, unsere ganze Arbeit ist politisch. Aber nicht in dem Sinne, dass wir eindeutige Statements formulieren. Wir haben keine politische Message. Wir bieten lieber verschiedene Perspektiven an, die man hinterfragen, weiterdenken oder sich zu eigen machen kann." (Musikexpress 5/2007: 42)

Nebenbei bemerkt: Der typische Indie-Star steht – anders als im HipHop – im Ruf, an kommerziellem Erfolg nicht übermäßig interessiert zu sein. Für ihn zählt nur der kreative Akt. Er will „einfach nur etwas Schönes machen". Auf eine marktgängige Ästhetik, Markenware, Klamotten legt er keinen großen Wert, weil ihm eben anderes wichtig ist. Das verspricht zumindest sein Image. Was nicht heißen soll, dass die richtigen Klamotten und das richtige Styling nicht auch hier immens wichtig wären: Das, was man ist bzw. wofür man stehen will, muss nach außen hin gezeigt werden. (vgl. Rauch 2006) Was für Indie-Stars gilt, gilt natürlich auch für ihr Publikum. Man gibt sich als „Anti-Styler", praktiziert dabei aber nicht naturwüchsiges „Slackertum", also Schmuddel-Look, sondern arbeitet sich an einem unverkennbaren „Anti-Styler-Style" ab. So sind sie, die „Indies der zweiten Generation". So zu sein wie breite Mehrheiten bedeutet für sie Authentizitätsverlust. „Indie" bzw. „alternativ" zu sein, ist für sie eine Art Selbstvergewisserung. Und sie wissen eines genau: Als Individualist zu „performen" ist Voraussetzung dafür, um unter Ihresgleichen als „authentisch" und „echt" akzeptiert zu werden. Einmal mehr steht der Leitspruch „Ich mag keine Poser – echt sein ist wichtig" hier also im Mittelpunkt. Und einmal mehr wird er in einem jugendkulturellen Stil überformt und für eine Gruppe von Gleichgesinnten und Gleichgestylten so zum Gemeingut gemacht.

Leben im „Melting Pot": Zwischen Ethno-Trend und „Multikulti"

Ohne zu übertreiben, kann man sagen: Die „multikulturelle Gesellschaft" ist eines der großen politischen und publizistischen Schlagworte unserer Zeit. Während die einen vom „Clash der Kulturen" sprechen, glauben andere an das Prinzip des Multikulturalismus und versichern, dass unterschiedliche Kulturen bunt nebeneinander existieren können. Und alle reden zugleich ständig von mehr Integration. Gelegentlich verlieren Jugendliche da schon mal den Überblick, was in den öffentlichen Debatten nun wirklich Thema ist.

Die „multikulturelle Gesellschaft" ist, wie Richard Münchmeier betont, ein normatives Konzept: Eine Idee, deren Ziel es ist, einen „Beitrag zur Lösung von Integrationskonflikten mit Minderheitsangehörigen durch Verpflichtung auf weitgehende interkulturelle Toleranz" zu leisten. (Münchmeier 2000: 221f) Es geht um ein akzeptierendes Miteinander von unterschiedlichen Kulturen, um Begegnung statt Ghettoisierung und um Toleranz im Sinne eines grundsätzlichen Akzeptierens kultureller Unterschiede, also um ein Bekenntnis zu kultureller Differenz, wenn man so will. Soweit die Idee. Die Realität ist freilich eine andere. Die „multikulturelle Gesellschaft" ist ein brisantes, komplexes und zugleich hoch sensibles Thema, das für viele nicht nur eine Chance und Bereicherung bedeutet, sondern auch mit allerlei Unsicherheiten, Ängsten und Irritationen verbunden ist. Das gilt auch für die Jugend.

In der Zuwanderungsfrage gibt sie sich jedenfalls gespalten – das zeigen aktuelle Studien aus Deutschland: Die Mehrheit der deutschen Jugendlichen und jungen Erwachsenen, nämlich rund 58 Prozent, sind dafür, den Anteil der Zuwanderer in Deutschland zu senken, wobei der Anteil derer, die sich gegen einen weiteren Zuzug aussprechen in den neuen Bundesländern deutlich höher ist als in den alten Bundesländern. Insgesamt rund 24 Prozent der deutschen Jugendlichen und jungen Erwachsenen würden genauso viele Zuwanderer aufnehmen wie bisher. Lediglich 5 Prozent sprechen sich für einen stärkeren Zuzug aus. Der Rest zieht es vor, sich zu dieser Frage erst gar nicht zu äußern. (Dt. Shell 2006: 133ff) In leicht abgemilderter Form zeigt sich dieses Meinungsbild auch bei Jugendlichen aus dem jugendkulturellen Trendsetter-Segment, wo ein überdurchschnittlich hoher Anteil an höher gebildeten Jugendlichen, die Zuwanderer am Markt der persönlichen Möglichkeiten meist nicht unmittelbar als Konkurrenten sehen, vorzufinden ist. (tfactory Hamburg 2007)

Tabelle 3: Wie jugendkulturelle Trendsetter über Zuwanderer denken

Meinst du, dass Deutschland zukünftig mehr, genauso viele oder weniger Ausländer aufnehmen soll?

	11 bis 29 Jahre	11 bis 14 Jahre	15 bis 19 Jahre	20 bis 24 Jahre	25 bis 29 Jahre
mehr als bisher	14,9	21,6	8,1	12,3	17,5
weniger als bisher	32,2	25,3	43,3	34,4	25,9
wie bisher	35,0	35,1	36,1	35,7	33,1
weiß nicht	16,1	16,0	11,6	17,1	22,5
Basis	900	225	225	225	225

Quelle: tfactory Hamburg (2007): Timescout Welle 11, rep. für 11- bis 39-jährige Trendsetter und Early Adopters, n=1200, Angaben in % (Diff. auf 100%: k. A.)

Leben im Melting Pot

Vor allem die urbanen Ballungsräume gelten als Schmelztiegel der Kulturen, so genannte „Melting Pots". Und zugleich sind sie, wie man immer wieder hört, die Metropolen der Jugendkultur – Orte, wo sich Trends entwickeln und groß werden, wo ständig etwas los und immer wieder Neues möglich ist. Städte werden als die brodelnden Quellen für kulturelle Vielfalt gesehen – und zwar in vielerlei Hinsicht, wobei diese Vielfalt freilich gerne etwas optimistischer dargestellt wird, als sie es verdient. Das, was auf den ersten Blick wie eine begegnungsorientierte Vielfalt erscheint, ist bei genauerem Hinsehen nämlich allzu oft lediglich ein Nebeneinander von vielem.

Und etliches davon hat weder den Status akzeptierter Normalität, noch passiert die Konfrontation mit dem „Fremden" hier immer so freiwillig, unbelastet und von beiden Seiten gewollt, wie das Bild vom „Melting Pot" glauben, besser gesagt: hoffen macht.

In zahlreichen Großstädten Europas, wo der Zuwandereranteil besonders hoch ist, kommt es zu einer Verdichtung von Migranten und Migrantinnen in bestimmten Wohnvierteln. Man spricht hier ganz offen von Ausländerghettos, Entmischungstendenzen und sozialer Segregation. Tatsächlich ist es meist so, dass in diesen so genannten Ausländerghettos aber nicht nur Zuwanderer leben, sondern auch „Inländer" mit niedrigem sozialen Status. Hier kommt es zu einer unfreiwilligen Durchmischung, die natürlich Konfliktstoff birgt. Und zwar, weil die „Inländer" die „Ausländer" hier stärker als andernorts als Konkurrenz erleben – in Bezug auf die eigenen Wohn-, Arbeits- und Lebensmöglichkeiten. (vgl. Münchmeier 2000) Tatsache ist auch, dass sich Jugendliche aus bildungsprivilegierten Schichten leichter tun, fremdenfreundlich zu sein, denn sie erleben ihre Lebenschancen durch Zuwanderer meist nicht wirklich gefährdet. Und sie sind in ihrem persönlichen Lebensraum meist auch nicht unfreiwillig dicht und konfliktreich mit anderen Kulturen zusammengepfercht. Bei Jugendlichen, die zu den sozial Benachteiligten der Gesellschaft zählen, ist das anders. Sie sind diejenigen, die nicht viel zu gewinnen, sondern nur etwas zu verlieren haben. Sie sind die „Looser" der gesellschaftlichen Modernisierungsprozesse. In der Sozialforschung nennt man sie auch etwas salopp „Modernisierungsverlierer". Und auf diese wirken Zuwanderer verständlicher Weise eher als potentielle Gegenspieler im sozialen Verdrängungswettbewerb als auf andere Jugendliche.

Im übrigen gilt, dass das „Multi-Kulti-Thema" heute jenseits der tagespolitischen Debatten rund um die Zuwanderung und „Ausländerintegration" in vielfältiger Weise in der Jugendkultur Eingang findet. In subkulturellen Nischen werden extreme Positionen, die man aus der großen, offiziellen Politik kennt, aufgegriffen: Auf der einen, der linken Seite findet man antirassistische Statements – etwa im Gewand eines tanzbaren Ska-Punk von „No Respect", aber auch in Acts wie „Samy Deluxe". Am anderen, gegenüberliegenden Ende steht ein rechter Lifestyle mit Ausländer- und Parasiten-Schelte, wie man sie von den „Fascho-Skins" kennt. Und was liegt dazwischen? Dazwischen liegt die Mehrheitskultur, wo manch unausgesprochenes Unbehagen existiert, aber auch Toleranz, wo vor allem aber eine seltsame Faszination am Fremden zu beobachten ist: Ein Hang zum Exotischen, der auf kommerzieller Ebene von allerlei Ethno-Trend-Angeboten gefördert wird.

„Ethno" als Konsumartikel

Angefangen bei Wohnraumaccessoires, über Sommer-Modekollektionen bis zum so genannten „Ethno-Food" – die Faszination an der Exotik fremder Kulturen ist zu einem kommerziell überaus tragfähigen Phänomen geworden. Ethno-Themen boomen, auch und gerade in der Jugendkultur. Rap, Reggae und Soul und R'n'B – „Black Musik" ist angesagt: und zwar nicht im Sinne eines politischen Statements, sondern als smarte Unterhaltung. Und BWL-Studenten und Studentinnen feiern bei orientalischen Clubbings richtig ab. Eine tiefer gehende Auseinandersetzung mit fremden Kulturen findet dabei freilich nicht statt. Das Fremde wird hier vielmehr nur auf eine ästhetisch attraktive Freizeitkulisse reduziert. Im Klartext heißt das: Partymachen mit Exotic-Touch ist einfach „in".

Axel, 18, Fitness-Szene: „Soul und R'n'B, das gefällt mir einfach: das höre ich gerne. Und ich finde, die Schwarzen, die haben noch immer die besten Stimmen."

Jugendlichen, die auf der Ethno-Welle surfen, fehlt oft nicht nur das Interesse, sondern auch der Blick für jene kulturellen Unterschiede, die einen „Unterschied machen", und die, wenn sie erst einmal erkannt sind, letztlich auch den Blick auf die „eigene" Kultur, auf sich selbst schärfen. Natürlich entstehen immer wieder auch mal Nischen, wo sich Kulturen wirklich begegnen, aber sie bleiben eben Nischen. Der Mainstream spielt woanders. Und: Dieser Mainstream bleibt in aller Regel unter sich. Das, was hier zu beobachten ist, ist, wie Rolf Eickelpasch und Claudia Rademacher treffend bemerken, eine vereinnahmende „Exotisierung des Fremden bei gleichzeitiger Verweigerung sozialer und ökonomischer Teilhabe." (Eickelpasch/Rademacher 2004: 111) Und was für die Jugendkultur gilt, gilt natürlich mindestens ebenso sehr für die Erwachsenenwelt.

„Wir nennen uns nicht Multikulti, sondern die nächste Generation"

Und dann sind da natürlich auch noch diejenigen, um die es in den Debatten rund um die multikulturelle Gesellschaft eigentlich geht: Jugendliche, die aus Zuwandererfamilien kommen: Jugendliche mit Migrationshintergrund, wie es in politisch korrektem Deutsch heißt. Wie die Forschung zeigt, organisieren sich diese Jugendlichen häufig in einem Migranten-Netzwerk. Das heißt, sie haben meist nicht allzu viel Kontakt zu Jugendlichen, deren Eltern bereits hier geboren sind. Und sie suchen diesen Kontakt oft auch gar nicht. Sie verweigern sich jenen Integrationsidealen, die ein nahtloses Einfügen in die Aufnahmegesellschaft zum Programm erheben. Ebenso konsequent verweigern sie sich häufig aber auch Traditionen, die ihre Herkunftskultur prägen. Nicht selten bezeichnen sie sich selbstbewusst als „Ausländerkinder". Und doch sehen sie sich zugleich auch irgendwie als Teil von „hier".

Gerade die 2. Generation, also junge Leute, deren Eltern zugewandert sind, die selbst aber schon in der Aufnahmegesellschaft geboren wurden, nehmen meist ganz selbstverständlich für sich in Anspruch, als 2. Generation das Aufnahmeland mitzurepräsentieren.

Ständig im Multikulti-Zusammenhang gesehen oder darauf angesprochen zu werden, kann für sie durchaus nervig sein. Das gilt für junge Migranten und Migrantinnen von nebenan. Und das gilt ebenso für Artists aus der Pop-Kultur. Culcha Candela zum Beispiel, eine multi-ethnische Reggae-Formation aus Berlin mit Major-Label-Vertrag, wird von den Medien allzu gerne als „Multikulti" etikettiert. Wirklich geärgert hat man sich darüber nie, meint Lafrontino von Culcha Candela. Doch fügt er hinzu: Aber „es ist schon schade, wenn man immer darauf reduziert wird." (Fuchs 2006)

Ichtyban, Culcha Candela: „Wir halten uns für normal. Wir können lauter Einwandererkinder aus Berlin und trotzdem deutsch sein. Damit meine ich jetzt nicht: stolz, Deutscher zu sein. Wir repräsentieren einfach das Land, so wie es eben ist." (Fuchs 2006)

Den Begriff „Multikulti" halten Culcha Candela übrigens für ein nicht mehr zeitgemäßes Wort: eines, das eher in die Welt politisch korrekter Mittvierziger gehört, als in die zeitgenössische Jugendkultur. „Das passt dann zu so alternativen Radiosendern," sagt Ichtyban. „Wir (...) nennen uns nicht Multikulti, sondern die nächste Generation. Wir repräsentieren Deutschland". (Fuchs 2006)

acts > More Facts > More Facts > More Facts > More Facts> Mo

Kultureller Stil-Mix und das Konzept der „Hybridität"

Selbstbewusst und kommerziell durchaus erfolgreich verschmelzen Culcha Candela verschiedene kulturelle und musikalische Wurzeln und Sprachen zu etwas, das sie selbst als Culcha-Sound bezeichnen. Für die Kulturwissenschaft sind sie ein populäres Praxisbeispiel, wie Kulturen heute funktionieren: nämlich als „Hybrid-Kulturen".

Das kulturwissenschaftliche Konzept der „Hybridität" geht davon aus, dass es Kulturen in Reinform nicht gibt. Diese Sichtweise wird von vielen als wichtiger Beitrag gesehen, um einer eingeengten und klischeeträchtigen Begegnung mit dem Fremden, Anderen gegenzusteuern. Betont wird, dass es in einem multiethnischen Miteinander ständig zu Kulturkontakten kommt, die zu neuen kulturellen Verknüpfungen, zu Mischformen führen. (vgl. Hörning 1999: 84) Dies bedeutet nun allerdings noch nicht notwendiger Weise auch interkulturelle Begegnung im Sinne eines verständigungsorientierten aufeinander Zugehens.

Weil dem so ist, mehren sich in der wissenschaftlichen Gemeinschaft heute auch die Stimmen, die kritisch anmerken, dass real existente Benachteiligungs- und Ausgrenzungsphänomene gerade durch die, wie Wolfgang Kraus es nennt, „neoromatische Sozialfigur des Hybriden" nicht etwa gelöst, sondern vielmehr verschleiert werden. (Kraus 2006: 150) Dass sie damit wohl nicht ganz unrecht haben, zeigt letztlich auch der „Ethno-Trend".

„Ausländer" ist nicht gleich „Ausländer"

So wie „Inländer" nicht gleich „Inländer" ist, ist „Ausländer" natürlich auch nicht gleich „Ausländer". Das heißt, je nach Herkunftskultur werden Zuwanderer unterschiedlich gesehen und bewertet. Wie die Alltagserfahrung lehrt, gehen Irritationen in besonderem Maße von der muslimischen Kultur aus: Nicht nur aufgrund der Ereignisse rund um den 11. September 2001, wo islamistische Selbstmordattentäter zwei Flugzeuge in die Türme des New Yorker World Trade Centers jagten und tausende Menschen mit in den Tod nahmen, sondern auch weil die traditionelle muslimische Kultur für viele einfach ein echtes Kontrastprogramm zu dem ist, was gemeinhin als die „europäische Kultur" verstanden wird. Vieles ist anders in der muslimischen Kultur: die engen Familienbande, die Bedeutung, die die Religion im Alltag hat, die Ess- und Trinkkultur, Regeln für gutes und schlechtes Benehmen, die Rolle der Frau, die Art und Weise sich zu kleiden und etliches mehr. Wobei freilich gilt: Nicht alles, was anders ist, wird automatisch negativ bewertet. Nena meint etwa: „Meine Freundin Ayse ist ganz anders als meine anderen Freundinnen: Sie ist irgendwie viel emotionaler in ihrer Art, wie sie sich ihren Freundinnen gegenüber verhält." Auf die Frage, wie sie das findet, sagt Nena: „Ich finde das cool: wäre gut, wenn wir auch ein bisschen mehr so wären wie Ayse." Und doch: Auf der Straße empfindet sie es als nervig, wenn „die türkischen Jungs immer so laut sind und sich einfach nicht so benehmen, wie man es bei uns gewohnt ist."

Wie die Jugendforschung zeigt, begegnen Jugendliche jungen Migranten und Migrantinnen aus muslimischen Familien mit geteilter Toleranz. Solange andere in ihrem Lebensvollzug nicht gestört werden und ihre Grundwerte nicht in Frage gestellt sind, ist für sie vieles okay – so scheint es. Immer dann, wenn der Eindruck entsteht, dass traditionelle Werte der muslimischen Kultur über die Interessen des Einzelnen gestellt werden, endet bei ihnen in der Regel aber die Toleranz.

Konfliktpotential gibt es erwartungsgemäß vor allem bei „Wertefragen". Interessanter Weise machen sich die Jugendlichen hier allerdings nicht so sehr am Thema „Christentum versus Islam" fest. Sie setzen also nicht beim „religiösen Fundament der europäischen Kultur" an, sondern vielmehr bei den Freiheitsrechten des Individuums, wie sie die europäische Aufklärung betont. Um ein konkretes Beispiel zu nennen: Die breite Mehrheit der Jugendlichen fordert von türkischen Migranten und Migrantinnen der 2. Generation mehr Anpassung an die Aufnahmegesellschaft, was die Einstellung zur Gleichberechtigung der Frauen bzw. die Rolle der Frau in Familie und Gesellschaft betrifft. Bei der Religion wie übrigens auch in der Kleiderfrage zeigt sich unter den Jugendlichen hingegen kein so einheitliches Meinungsbild. (Institut für Jugendkulturforschung 2007a)

Der politisch korrekte Maulkorb

Die Jugend ist, so scheint es, weder generell ausländerfeindlich, noch ist sie um jeden

Preis tolerant. Einem Nebeneinander, Miteinander und Durcheinander der Kulturen begegnet sie teils mit Wertschätzung des Prinzips „Vielfalt", teils mit Gleichgültigkeit, teils aber auch mit Überforderung. Geredet wird darüber jedoch meistens nicht. Eben weil kulturelle Differenz ein politisch strittiges Thema ist, gilt hier: Über Unterschiede, die einen Unterschied machen, spricht man besser nicht – zumindest nicht öffentlich.

Lässt man Jugendlichen – etwa im Rahmen einer großen Meinungsumfrage – offen, sich in der „Ausländerfrage" klar zu positionieren, machen viele davon Gebrauch, dazu nichts zu sagen. Teils merken sie zurecht an, dass sie zuwenig persönlichen Kontakt mit Migranten und Migrantinnen haben und daher nicht urteilen können und wollen. Teils möchten sie zu diesem Thema aber auch nichts sagen, weil sie nur zu gut wissen, dass die so genannte „Ausländerfrage" ein politisch heißes und sehr sensibles Thema ist. Sie haben das Gefühl, dass man hier nicht nur keine Fragen stellt, sondern über etwaige Irritationen besser auch nicht spricht. Andernfalls gerät man allzu leicht in einen Rechtfertigungszwang und gilt vielleicht gar als „Faschist" – und das ist umso schlimmer, wenn man das aus Überzeugung ganz sicher nicht ist.

Raphaela, 17: „Mein Freund Christoph und ich – wir denken das Gleiche über Politik. Und wir reden deshalb auch über Politik – weil wir das Gleiche denken. Mit anderen rede ich nicht über Politik. Weil die denken vielleicht nicht das Gleiche und dann fang ich mit denen zum Streiten an."

Aus reiner Angst, das Falsche zu sagen oder auch nur die falschen, nicht ausreichend politisch korrekten Worte zu finden, sagen viele Jugendliche also lieber gar nichts. Sie verordnen sich zuerst einen Maulkorb und blenden das Thema dann einfach aus.

Die Diskussion rund um die „multikulturelle Gesellschaft" wird damit jenen überlassen, die klare ideologische Positionen vertreten – rechts wie auch links: Auf der einen Seite wird hier gegen die „Überfremdung" und auf der anderen für die „multikulturelle Idee" gekämpft. In beiden Fällen verselbstständigen sich die Diskurse vom Alltag, in dem die Jugendlichen leben.

So steht das Thema heute also zwar im Raum, aber das ist auch schon alles. Und unsere Gesellschaft befindet sich in einem Zustand, den der in Seoul geborene und in Europa lehrende Philosoph Byung-Chul Han „Hyperkulturalität" nennt. Hyperkulturalität bedeutet, dass die Welt, in der wir leben, kulturell bunt durchmischt, hoch vernetzt und globalisiert ist. „Hyperkulturell ist das abstandlose unterschiedlicher kultureller Formen", so Han. (Han 2005: 59) Han spricht von einem dichten Nebeneinander von unterschiedlichen Vorstellungen, Zeichen, Symbolen.

Und dieses Nebeneinander funktioniert, anders als es das Konzept der Multikulturalität vorsieht, ohne den Dialog und die verständigungsorientierte Begegnung zu suchen. (Han 2005: 56ff)

Jugendkultur – Spiegel der Gesellschaft

Bernhard Heinzlmaier

Die Ästhetisierung des Lebens

„Die Ethik folgt der Ästhetik. In einer schönen Welt verhalten sich die Menschen besser“ (Hinz&Kunzt. Das Hamburger Stadtmagazin #170/April 2007: 12) – mit dieser Aussage gelingt dem Pfarrer der katholischen St. Sophien-Gemeinde in Hamburg Barmbek, Thomas Kraut, eine zeitdiagnostische Punktlandung. Wie niemals zuvor bestimmen ästhetische Fragestellungen und Probleme das Leben der Menschen, wie niemals zuvor beeinflussen Äußerlichkeiten deren alltägliche Entscheidungen und Urteile. In unserer Konsum- und Lebensstilgesellschaft kommt das äußere Erscheinen der Dinge längst vor deren Inhalt. „Die Konsumgesellschaft besitzt immer auch schon ein ästhetisierendes Moment, das über das Produkt hinauszielt. Ästhetik ersetzt den Gebrauchswert.“ (Richter 2005: 44) Pfarrer Thomas Kraut hat begriffen, dass dieses ästhetisierende Moment auch sein religiöses Produkt nicht unbeeinflusst gelassen hat. Als trendsensibler Zeitgenosse lässt er wohl aus diesem Grund abends seine Kirche von außen beleuchten, damit den Barmbekern deren Schönheit auffällt und diese von der magischen Ästhetik der äußeren Erscheinung seines Gotteshauses dazu verführt werden, in dasselbe einzutreten und dem Gottesdienst beizuwohnen. Bilder regieren unsere Gesellschaft. Wo kommuniziert wird, steht das Bild im Vordergrund, der Text kommt der Bedeutung nach häufig erst danach, an zweiter Stelle. Mit der eindrücklichen Kraft des Bildes arbeitet die Kirche schon lange. Früher als alle anderen haben schon die Kleriker längst vergangener Jahrhunderte erkannt, dass nichts den Menschen so beeindruckt wie ein starkes Bild. Seit sich am Ende des 9. Jahrhunderts die Ikonodulen, auf Deutsch die Ikonenverehrer, gegen die Ikonoklasten, die Ikonenzerstörer, im Byzantinischen Bilderstreit durchsetzten, ist das Bild ein zentraler Bestandteil zumindest des katholischen Glaubens. Der Islam sieht die Sache radikal anders. Die weltweiten Proteste gegen die Mohammedkarikaturen im Jahr 2006 zeigen, wie ernst man dort das Bilderverbot noch immer nimmt. Im Gegensatz zu den Moscheen sind die Kirchen angefüllt mit Bildern, seit dem frühen Mittelalter bis zum heutigen Tag. Das Wort alleine ist zu schwach, um ausreichend eindrucksvoll die Erfüllung des irdischen Lebens in einem jenseitigen Paradies darzustellen und den Glauben daran überzeugend zu propagieren. Ebenso wie es zu schwach ist, die bestialischen Leiden und Qualen der Sünder in den tiefen Schlünden der Hölle dramatisch vorzuführen, sodass sich die Menschen ausreichend genug vor ihr fürchten und sich folglich in den Schoß der Mutter „Kirche“ flüchten, um dort Schutz vor dem Teufel und die Gewissheit der ewigen Erlösung in Gott zu finden. In der Cappella Sixtina in Rom blicken sowohl der Himmel als auch die Hölle auf die Menschen in dramatischen Bildern hinunter. Zu sehen sind Gott und seine apostolischen Helfer, wie sie die Sünder in die Düsternis des teuflischen

Reiches werfen und die Gerechten erlösen, die dann im Triumph in den Himmel einziehen. Wahrlich eindrucksvolle Bilder und die Menschen stehen noch heute gebannt vor ihnen.

Die Macht des Wortes war immer eine begrenzte. In der geschichtlichen Vergangenheit vor allem deshalb, weil die ungebildeten Massen die gesprochenen gelehrten Worte kaum verstanden und noch weniger im Stande waren, verschriftete Texte zu decodieren. Nachdem man jedoch im 19. und 20. Jahrhundert eine breite Bevölkerungsmehrheit im Zuge der allgemeinen staatlich angeordneten Schulpflicht mit den Bildungsvoraussetzungen ausgestattet hatte, die sie für persuasive, das heißt mit dem Anspruch zu überzeugen auftretende gesprochene und geschriebene Texte ansprechbar und folglich auch verführbar machten, relativierte ein noch wirkungsmächtigerer Gegner die neue Dominanz des Verbalen: das massenhaft reproduzierbare und am Ende bewegte und beliebig speicherbare Bild. Seit der zunehmenden Versorgung der Menschen mit TV-Apparaten in den 1960er Jahren dominiert die Bildkommunikation unsere Zeit. Das gesprochene oder geschriebene Wort findet sich mit einem Mal in einer lediglich dienenden, den alles überstrahlenden Bedeutungsträger Bild unterstützenden Funktion wieder.

Dem klassischen TV-Gerät folgten weitere, noch wirkungsmächtigere Technologien, die das Bild ebenso in den Mittelpunkt stellten. Heute ist das Internet schon zur wichtigsten Bildverbreitungsmaschine geworden. Hinzu kommen die unzähligen so genannten „Screens“, die sich auf Bahnhöfen, in Zügen, in Cafés, in Bildungseinrichtungen etc. im öffentlichen Raum breit gemacht haben. Bilder werden am laufenden Band produziert und reproduziert. Eine nicht enden wollende Bilderflut geht damit auf die Menschen tagtäglich nieder. Kein Wunder, dass vor allem unter Jugendlichen die visuelle Kommunikation einen besonderen Stellenwert besitzt, wird ihre Sozialisation doch seit Jahren von einem wahren Bildersturm begleitet. In Zeitungen und Magazinen schrumpfen die Textmengen, im Gegenzug steigt die Zahl der Bilder und sie werden größer. Das Internet wird längst von so genannten „Streams“ regiert: kleinen Videos, wie sie unter anderem auf YouTube angeboten werden, einer Internetplattform, die im Jahr 2007 für mehr als 1,6 Milliarden Dollar den Besitzer wechselte. Sowohl Unterhaltung als auch Informationsvermittlung, vor allem aber kommerzielle Öffentlichkeitsarbeit und Werbung setzen auf die sinnenbestürmende Wirkung starker Bilder und auf die Verführungskraft emotionalisierender Ereignisse, die heute unter der Bezeichnung Events in den allgemeinen Sprachgebrauch eingegangen sind. Das bedeutet nun nicht, dass die sprachliche Kommunikation nach und nach aus den Jugendkulturen verschwindet. Aber das verstärkte Auftreten von Bildern führt zu neuen Formen der Koppelung von Text (Text-Narrativen) und Bild (Bild-Narrativen), das heißt, es erfolgt eine verstärkte Integration der Bilder in bestehende Medien-Narrative. (vgl. Schnetzer 2006: 52). Die Rolle der Bilder als Träger von Bedeutung ist zentraler als früher und man wird den Bildern auch in der Jugendforschung, vor allem was die methodische Ausrichtung der empirischen Forschung betrifft, zukünftig eine größere Beachtung schenken müssen.

acts > More Facts > More Facts > More Facts > More Facts> Mo

„Iconic Turn"

Die Bilderflut der Postmoderne hat weitreichende Auswirkungen auf die Diskurse der Wissenschaft. Ein so genannter „Iconic Turn" wird bereits in den 1990er Jahren des letzten Jahrhunderts in den Kulturwissenschaften manifest, als Wissenschafter und Wissenschafterinnen fordern, die Aufmerksamkeit nicht nur auf sprachliche Symbolsysteme zu lenken, sondern die Wahrnehmung auch für nicht-sprachliche Symbolsysteme zu schärfen. Der „Iconic Turn" wendet sich aber nicht nur dagegen, die Sprache als das alleine dominierende Erkenntnismedium zu sehen, sondern reflektiert auch den „weit gespannten Komplex der Verbildlichung und Ästhetisierung des Alltags- und Konsumlebens". (Bachmann-Medick 2006: 354) Es wird gegen eine übermäßige Aufwertung der Kultur des Textes und der Literarizität angegangen, vor allem deshalb, weil sie häufig mit einer Abwertung von Kulturen, in denen bildliche und performative Ausdrucksmittel eine stärkere Rolle spielen, einhergeht. Hier zeigt sich nun auch die Bedeutung des „Iconic Turns" für die wissenschaftliche Analyse der zeitgenössischen Jugendkulturen, sind es doch gerade sie, die sich durch eine Dominanz von Bildern und spektakulären Ereignissen auszeichnen. Wie bereits angedeutet, werden sowohl die bildlichen als auch die performativen Elemente der Jugendkulturen von der Forschung bis auf wenige Ausnahmen (vgl. Gebhardt u.a. 2000) noch immer weitgehend ignoriert. Zudem wird gegenüber den jugendkulturell orientierten Jugendlichen nach wie vor der Vorwurf der Oberflächlichkeit und der mangelnden Reflexivität erhoben.

Lebensstile als Bilderlifestyles

Zur Herausbildung des so genannten „Iconic Turns" hat letztendlich die Dominanz einer brisanten „Allianz zwischen Bildern, Medien und gesellschaftlichen Inszenierungsformen" (Bachmann-Medick 2006: 333) in der alltäglichen Kultur der Menschen geführt. Die alltägliche Bilderflut hat insbesondere die Inszenierungspraktiken der Menschen, vor allem der jungen Menschen, drastisch verändert. Die Jugendlichen betrachten sich nun selbst als Bild, entdecken, dass das Äußere, das eigene ästhetische Erscheinen die Wirkung vieler starker Worte übertrifft oder dass zumindest die Kopplung der starken Worte mit entsprechend attraktiver Bildlichkeit deren Wirkung beträchtlich erhöht. Moderne Lebensstile sind zu Bilder-Lebensstilen geworden. Die Menschen stellen sich vor den Spiegel und betrachten sich selbst, als wären sie ein Bild, ein Bild, das sich verändern und gestalten lässt. Nach den zur Auswahl stehenden, meist medial oder von Freunden vermittelten Stilmustern gestalten die Menschen ihr persönliches Wunschbild.

Magdalena, 21: „Den Grufti-Look habe ich zuerst bei einem Mädchen in der Schule gesehen. Den habe ich gleich geil gefunden. Dann habe ich halt im Internet herumgesucht, später habe ich dann auch Zeitschriften gefunden. Wenn man dann mal ein Magazin wie ‚Sonic Seducer' ein paar Mal gelesen hat, dann weiß man schon, wie man sich richtig anziehen muss, um ein echter Gothic zu sein."

Die Lebensstil-Jugendlichen stellen sich so dar, wie sie sich selbst am liebsten sehen und wie sie von ihrer Umgebung das beste Feedback erhalten. Der Körper und die gestaltbare Körperoberfläche sind die wichtigsten Projektionsflächen für das postmoderne Spiel mit Schein und Erscheinen. Der Körper ist zum wichtigsten Symbol der modernen Lifestylekulturen geworden. Er wird im Fitnesszentrum gestaltet. Und zudem wird die Körperoberfläche mit modischen, symbolisch hoch wirksamen Modeartikeln und Accessoires nach dem Vorbild der kommerziellen Lifestylekonzepte aufgeladen und inszeniert. Bis direkt an und unter die eigene Haut lässt die neue Gestaltungslust die Menschen gehen. Tattoos und Piercings haben längst ihr Unterwelt- oder Unterschichtimage verloren. Sie gelten heute als akzeptierte Form der ästhetischen Selbstgestaltung.

Ernie, 22: „Mein erstes Tattoo habe ich mir mit 18 Jahren machen lassen, gleich nachdem ich die Zustimmung der Eltern nicht mehr gebraucht habe. Die waren natürlich dagegen, aber ich wollte es unbedingt. Nicht weil sich die Eltern dann aufregen. Das war mir immer egal. Wer will heute noch die Eltern provozieren? Die sind doch kulturell so jenseits, dass das ja nicht einmal lohnt. Ich habe mir das Tattoo geholt, weil ich es einfach geil finde."

Dennoch hält sich die Kreativität der Menschen in Grenzen. Vieles, was besonders individuell daherkommt, ist nichts anderes als ein vorgefertigtes ästhetisches Muster, ein käufliches Stilmuster von der Stange, das der junge Mensch benutzt, um die Rolle, die er sich gerade vorgenommen hat, den aufstiegsorientierten Marketingassistenten, das Skatergirl, den Punk oder den vitalen, körperbewussten Mountainbiker, erfolgreich spielen zu können. (vgl. Keupp u.a. 2002: 270)

Ästhetik und Ethik im Bildersturm

Aber noch einmal zurück zu Pfarrer Kraut. Er beleuchtet nicht nur aus dem ganz pragmatischen Grund seine Kirche, um mit Hilfe seiner Lichtspiele Aufmerksamkeit zu erregen und Menschen in die Kirche zu ziehen. Sein Beweggrund ist viel grundsätzlicher und geht tiefer. Er macht es vor allem deshalb, weil seiner Meinung nach das Gute nur dann ins Leben der Menschen kommen kann, wenn es sich der Schönheit bedient. Der Ausspruch „In einer schöneren Welt verhalten sich die Menschen besser" kann zudem auch als Kritik an gesellschaftlichen und politischen Diskursen verstanden werden, die glauben, ohne die sinnliche Kraft des Bildes auskommen zu können, die vornehmlich auf die rationale Aufklärung der Menschen setzen, und auch an einer pietistischen Religiosität, die das biblische Wort ins Zentrum rückt und Schönheit, Spiel und sinnliche Lebensfreude in die Nähe von Vergnügungssucht und sündiger Triebhaftigkeit. Nur wer sich am Leben freut, an der Schönheit seiner vielfältigen Erscheinungen, kann letztendlich zum guten Handeln kommen. Damit führt der Pfarrer Ethik und Ästhetik zusammen, bezieht sie aufeinander und privilegiert die Ästhetik sogar als eine notwendige Voraussetzung, die dem Entstehen von gutem Handeln vorangehen muss.

Eine solche Herangehensweise ist insbesondere in einer Zeit interessant, in der vor allem pädagogische aber auch politische Diskurse, also Diskurse, die aus den traditionellen Institutionen kommen, das Rationale in einem Übermaß bevorzugen und alles Ästhetische absichtsvoll ins zweite Glied rücken, wenn nicht sogar die Schädlichkeit von Bildern, Bildmedien und des ästhetischen Spieles überhaupt betonen. Auch die großen Erzählungen des 19. und 20. Jahrhunderts (vgl. Lyotard 2005), die die politischen Verbände und religiösen Gemeinschaften unserer Zeit noch immer stark beeinflussen, die auf die Erlösung des Menschen in einer neuen Zeit abzielten, standen der Ästhetik vielfach skeptisch bis ablehnend gegenüber oder akzeptierten sie nur so weit, als sie der Durchsetzung eigener Bedürfnisse und Interessen dienten. Überall dort, wo die Menschen sich aber selbstbestimmt und autonom dem Spiel mit der Schönheit hingaben, wurde bald der Oberflächlichkeitsvorwurf erhoben oder der gesellschaftliche Nutzen der Aktivitäten bestritten. Besonders Künstler, sowohl bildende als auch schreibende, gerieten in den Fokus der staatlichen Repression, die sich dadurch legitimierte, dass sie vorgab, selbst im Dienste der besseren Zukunft für die Menschen zu handeln. So wurden beispielsweise im orthodoxen Leninismus die Kunst und die Künstler auf ein so genanntes „Überbauphänomen" reduziert. Das heißt, sie waren praktisch zweitrangige Gehilfen der Partei, die dabei mitzuwirken hatten, die Massen zum Sozialismus zu führen. Und auch das institutionelle Christentum, das sich selbst im eigenen Interesse Jahrhunderte lang der Verführungskraft der Bilder bedient hatte, verlangte von den Künsten vor allem dort radikale Zurückhaltung, wo Themen aufgegriffen wurden, die nicht ins Konzept des Glaubensdogmas passten. In einem Fall wurde Unterordnung unter die Rationalität gesellschaftspolitischer Ziele eingefordert, im anderen Fall Zurückhaltung, wenn es um die Thematisierung von Körper und Sexualität ging.

Gesellschaftliches Engagement als Aufopferung

Bis heute ist es so, dass der moralisch hochstehende Mensch, derjenige, der große gesellschaftliche Ziele anstrebt, ein verzichtender und leidender Mensch zu sein hat. Ziele, die man mit spielerischer Leichtigkeit und lustvoller Freude erreichen kann, haben keinen Wert, können nicht bedeutend sein. Die wahre Politik und die wahre Religion muss Sache von sich aufopfernden, verzichtenden und an der Bürde der Verantwortung schwer tragenden Menschen sein. Frohnaturen gehören auf den Rummelplatz, in den Sexshop, in die Disco, den Drum&Bass-Club, auf den Skaterplatz oder in den Internet-Chat, keinesfalls aber in eine politische Partei oder in eine Religionsgemeinschaft. Der verantwortlich handelnde, politisch oder religiös motivierte Engagementmensch blickt von oben herab auf die Orte des ästhetischen Spiels und des Vergnügens. Er tadelt Oberflächlichkeit und Vergnügungssucht. Warum können diese Menschen nichts Sinnvolles tun, denkt er? Und warum tun sie das, was sie tun, nicht mit dem notwendigen, der großen Sache zukommenden Ernst?

Klaus, 22: „Ich war eine Zeit lang mit Grün-Fundis in einer WG. Wenn die nicht auf einer Demo waren, dann sind sie zu Hause gesessen und haben mit staatstragendem Ernst über die großen Themen unserer Zeit diskutiert. Weil es ja relativ wenige Demos gibt, waren die viel zu Hause und haben diskutiert und diskutiert und diskutiert. Ich habe diese freudlosen Spaßbremsen bald nicht mehr ausgehalten und bin ausgezogen. Ich kann nur alle Leute, die ein WG-Zimmer suchen, vor Polit-Freaks warnen. Wenn du mit denen leben musst, hast du wenig zu lachen."

Insbesondere die Jugend ist immer wieder Ziel von mit erhobenem Zeigefinger daherkommenden Kommentaren. Die Jugend soll die Lust am Leben zurückstellen. Sie soll auf Spaß, Spiel und vor allem auf Lifestyle verzichten und an Stelle dessen Kraft und Energie in einen freudlosen und dadurch moralisch besonders hoch zu bewertenden Dienst am Gemeinwesen investieren. Und wenn sie nicht will, wie die Gerechten wollen, dann wird pädagogisch interveniert, was das Zeug hält. Und manchmal wird sogar nach dem strengen Gesetzgeber gerufen, der mit Regeln und Normen dann das erzwingen soll, was Jugendliche heute freiwillig nicht mehr tun wollen. Warum aber sollte man nicht Notwendiges und Sinnliches, Gesellschaftliches und Individualistisches, Engagement und ästhetisches Spiel miteinander verbinden können? Das fragen sich vor allem Jugendliche. Und sie rütteln damit an der normierten, Anerkennung verbürgenden Attitüde der Engagementmenschen, die sich als Märtyrer des Verzichts und der Aufopferung für die „große Sache" inszenieren.

Irene, 20: „Ich war bei einer Umweltschutzgruppe. Das hat mir dort auch prinzipiell gefallen. Aber ich gehe nun mal nicht in Sack und Asche herum, trage schon mal gerne auch was von Lacoste, Diesel oder so. Da habe ich mir dann immer wieder was anzuhören gehabt von wegen kostet viel Geld, ist großkotzig, ist nicht vernünftig. Ich bretzle mich nun auch gerne mal auf. Das darf man aber dort nicht, glaube ich, wird nicht gerne gesehen."

Richtig leben in einer fragmentierten, posttraditionellen Welt

Wie hat man heute zu leben und wofür lohnt es sich zu leben? Wie findet man Sinn im Leben? Was darf ich vom Leben zu Recht erwarten? Wozu darf mich das Gemeinwesen mit Recht verpflichten? Das sind einige der zentralen Fragen, die im Zeitalter der Individualisierung besonders die Jugendlichen beschäftigt. Durch eine liberalere Erziehung und generell offenere Sozialisationsformen haben sie sich von vielen Traditionen und althergebrachten Normierungen entfernt und sind noch individualistischer und noch weniger traditionsverpflichtet als ihre ohnehin auch schon individualisierten Eltern; im sozialwissenschaftlichen Jargon bezeichnet man sie daher als „posttraditionell".

Nicht Kollektive und ihre Bedürfnisse stehen im Zentrum des Denkens und Handelns dieser posttraditionellen Jugend. Der Einzelne selbst steht im Mittelpunkt der Welt. Den gesellschaftlichen Alltag erfährt der junge Mensch nicht von Großgruppen wie Parteien, Verbänden, Vereinen und religiösen Gemeinschaften. Im Gegenteil, er sieht sich mit einem unüberschaubar großen Heer von einzelnen Individuen konfrontiert, gegenüber denen er zu bestehen, seine Besonderheit und Einzigartigkeit zu verteidigen hat, auf deren Anerkennung er angewiesen ist und mit denen er zu leben hat. Die Herstellung von Einzigartigkeit und die Gewinnung von Anerkennung im unübersichtlichen und großen, sich ständig in Bewegung befindlichen Ameisenhaufen

„Gesellschaft", in dem die Einzelnen kreuz und quer laufen, sich gruppieren, sich wieder trennen, sich neu gruppieren, um sich wieder zu trennen, ist kein einmaliger Akt. Den Jugendlichen stehen heute keine fertigen, dauerhaften Identitäten zur Verfügung, die sich im Laufe eines klassischen Sozialisationsprozesses erwerben lassen. Identität, Individualität ist heute etwas Prozessuales, an dem man täglich zu arbeiten hat, das immer wieder neuen, von außen kommenden Anforderungen und Herausforderungen angepasst werden muss. In einer dermaßen fluiden, sich in ständiger Bewegung und Veränderung befindlichen, pluralen und fragmentierten Gesellschaft sind nicht nur die Lebensmöglichkeiten für die Jugend gewachsen. Zu der als positiv wahrgenommenen Verbreiterung der alltäglichen Handlungsmöglichkeiten und Lebensoptionen gesellt sich eine neue Zumutung, der Zwang zur täglichen Selbstbehauptung, die tägliche Suche nach Anerkennung. „Die Umgangsformen sind informeller geworden – aber das Macht-Spiel der Distinktion auch. Anerkennung muss heute, stärker als in früheren Bezügen, im dialogischen Austausch mit anderen Subjekten aktualisiert, gewissermaßen ausgehandelt werden. Bei diesem Aushandeln und Austauschen von Anerkennung bekommen die kommunikativen Kompetenzen der Subjekte ein gutes Selbst- und Kohärenzgefühl, und ihre Fähigkeit zur Selbstpräsentation gewinnt heute eine größere Bedeutung als früher." (Keupp u.a. 2002: 268)

Mehr denn je stellen sich der Jugend heute Fragen wie: Woher hole ich mir die Fähigkeiten für das tägliche „Macht-Spiel der Distinktion"? Woher bekomme ich die notwendige Kompetenz, um mich möglichst erfolgreich am täglichen Spiel mit und um wertvolle Identitätsentwürfe beteiligen zu können? Wer gibt mir das Rüstzeug für die Verbesserung meiner kommunikativen Kompetenz? Wer hilft mir meine Selbstpräsentationsfähigkeit auf- und auszubauen? Ganz offensichtlich sind es nicht die traditionellen Verbände und Organisationen. Ihre Angebote sind weder alltagsfunktional, noch bringen sie die notwendige gesellschaftliche Anerkennung, im Gegenteil. Viele Jugendliche sind der Auffassung, dass sie durch die Mitgliedschaft in einer Partei oder einem Verband ihre Individualität verlieren.

Udo, 17: „Ich bin ein bunter Vogel. Ich flieg mal dort und mal da rum. Überall wo ich hinkomme, wollen sie, dass ich anders werde, tun an mir herum. Aber ich bleib so wie ich bin. Ich brauch keinen Jugendverein. Mir reichen schon meine Eltern zu Hause."

Das postmoderne Individuum braucht Selbstkonzepte und Identitätsentwürfe, die breiter angelegt sind als die oft engen Denk- und Handlungsraster der traditionellen Organisationen und Institutionen. Mehr Freiheiten, größere Spielräume, mehr Flexibilität wird ebenso eingefordert wie die Fähigkeit, sich schnell zu verändern und anzupassen. Ein Mensch, für den alles unverrückbar feststeht, kann den wechselnden Anforderungen einer sozialen Struktur, die von flüchtigen, sich ständig auflösenden und neu bildenden Gruppen bestimmt ist, nicht bestehen. Deshalb gewinnen bei Jugendlichen heute neue Formen der Vergemeinschaftung an Bedeutung, die ihnen jene kommunikativen Kompetenzen und die Fähigkeit zur Selbstpräsentation vermitteln, die sie benötigen, um in einer flüchtigen Inszenierungsgesellschaft Anerkennung zu bekommen. Zugleich sind diese neuen Formen auch so flexibel und offen, dass sie eine Verbindung von Notwendigkeit und Sinnlichkeit, von Engagement und ästhetischem Spiel zulassen, also genau das, was die postmoderne Jugend sich wünscht. Aus diesem Grund erfreuen sich Lifestylegruppen und jugendkulturelle Szenen bei der heutigen Jugend einer so großen Popularität.

Die neue Lust am Spiel

Fragt man Jugendliche danach, ob und welche Vorbilder sie haben, dann zeigt sich eine eindeutige Tendenz: Entweder man erntet eine zynisch-überhebliche Antwort, die so ähnlich klingt wie „Mein größtes Vorbild bin ich selbst". Oder aber es wird darauf hingewiesen, dass es die Person, die in all ihren Lebensvollzügen eine Vorbildfunktion erfüllen kann, nicht gibt.

Jan, 16: „Den Oliver Kahn finde ich als Fußballer schon toll. Als Sportler ist er sicher mein Vorbild, so konsequent und motiviert der immer ist. Aber als Mensch finde ich ihn dann wieder nicht so gut. Verlässt seine Familie, macht mit jungen Mädchen rum, fährt protzig mit dem Ferrari durch die Stadt. Wer so ist, kann doch kein Vorbild sein."

Es ist heute vor allem für Personen des öffentlichen Lebens nicht einfach, ein Vorbild zu sein. Die Prominenten, die sich potentiell als Vorbilder anbieten würden, stehen unter permanenter Beobachtung der Medien und werden von denselben dadurch entzaubert, dass alle ihre Alltagshandlungen, besonders die peinlichen, gnadenlos veröffentlicht werden. Seitensprünge, Treppenstürze, Autounfälle, Beziehungskrise, Alkoholexzesse, alles gelangt über die Medien ohne Umwege an die Öffentlichkeit.

Und in den meisten Fällen sind es nicht einmal besonders dramatische Ereignisse, die das Vorbild demontieren. Meistens ist es der direkte Blick in den Alltag des Schauspielers, Sportlers oder des Politikers, der ihn beispielsweise in Bermuda-Shorts mit Bierbauch am Strand zeigt und ihn als Vorbild damit schlagartig entwertet. Ein Blick in die biedere Normalität des menschlichen Alltags zerstört letztendlich jeden Mythos.

Das Phänomen der „Vorbilder light"

Das Vorbild ist ein traditioneller Begriff. Das Wort gehört eigentlich in eine Zeit, in der die Gesellschaft noch klar und eindeutig strukturiert und einheitlicher als heute war, das Leben der Menschen weitgehend standardisierten biographischen Verläufen folgte und die großen Institutionen, also Parteien, Religionsgemeinschaften und Verbände, noch starken Einfluss ausübten. Doch so wie die Gesellschaft im Zuge von Modernisierungsprozessen ent-traditionalisiert wurde, wie sie sich in eine breite Vielfalt von unterschiedlichen Funktions- und Lebensbereichen ausdifferenzierte, wurde auch der Vorbildbegriff in seiner alten Form dekonstruiert. Er ist einfach nicht mehr mit den aktuellen, postmodernen gesellschaftlichen Verhältnissen kompatibel. Zu einem pluralisierten, breit ausdifferenzierten Gesellschaftszustand passt einfach kein einheitlicher, an einer einzigen Person ausgerichteter Vorbildbegriff.

Ein Vorbild kann also nicht ein Mensch sein, der für alle Gesellschaftsbereiche „vorbildlich" ist. Vorbilder müssen heute erschaffen, zusammengebastelt, konstruiert werden, sind Netzwerke, in denen Eigenschaften und Handlungsmuster vieler einzelner Personen miteinander verbunden sind. Vorbilder gibt es nicht mehr in der gesellschaftlichen Realität, sie existieren nur mehr als individuelle Konstruktionen in den Köpfen der Menschen.

Was bedeutet dies nun aber für die Jugend? Sucht sie noch nach Vorbildern und wenn ja, wie gestaltet sich diese Suche?

Wie die Jugendforschung zeigt, suchen Jugendliche auch heute noch beispielgebende Personen, anhand deren Vorbild sie das eigene Leben entwerfen und ausrichten können. Sie suchen nach lebenden „Benchmarks", die ihnen helfen, das Besondere in ihrem Leben herauszufinden und zu bewerten. Und natürlich werden auch Beispiele gesucht, denen man in bestimmten Handlungsfeldern des Lebens, dem Sport, der Musik etc. nacheifern kann.

Aber anders als früher glaubt die Jugend in ihrer Mehrheit heute nicht mehr daran, dass es umfassende, quasi multifunktionale Personen, die zum Vorbild taugen, gibt.

Die heutige Jugend operiert mit „Patchwork-Vorbildern". Das sind zusammengebastelte Vorbilder, in denen Vorbild-Fragmente von mehreren real existierenden Personen enthalten sind.

Irmina, 17: „Also beruflich ist mein Vater ein großes Vorbild für mich. Ich möchte auch mal so eine Karriere hinlegen. Politisch finde ich die Merkel gut, weil die hat sich gegen alle Männer durchgesetzt. Musikalisch finde ich die Holofernes nicht schlecht. Die hat eine gute Stimme, spielt auch gut Gitarre, möchte ich auch gerne so können. Und – das sage ich, auch wenn ich dafür dann immer geprügelt werde – den Bohlen finde ich gut. Von dem kann man lernen, dass man, wenn man es drauf hat, aus Scheiße Gold machen kann."

Das Leben der Jugendlichen ist bunter und vielfältiger geworden. In ihren Selbstkonzepten vereinigen sich so viele Interessen, Bedürfnisse, Ziele, dass es schier unmöglich erscheint, dass eine dermaßen komplexe Vielheit von nur einer einzigen Person vorbildhaft und beispielgebend angeleitet und repräsentiert werden kann. Bastelvorbilder treten an die Stelle der alten großen Vorbilder. Viele kleine Vorbild-Einheiten ersetzen die großen, übermächtigen, einst wie Denkmäler über der Generation thronenden gottähnlichen Vorbild-Figuren. Mit seiner Pluralisierung ist auch die Schwere und Bedeutsamkeit aus dem Vorbildbegriff verschwunden.

Die neuen Bastelvorbilder sind flüchtig, in einem permanenten Prozess der Neu- und Umformung begriffen. Der Umgang mit ihnen ist spielerisch leicht geworden. Nicht mehr gebannt hängt die Jugend an den Lippen der Personen, an denen sie Maß nimmt, nicht jede ihrer Handlungen wird tief beeindruckt nachvollzogen und zu kopieren versucht.

Die heutigen Vorbilder sind irgendwie auch „Vorbilder light". Man findet sie ganz gut, ist punktuell auch mal von ihnen richtig beeindruckt, aber man lässt nicht alles stehen und liegen, wenn der Meister ruft. Insofern erscheint die heutige Jugend weniger leicht verführbar als die ihr vorangegangenen Generationen. Es zeigt sich also, dass es auch seine Vorteile hat, wenn man einen spielerisch-entspannten, ästhetisch-oberflächlichen Umgang mit der Welt pflegt.

acts > More Facts > More Facts > More Facts > More Facts> Mo

Traditionelle Vorbilder aus dem Nahbereich verlieren an Bedeutung

Die Shell Jugendstudien gelten als Standardwerke der europäischen Jugendforschung. Sie werden seit den 1950er Jahren in regelmäßigen Abständen durchgeführt und zeichnen ein Bild der Jugend vor dem Hintergrund der jeweils aktuellen gesellschaftlichen Ist-Situation.

Eine Zeitreihenanalyse der Ergebnisse dieser Studien zum Thema Vorbildorientierung bei Jugendlichen zeigt, dass im Jahr 1955 noch deutlich mehr Jugendliche angaben, ein Vorbild zu haben, als am Beginn des 21. Jahrhunderts. Zudem hat sich auch die Personengruppe, aus der Jugendliche ihre Vorbilder in erster Linie beziehen, grundsätzlich gewandelt. Im Jahr 1955 kam noch bei Dreiviertel der Jugendlichen, die angaben ein Vorbild zu haben, dieses aus dem unmittelbaren Nahbereich. Das heißt, die großen Vorbilder waren Vater, Mutter, Lehrer etc. 1996 nannte hingegen nur mehr ein Viertel der vorbildorientierten Jugendlichen eine ihnen unmittelbar nahe stehende Person als Vorbild. Ganz gegenteilig dann die Entwicklung bei den Vorbildern aus dem Fernbereich. Gaben 1955 lediglich 25 Prozent der deutschen Jugendlichen an, ein Vorbild aus TV, Kino, Pop-Musik etc. zu haben, so waren es 1996 über zwei Drittel.

Bemerkenswert ist, dass Jugendliche aus höheren Bildungsschichten dazu tendieren, Vorbilder im klassischen Sinn generell zurückzuweisen. Vorbilder passen nicht zu der von ihnen kultivierten Attitüde des frühzeitig autonomen und unabhängig entscheidenden Menschen. Menschen, die für sich selbst ein Image entwickelt haben und propagieren, dass sie unabhängige Konstrukteure ihres eigenen Lebensentwurfes und Lebensplanes sind, geben ungern zu, dass sie bei der Erarbeitung des je eigenen Lebenskonzeptes ein Vorbild oder sogar mehrere Vorbilder herangezogen haben. So wird vor allem in den stark individualisierten Mittelschichten, in denen der Kult um die eigene Unabhängigkeit und Besonderheit in vielen Fällen den Stellenwert einer Ersatzreligion erreicht hat, die prinzipielle Ablehnung von personalen Idealbildern zum integralen Bestandteil einer attraktiven und herzeigbaren Identität.

Weniger Probleme mit Vorbildern hat man hingegen in den noch traditioneller denkenden und handelnden, bildungsfernen sozialen Unterschichten. Hier ist es offensichtlich weniger imageschädlich, sich offen zu einem Vorbild zu bekennen. Neben der Zugehörigkeit zur sozialen Unterschicht und der damit häufig in Verbindung stehenden Bildungsferne sind es auch ein erhöhter TV-Konsum und ein weniger stark ausgeprägtes Selbstbewusstsein, die die Akzeptanz von und das Bekenntnis zu Vorbildern begünstigt. Insofern resümieren die Autoren der 13. Shell Jugendstudie, dass sich vor allem Jugendliche mit niedriger biographischer Eigenwirksamkeit, relativ niedriger Bildung und hohem TV-Konsum stark an Vorbildern orientieren. (Dt. Shell 2000: 215ff)

Generell ist aber zu sagen, dass die neuen Patchwork- oder Bastelvorbilder eine Mischung aus Vorbildelementen darstellen, die sowohl aus den nahen als auch aus den ferner liegenden Lebensbereichen kommen. Der Anteil der Vorbilder aus dem Fernbereich wiegt aber zunehmend schwerer. Die gewichtigen Vorbildeinflüsse kommen also aus einer Personengruppe, die primär aus den Medien oder aus der großen Distanz einer Massenveranstaltung bekannt sind.

Heute finden sich unter den „Vorbildern light“, aus denen Jugendliche ihre Bastelvorbilder zusammenfügen, in erster Linie Personen, die eine große Medienpräsenz genießen.

Freilich muss man hier Differenzierungen vornehmen, denn nicht jeder, der im Lichte der Öffentlichkeit steht, taugt deshalb schon zum Vorbild. Politiker und Politikerinnen haben beispielsweise eine starke, wenn nicht sogar die stärkste Medienpräsenz. Sie schaffen es aber selten in den „Vorbild-Baukasten“ der Jugendlichen, in dem einzelne „Vorbildfragmente“ gelagert werden, um dann ein flüchtiges Bastelvorbild aus ihnen zusammenzusetzen.

Unter den Personen, die im Vorbild-Bastelset der Jugend prominent vertreten sind, finden sich Namen wie Harald Schmidt, Stefan Raab, Moritz Bleibtreu, David Beckham oder Pink, die man allesamt nicht mit Politik, sondern mit Medien- und Popkultur verbindet. (tfactory Hamburg 2005)

Grafik 1: Sympathie für Personen des öffentlichen Lebens

11- bis 29-jährige Jugendliche und junge Erwachsene – Trend-Segment: sehr/eher sympathisch (Skala 1 bis 4), Angaben in Prozent

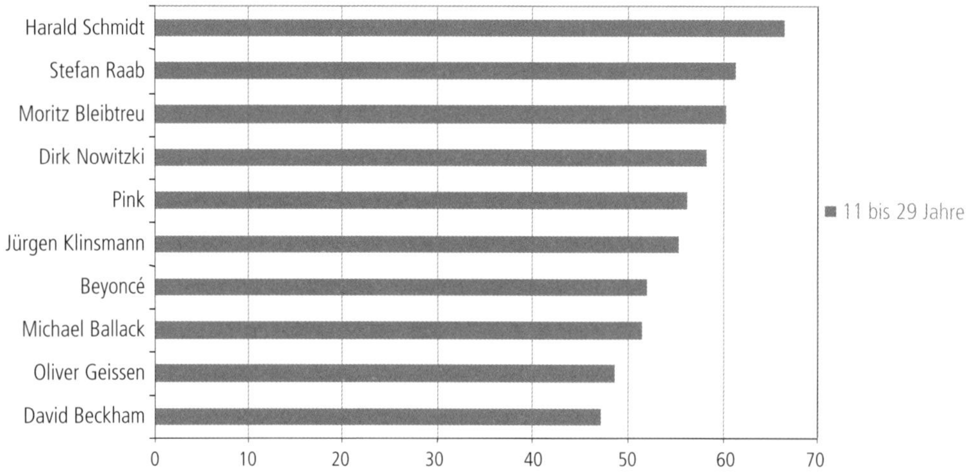

Quelle: tfactory Hamburg (2005): Timescout Welle 8, rep. für 11- bis 29-jährige Trendsetter und Early Adopters, n=900

Vorbilder light und „Reich der Freiheit"

Versucht man die Personen, die für Jugendliche zum Basteln ihrer Patchwork-Vorbilder tauglich sind, zu kategorisieren, fällt eine wesentliche Gemeinsamkeit auf, die sie alle betrifft.

Es sind samt und sonders Leute, die nicht dem, wie es Karl Marx nannte, Reich der Notwendigkeit, der Welt der Arbeit und der Politik, entstammen, sondern, um hier wieder mit Schiller zu sprechen, „dem fröhlichen Reiche des Spiels und des Scheins" zugehören. (Schiller zitiert nach Han 2005: 30)

In seinem Hauptwerk, dem Kapital, scheidet Marx das gesellschaftliche Leben der Menschen in zwei einander entgegengesetzte Reiche, dem der Notwendigkeit und dem der Freiheit.

Das marxsche Reich der Freiheit hängt im hohen Maße von der Produktivkraftentwicklung im Reich der Notwendigkeit ab. Desto rationeller im Reich der Notwendigkeit produziert und gearbeitet wird, desto weniger menschliche Arbeitskraft muss dort verausgabt werden und desto größer wird die Zeitspanne, die der Mensch im Reich der Freiheit der Entspannung und Muße widmen kann.

„(…) Aber es bleibt dies immer ein Reich der Notwendigkeit. Jenseits desselben beginnt die menschliche Kraftentwicklung, die sich als Selbstzweck gilt, das wahre Reich der Freiheit, das aber nur auf jenem Reich der Notwendigkeit als seiner Basis aufblühen kann. Die Verkürzung des Arbeitstags ist die Grundbedingung." (Marx 1979: 828)

Indem der Mensch spielt, kommt er zu sich selbst

TV-Moderatoren, Comedians, Schauspieler, Pop-Stars, Sportler, alles Berufsgruppen, die sich, wenn auch nicht immer spielend leicht, aber doch spielend ihren Lebensunterhalt verdienen, deren Beruf es ist zu spielen, ihren Zusehern etwas vorzuspielen. Die wichtigsten Vorbilder der Jugend sind also Spieler. Wie lässt sich das erklären und was haben wir davon zu halten?

Für Friedrich Schiller ist das Spiel die Erfüllung des menschlichen Lebens. Indem er spielt, kommt der Mensch zu sich selbst und erfüllt seine eigentliche Bestimmung. Für diese Einsicht und Überzeugung steht der berühmte Satz aus Schillers Briefen „Über die ästhetische Erziehung des Menschen": „Denn, um es endlich auf einmal herauszusagen, der Mensch spielt nur, wo er in voller Bedeutung des Wortes Mensch ist, und er ist nur da ganz Mensch, wo er spielt." (Schiller 2000: 62) Für Schiller gehört das Spiel dem Reich der Freiheit an, jenem Ort, der frei ist „von den Fesseln jedes Zwecks, jeder Pflicht". (Schiller 2000: 63) Wie Schiller wissen auch die wenig schwärmerischen jugendlichen Pragmatiker der heutigen Zeit, dass es diesen Ort nicht wirklich gibt und dass die Menschheit ihn niemals erreichen wird, handelt es sich doch um einen idealen Ort. Aber auch wenn man diesen idealen Ort niemals wirklich erreichen wird, so kann man zumindest etwas von ihm vorübergehend erahnen, erfühlen, wenn man spielt. Im Spiel, das insbesondere im formenden Gestalten der den Menschen umgebenden Welt und seiner selbst besteht, das heißt in der Hinwendung zum Ästhetischen, zur Gestaltung der äußeren Form unseres Seins, das in unserer Zeit so gerne als sinnlose Oberflächlichkeit denunziert wird, liegt eine wichtige Quelle der Sinnfindung.

Mehr denn je ist das Bedürfnis nach Spiel im Zusammenhang mit den immer größer und mehr werdenden Zumutungen, die das Reich der Notwendigkeit für junge Menschen bedeutet, zu sehen. Mehr denn je stehen gerade die Jugendlichen heute unter Druck. In Schule und Arbeitswelt herrschen die beinharten Regeln der Selektion durch Leistung. Ein lückenloses Druck- und Kontroll-System wurde aufgebaut. Permanente Leistungskontrolle und bei Versagen sofortige Anwendung von zusätzlichen Stütz- und Fördermaßnahmen; Versagen ist im System eigentlich nicht mehr vorgesehen. Leistungsprobleme führen in der Regel nicht zu einem Überdenken der Sinnhaftigkeit der betreffenden Bildungsmaßnahme für den einzelnen Jugendlichen. Anstelle selbstkritisch zu überdenken, ob der Zweck jedes Mittel heiligt, wird noch mehr Druck erzeugt, noch mehr „gefördert", damit die Bildungshürde letztendlich dann doch noch zu nehmen ist. Ein Verzicht auf den Bildungsgang, eine eventuelle Ausschulung oder Umschulung kann nicht in Betracht kommen. Verbleiben im System, das hohes Einkommen und hohen Berufsstatus zu garantieren vorgibt, um jeden Preis. Gleichzeitig dehnt sich der Moloch Bildungssystem immer mehr aus. Die immer frühere Eingliederung kommt zur immer später erfolgenden Ausgliederung. Wer alle Bildungsgrade durchläuft, der tritt mit sechs Jahren ein und mit Mitte bis Ende Zwanzig wieder aus. Aber die Entwicklung ist noch längst nicht an ein Ende gekommen. Schon diskutiert man die Einführung eines verpflichtenden Vorschuljahres in Österreich, was Einschulung mit fünf Jahren bedeutet. Unweigerlich entstehen Assoziationen zum spartanischen Erziehungssystem, dessen Grundprinzip es war, die Kinder, im Falle von Sparta nur die männlichen, der Familie so früh wie möglich zu entziehen, damit sie dort nicht unter dem Einfluss der persönlichen, emotionalen Zuwendung der leiblichen Eltern verweichlichen. Auf postmoderne Verhältnisse übertragen bedeutet das verpflichtende Vorschuljahr einen weiteren Schritt zur Institutionalisierung der Kindheit, mehr anonyme Institution anstelle von emotionaler Sicherheit im bekannten familiären Umfeld. Aber was soll es. Wir können das Jahr, das zwischen dem fünften und dem sechsten Geburtstag des Kindes liegt, nicht nutzlos vergeuden. Dort, wo Freiheit war, wird ein regulierter Funktionsbereich implementiert. Bildung ist alles, man kann nicht früh genug mit ihr beginnen. Vor dem Hintergrund solcher leistungs- und kontrollgesellschaftlichen Realverhältnisse kommt einem freien Reich des fröhlichen Spiels und der Schönheit eine überragende kompensatorische Bedeutung zu. Ohne gelegentliche Ausflüge in das Reich des Spiels und des Scheins, das man gerne abwertend mit dem Etikett „Spaßgesellschaft" versieht, wäre für die Mehrheit der Jugendlichen schon heute das Reich der Notwendigkeit, das wir Erwachsene für sie bereithalten, nicht mehr erträglich.

„Rulebreaking" macht cool

Kommen wir nochmals auf die Bastelvorbilder der Jugend zurück, zu den postmodernen Repräsentanten „des fröhlichen Reiches des Spiels und des Scheins." Schmidt, Raab, Bleibtreu, Pink, Klinsmann, Beckham. Sie sind Spieler und sie werden bewundert, weil sie dem populären Reich der spielerischen Freiheit, dem Showgeschäft angehören. Aber sie haben noch eine weitere wichtige Eigenschaft, die sie gerade für Jugendliche besonders attraktiv macht. Sie sind nicht nur Spieler, sie sind auch Regelbrecher – „Rulebreaker", wie Jugendliche es nennen.

Das Spiel zeichnet sich dadurch aus, dass es der Notwendigkeit enthoben ist. Spiel ist „alles das, was weder subjektiv noch objektiv zufällig ist, und doch weder äußerlich noch innerlich nöthigt". (Schiller 2000: 60) Wer spielt, der tut es nicht aus einer Not heraus, nicht aus Zwang und er ist auch nicht gezwungen, es zu tun. Man ist frei, es zu tun oder es zu lassen. Aber auch das Spiel ist nicht völlig frei, es hat auch Spielregeln. Diese Regeln unterscheiden sich jedoch von den Regeln der „Wirklichkeit" dadurch, dass sich der Spieler diesen Regeln ohne Zwang unterwirft.

„Spiel meint, ganz allgemein, den Vollzug jener vorentworfenen Erfahrung, zu irgendeinem Zweck eine gewisse Zeit lang ohne (äußeren) Zwang Regeln zu akzeptieren. Das Spiel lässt sich somit definieren als ein Modus sozialer Praxis, nämlich als eine intendierte, freiwillige Handlungssituation mit explizit vorgegebenen Regeln." (Hitzler 2006: 69)

Das Wesentliche an den Regeln eines Spiels ist, dass man sich ihnen freiwillig unterwirft. In der Praxis heißt das, man akzeptiert die Regeln des Spiels, solange man es spielt, man kann aber jederzeit aus dem Spiel austreten und damit verlieren die Spielregeln sofort ihre Gültigkeit. Die Wirklichkeit unterscheidet sich hier fundamental. Die Regeln des Straßenverkehrs gelten nicht vorübergehend oder begrenzt für einen bestimmten Raum. Wer sich im öffentlichen Raum mit einem Verkehrsmittel oder auch zu Fuß bewegt, ist ihnen unterworfen. Vielleicht ist der Straßenverkehr auch ein großes Spiel, aber man kann jedenfalls nicht aus diesem Spiel heraustreten, wie und wann man will. Man muss mitspielen, will man an der öffentlichen Mobilität teilhaben. Das tatsächliche Spiel hat zwar auch ein Regelwerk, aber man ist frei, sich diesem zu unterwerfen oder nicht. Das Spiel gehört dadurch dem Reich der Freiheit an und das macht seine große Attraktivität bei den Jugendlichen aus.

Dennoch, auch im Spiel werden Regeln verletzt, man kennt das aus dem Fußball, aber die Konsequenzen sind nicht so schlimm, wie bei Regelverletzungen in der „Wirklichkeit". Das Spiel ist ja auch nicht Ernst. Trotzdem, und ich komme nun zum Ranking der zehn attraktivsten Bastelvorbilder zurück (siehe Grafik 1), hat die Regelverletzung etwas Magisches, sei es nun die im Kontext des Spieles oder die in der Wirklichkeit des gesellschaftlichen Lebens. Wir alle haben Spaß an kleinen Regelverletzungen, sie geben uns einen leichten „Touch" von Verwegenheit.

Menschen, die Jugendliche cool und sympathisch finden, sind in der Mehrzahl „Rulebreaker". Das „Rulebreaking" macht ihre Attraktivität aus. Harald Schmidt und Stefan Raab verstoßen permanent gegen die Regeln der „Political Correctness". Wenn Harald Schmidt in Hitlerkostümierung die Jugendlichen in den neuen deutschen Bundesländern auffordert, vom Nazismus abzulassen, weil er ganz genau weiß, wo das hinführt, und Stefan Raab das Bild eines Mitspielers von DSDS (Deutschland sucht den Superstar) anstelle von Hans Martin Schleyer in das RAF-Entführungsfoto montiert, dann durchbrechen sie damit zumindest die Grenzen des guten Geschmacks. Wenn Beckham sich seinen Körper mit Tattoos vollpflastern lässt, sich mit ständig wechselnden regelrecht abwegigen Frisuren zeigt und sich zudem auch noch schminkt, dann durchbricht er zumindest auf der ästhetischen Ebene die Geschlechtergrenzen und wird zum Erfinder der so genannten „Metrosexualität". Bleibtreu randaliert bei der Romy-Verleihung in Wien, weil er glaubt, seine Preisstatue sei ihm gestohlen worden. Und Pink nimmt schon gerne mal im betrunkenen Zustand den „MTV-Award" entgegen.

Die Jugend liebt Spieler, die Spielregeln verletzen. Denn diese machen das öffentlich, was sie selbst, eingezwängt in die Regulative des Kontroll- und Zwangssystems des Reiches der Notwendigkeit, vielleicht niemals wagen werden. Bei den Spielern aus dem Showbusiness wird mehr toleriert als beim Normalbürger. Manchmal sogar die Verletzung der Grenzen zwischen dem Reich der Notwendigkeit und dem Reich der Freiheit. Der eine oder die andere springen über die Grenzen zwischen der Sphäre des Spiels und der Notwendigkeit hin und her, siehe Bleibtreu oder Pink, die plötzlich die Regeln der Wirklichkeit ignorieren, indem sie auf Preisverleihungen aus der Rolle fallen. So treiben sie ihren Schabernack mit der immer zwanghafter werdenden Regelwelt der Gesellschaft. Und die Jugend sieht ihnen freudig erregt dabei zu. Jugendliche lieben das Reich des Spiels und dessen wichtigste Repräsentanten. Besonders lieben sie aber jene, die aufsehenerregend Regeln zu brechen verstehen, die nicht so fürchterlich langweilig, bieder und angepasst wie Otto Normalbürger vor sich hin leben. Eingezwängt in kontrollgesellschaftliche Strukturen brauchen sie Stellvertreter, die das für sie tun, was sie selbst gerne tun würden. Hin und wieder gewaltig auszurasten. Aktuelles Beispiel: „Tokio Hotel", die Boyband der etwas anderen Art.

Standen noch vor wenigen Jahren ausschließlich Boygroups mit angepassten geschniegelten Jungs, deren Bühnenpräsenz ohne jegliche Spontaneität in standardisierte Choreographien eingezwängt war, auf der Titelseite der „Bravo", so findet man heute dort fast wöchentlich die vier Jungs aus Magdeburg. Sie machen harten Rock, zertrümmern in ihren Videos schon mal die Einrichtung eines Hauses, in dem eine Party steigt, thematisieren in ihren Texten Jugendrevolte und Ausbruchsfantasien, sind gepierct, was das Zeug hält, halten sich mit politisch korrekten Aussagen wie „Ich finde es nicht gerade toll, wenn die Leute kiffen" zurück und besaufen sich auch schon mal auf der Party nach der Echo-Verleihung. Von der regelbrecherisch-rockigen Inszenierung der vier Jungs fühlen sich in erster Linie Mädchen zwischen zehn und fünfzehn Jahren angesprochen, wie in der weiblichen Zielgruppe übrigens generell eine steigende Affinität zu Rock, Punk und Independent festzustellen ist. Was sich hier andeutet, ist, dass den zunehmend an Selbstbewusstsein gewinnenden jungen Frauen das Spiel mit Regelbrüchen und Tabuverletzungen, welches früher fast ausschließlich den Jungs vorbehalten blieb, nunmehr auch eine besondere Freude zu bereiten beginnt. Darüber hinaus erfasst die Affinität zu Rulebreakern auch immer stärker die ganz jungen Konsumenten des Pop. Dieser Umstand legt den Schluss nahe, dass das kontrollgesellschaftliche Zwangsregime immer jüngere Bevölkerungsschichten direkt betrifft und damit in immer jüngeren Jahren den Leuten die Lust am Exzess oder zumindest die Lust an der medialen Teilnahme am Exzess anderer aufnötigt. Selbst die frühe Jugendphase scheint somit ihren Charakter als Schutz- und Schonraum eingebüßt zu haben.

Events: Die Suche nach Erlebnisintensität

Ein Event ist ein „berichtenswertes Ereignis", so der deutsche Soziologieprofessor Ronald Hitzler. Etwas Besonderes also, nichts Alltägliches jedenfalls. Der Untertitel des von Winfried Gebhardt, Ronald Hitzler und Michaela Pfadenhauer herausgegebenen Sammelbandes „Events" lautet dementsprechend auch „Zur Soziologie des Außergewöhnlichen". (Gebhardt u.a. 2000) Das Wesentliche am Event ist demnach also, dass es die Gewöhnlichkeit des Alltags unterbricht, sich neben das Alltägliche und Immergleiche als etwas Außer-Gewöhnliches stellt. Das Event unterbricht die Gleichförmigkeit der Normalität, ragt gleichsam als etwas Besonderes aus ihr heraus, lässt uns die wenig aufregende Redundanz unseres Schul- oder Arbeitslebens dadurch vergessen, dass es unsere Sinne gefangen nimmt und uns in eine ereignishafte, flüchtige Welt hineinzieht, in der die Regeln, Normen und Standards des Alltags außer Kraft gesetzt erscheinen.

Obwohl die Gesellschaft heute insgesamt als Erlebnisgesellschaft bezeichnet wird (vgl. Schulze 1995), sind die Jugendkulturen noch weitaus stärker erlebnisorientiert als die dominierenden Erwachsenenkulturen. In den Jugendkulturen ist die Intensität des subjektiven Erlebens weitaus stärker der Maßstab dafür, ob insbesondere eine Freizeitaktivität als gelungen oder weniger gelungen angesehen wird. Jugendkulturen sind heute von einer tiefen Sehnsucht nach intensiver Sinnlichkeit geprägt. Angezogen fühlt man sich primär von nicht-diskursiven Ereignis- und Erlebniswelten, in denen die symbolische, nicht rational-argumentative Kommunikation dominiert.

Ein Ereignis muss Sinnlichkeit pur sein, nur dann findet es entsprechende Akzeptanz. Erwartet wird, dass ein Zusammenspiel von unterschiedlichsten Sinnesreizen besondere Stimmungen, Gefühle und Emotionen mobilisiert. Das Denken tritt in den Hintergrund, man will sich mitreißen lassen von einem Sturm tief beeindruckender Bilder, Töne, Gerüche etc. Was beim Event zählt, ist der emotionale Mehrwert, den es zu produzieren im Stande ist, der nicht rational erklärbare emotionale Überschuss, der die Teilnehmer in Ekstase versetzt. Im Gegensatz dazu wird überall dort, wo der zweckgerichtete, rationale, kritische Diskurs in ein Event einzudringen versucht, abgeblockt. Die Menschen fühlen sich durch ihn gestört, unterbricht er sie doch ungefragt bei einer zerstreuenden Vergnügung, bei der eben gerade das Vergessen des Reiches der Notwendigkeit mit seinen vielfältigen Zumutungen und Beschwernissen im Mittelpunkt des Interesses steht. Auf dem Territorium des Reiches der Freiheit haben Notwendigkeiten nichts verloren. Diesem Grundprinzip folgend haben schon in den 1960er Jahren die Menschen teilweise mit aggressiver Ablehnung auf politische Agitatoren reagiert, die versuchten, ein unter dem Motto Spaß, Lebensfreude, Freiheit und Emotionalität stehendes Freizeitereignis für ihre Zwecke zu missbrauchen und es mit Partikeln eines argumentativ-politischen Diskurses quasi zu verunreinigen.

Das Woodstock-Festival: Ahnherr der zeitgenössischen Eventkultur

Das Woodstock-Festival gilt für viele als der Kulminationspunkt einer jungen politischen Protestbewegung, die sich gegen die Kriegspolitik der USA in Vietnam und die gesellschaftspolitisch reaktionäre Haltung der konservativen amerikanischen Mittelklasse richtete. Woodstock wird in vielen retrospektiven Interpretationen nach wie vor als politisches Ereignis beschrieben. Liest man jedoch aufmerksam den authentischen Erfahrungsbericht von Paul Williams, dem Gründer und Herausgeber der Rockzeitschrift „Crawdaddy“, so zeigt sich deutlich, dass sich die Gleichsetzung von Woodstock mit dem Geist und Inhalt der links-intellektuellen antiautoritären Protestbewegung an den amerikanischen und europäischen Universitäten der 1960er Jahre verbietet. Im Gegensatz zu den heute noch kursierenden Revolutionsmythen beschreibt Williams eine unpolitische Versammlung von emotional bewegten jungen Menschen, die sich den Stimmungen und Gefühlen bereitwillig hingaben, die eine auch durch Drogen beeinflusste Atmosphäre der absoluten Entgrenzung und Befreiung hervorbrachte.

In Woodstock feierten junge Menschen ein Fest der Freiheit. Diese Freiheit definierten sie aber nicht vordergründig politisch, sondern gefeiert wurde das vorübergehende, punktuelle Aufbrechen des, wie Max Weber es nannte, „stahlharten Gehäuses“ der Disziplinierung und des gesellschaftlichen Zwangs, das die Menschen in ihrer affektiven Spontaneität einengt und kontrolliert. (Weber 1986: 203) Die Menschen befanden sich im Taumel eines großen, kollektiven Freiheitserlebnisses, im Rahmen dessen es für ganz kurze Zeit möglich war, die starre zivilisatorische Selbstkontrolle aufzugeben und den natürlichen Trieben und Emotionen freien Lauf zu lassen.

Paul Williams, Herausgeber des Rock-Magazins „Crawdaddy", über zwei Besucher des Woodstock-Festivals: „Sie war zwar nicht auf Acid, aber das war egal. Diese Energie lag in der Luft – frei fließende Energie, die nicht von Transformatoren und Leitungen verwirrt wurde. Menschliche Energie, das natürlichste Gut der Jugend, ausgelöst durch etwas Chemie, menschliche Schönheit und Musik, verstärkt durch die sich wild und unendlich ausbreitenden Bewusstseinswellen. Die Luft war energieschwanger. So spielte es keine Rolle, ob Kathy, so hieß das blonde Mädchen, nun selbst LSD genommen hatte oder nicht. Sie surfte auf derselben Wellenlänge wie Nummer Zwanzig. Sie war auch ohne LSD auf Trip, war high vom einfachen Dabeisein." (Williams 1979: 27)

Die Jugendlichen, die Williams in der Menge entdeckt und beschreibt, Kathy und der junge Mann mit Namen „Nummer Zwanzig", lassen in keiner Weise den Habitus von politischen Manifestanten erkennen. Sie sind da, um die Freiheit zu genießen, die ihnen der kulturelle Rahmen Woodstock gewährt. Sie lassen sich von ihren Gefühlen leiten, genießen ihre Sinnlichkeit. Insofern symbolisieren sie ein Ereignis, das primär von ästhetischen und affektiven Prinzipien geleitet ist, das sich keinesfalls in die Welt des politisch-rationalen Handelns integrieren lässt. Bis heute ist Woodstock aber auch ein Symbol für gewaltlosen Protest. Eine große, heterogene Menschenmenge feierte gemeinsam ein Fest der friedlichen Auflehnung gegen das Establishment, selbst die Ordnungshüter des Staates wurden von der heiteren Friedlichkeit der Atmosphäre angesteckt. Die natürlichen Feinde „Staatsorgan" und „Jugendbewegung" in einem gewaltfreien Happening nahezu harmonisch vereint. Die Aura der Gewaltlosigkeit zerbricht in Williams Bericht aber interessanter Weise gerade an dem Punkt, als ein politischer Aktivist das Festival als Plattform für seine Agitation benutzen will. Abbie Hoffman, ein Angehöriger der politischen Aktionsgruppe „Chicago 8", steigt auf die Bühne, bemächtigt sich des Mikrophons von Pete Townshend, dem Gitarristen der Band „The Who", und beginnt politische Parolen ins Publikum zu schleudern. Daraufhin schlägt Pete Townshend den Mann mit seiner Gitarre nieder und murmelt dabei: „Wenn noch einer versucht, was mit meinem Mikro zu machen, bring ich ihn um." Das Publikum klatscht Beifall. Und Williams kommentiert das Geschehen nicht negativ. Vielmehr legitimiert er Townshends Handlung, weil diese dem Versuch effektiv entgegentritt, dass ein Vertreter des traditionellen politischen Machtdiskurses ein sinnlich-ästhetisches Spiel, das nicht mehr sein will als nur das, für seine Zwecke missbraucht. Um diesen Konflikt zwischen Gut und Böse zu beschreiben, zieht Williams zum Vergleich sogar das Passionsspiel heran, ein christliches Mysterientheater, das das Leiden, den Tod und die Erlösung Jesu Christi zum Handlungsinhalt hat. „Ich war von den Socken. Das war Klasse. Es erscheint wie ein Passionsspiel, ein Theaterstück, in dem die Kräfte des Bösen von den Kräften des Guten vernichtet werden. Pete, so rein wie seine Musik, nicht gewillt irgendeinen Scheiß hinzunehmen. Er wirkt souverän und wehe dem, der sich ihm in den Weg stellt, der wird die Macht seines Schwertes zu spüren bekommen. Abbie Hoffman wirkt wie die pure Dekadenz, der Manipulator. ‚Du musst mir zuhören, weil du vor mir Angst hast', sagt der Politiker, der Vertreter traditioneller Macht und Angst. Abbie kommt rauf, Pete dreht sich um, Abbie fliegt runter, das Publikum applaudiert, die Show geht weiter." (Williams 1979: 41)

Bis heute hat sich nichts daran geändert, dass junge Menschen Events als sinnlich-ästhetische Ereignisse sehen. Das Eindringen der zweckrationalen Diskurse der Politik oder der Ökonomie wird, wenn auch nicht mehr so aggressiv wie im Fall des Woodstock-Festivals, doch gerade auch heute entschieden abgewehrt. Das Event ist die Feier des Affektiven, eine Insel der Verzauberung in einer immer rationaleren Welt mit immer mehr Normen, Regeln und Planungsvorgaben.

Milan, 17: „In der Freizeit will ich von der Politik meine Ruhe haben. Wenn du durch den Bahnhof gehst oder auf der Mariahilferstraße spazieren gehst und da stehen sie schon wieder mit ihren Flyern oder einer redet auch noch was daher, da könnte man schon narrisch werden."

Die Jugend ist in unserer Gesellschaft von zunehmender Einengung, Reglementierung und Kontrolle betroffen. Mehr und mehr wird der Diskurs über sie zu einem Diskurs der Normierung und Regulierung. Jugendliches Alltagsverhalten wird dramatisiert und skandalisiert. Dramatische Einzelfälle werden zum Regelfall erklärt, generationsübliche Grenzüberschreitungen pathologisiert und das nur deshalb, weil der Skandal, das dramatische Ereignis, das dem erwachsenen passiven „Wohnzimmer-Voyeur" einen sinnlich-perversen Schauer über den Rücken jagt, der Quote dient. So wird die Freiheit der Jugend auf dem Altar der medien- und politökonomischen Zweckrationalität als Opfer dargebracht. Und die Politik macht gerne mit, demonstriert Konsequenz und Handlungsstärke, in dem sie wieder neue Regulative in die Welt setzt, als Reaktion auf die medial hochgespielten Probleme. Aber keiner, weder Medienmacher noch Politiker interessieren sich dafür, was weitergehende Normierungen und Regulierungen für die Persönlichkeitsentwicklung, für die psychische Gesundheit und für die zukünftige Einstellung der Jugendlichen zu Staat, Politik und Gesellschaft bedeuten. In erster Linie zählt der persönliche Quoten- und Karriere-Ertrag, der sich daraus ergibt, dass man eine jener Gruppen an den medialen Pranger stellt und in der Folge mit einer Fülle von Reglements überzieht, die sich am wenigsten wehren kann, weil sie die geringste Macht besitzt.

Flucht in die Sinnlichkeit des Events

Events sind die sinnlich-emotionalen Zufluchtsstätten nicht nur der Jugend, sondern der Menschen insgesamt – Orte, an denen sie sich dem permanenten Rechtfertigungsdruck und der in alle Lebensbereiche eingreifenden funktionalen Rationalität entziehen können. Weil die funktionalen Bereiche des Lebens, Politik, Ökonomie und Arbeit immer rationaler, regulierter, reglementierter werden, regiert in der Freizeitwelt der Menschen mehr und mehr das Performative. Der Begriff Performanz steht für das Nichtdiskursive, das ereignishaft Spontane (vgl. Angerer 2007: 83f), aber auch für die neue Sehnsucht des Menschen nach Sinnlichkeit, nach Authentizität. Auf den Slogan der 1960er und 1970er Jahre „Alles ist politisch" folgt heute der Leitsatz „Rettet das Private vor der Regulierungswut der Politik".

acts > Short Facts > Short Facts > Short Facts > Short Facts> Sh

Alle sprechen vom so genannten Performativen – was ist damit gemeint?

Der eng mit dem menschlichen Körper verbundene Inszenierungs- und Aufführungscharakter des Handelns, Sprechens und Verhaltens wird als performativ bezeichnet.
Mit einem performativen Ansatz an die Alltagspraxis der Menschen heranzugehen heißt, dass man nicht die symbolische Bedeutung, die eine Handlung haben könnte, in den Mittelpunkt des Interesses stellt, sondern die Handlung selbst und die Kompetenzen, die zu ihrer Ausführung notwendig sind.
Demzufolge beinhaltet der Begriff „Performativität" eine Verschränkung von „kultureller Aufführung", „Sprechen als Handeln" und (ästhetische) Inszenierung und Aufführung des Körpers. Performativität stellt also all das in den Mittelpunkt des Interesses, wo gehandelt wird. (Wulf 2004: 173ff)

Auch das menschliche Grundbedürfnis nach Spontaneität scheint im Zusammenhang mit dem Performativen wichtig zu sein. Wenn alles vorhersehbar ist, für alles ein Plan existiert, dann steigt das Bedürfnis nach dem Abenteuer. Fallschirmsprünge, Wüstendurchquerungen, Marathonläufe, Motorradfahrten ins Blaue, Überraschungspartys, Musik- und Sportevents – der Mensch ist auf der Suche nach Ereignissen, die sich spontan und ungeplant entwickeln oder bei denen zumindest der zugrunde liegende Ablaufplan nicht bekannt ist, wo noch irgendetwas passieren darf und passieren kann, was man nicht erwartet. „Auch Events sind bis zu einem gewissen Grad geplante, gesteuerte Aktionen, auch wenn Unvorhergesehenes eintreten kann: Zuschauer können aufstehen und gehen, Schauspieler können aus der Rolle fallen, Aktionskünstler werden krank und die Ergriffenheit, die sich bei Olafur Eliassons Installationen einstellt, lässt sich nicht verordnen." (Angerer 2007: 83)

Am Ende scheint es das Unvorhersehbare zu sein, wonach die Jugendlichen in einer geplanten Welt, in der alles absehbar ist, suchen. Im spontanen Ereignis kann man es finden, sei es nun bei der kleinen Party mit inkludiertem Alkoholexzess, der Produktion oder Konsumation des Handyprügel-Videos oder dem Konzert der Scissor Sisters, also bei einem Musikevent. „Ich will manchmal einfach nicht mehr denken, ich will nur Spaß haben und leben, ohne Plan, ganz spontan", sagt Julia, die gerade erst 16 geworden ist. Eine Aussage, die wie das Motto einer ganzen Generation klingt.

„Verzaubere mich, du magischer Ort, ich will mein Leben vergessen"

Wer zuviel regelt, der treibt die Jugend erst recht in den Exzess. Punktuelle Ausbrüche müssen stattfinden, um ein in Regulative und Normen eingekerkertes Leben erträglich zu machen. Wer zuviel reguliert und verbietet, treibt die Menschen, vielleicht auch ohne es zu wissen und ohne es zu wollen, in den Exzess des punktuellen Ausbruchs.

© Universal Music / Joseph Cultice

Vor allem auf der Jugend lastet zuviel. Eine Kombination aus überzogenen Erwartungen und Verboten. Karriereplanung beginnt heute schon im Kindergarten, bereits im Vorschulalter Sprachtrainings, Fremdsprachenunterricht und erste Auslese am Ende der Volksschule, hinein in die AHS oder BHS, Matura ist Pflicht, sonst hat man ohnehin keine Berufschancen. Gut aussehen muss man sowieso, deshalb dreimal die Woche Sport. Danach auf die Uni oder die Fachhochschule, die verschulte Form der Universität. Mit 23 muss man durch sein durch den gesamten Bildungsapparat, dann Bewerbungen, Vorstellungsgespräche, lästige Mitbewerber aus dem Feld schlagen, jeder ist ein Gegner. Und auch das private Glück muss organisiert und Verwandten und Bekannten den gesellschaftlichen Erwartungen entsprechend vorgeführt werden. Besondere Doppelbelastung für die Frau. Familie, Kind, Karriere, alles muss klappen. Aber kein Problem, der Staat hilft, indem er zusätzliche Infrastruktur bereitstellt. Die Kinderkrippe gehört heute fast schon zum guten Ton. Desto früher der Säugling zusätzliche, außerfamiliäre Sozialkontakte bekommt, desto besser. Dies erhöht seine Kommunikationsfähigkeit, ein unbedingtes „Asset" für den späteren Existenzkampf in der Berufswelt. Und zudem Reglements, Kontrollen und Normen soweit das Auge reicht. Richtig sprechen und schreiben, heißt die Devise. Wer einmal die geschlechtsneutrale Sprech- oder Schreibweise vergisst oder irrtümlich „Behinderter“ anstelle von „Benachteiligter“ sagt, ist schon erledigt. Vom deutschen Vizekanzler wurde die Benutzung des Wortes „soziale Unterschichten“ verboten. Neusprachlich richtig ist hier das Wort „Prekariat“. Rauchen verboten, überall. Wer raucht, ist ein Schwächling und bekommt schwerer einen Job. Aber auch nicht zuviel und zu fett essen sollte man und vor allem nicht fett sein. Der Staat finanziert flächendeckende Ernährungsschulungen für seine Bürger und Bürgerinnen und besteuert ungesunde Speisen. Du sollst möglichst lang schlank, gesund und arbeitsfähig sein und dem Gemeinwesen dadurch weniger kosten, so das neue, 11. Gebot. Fast ins Unendliche ließe sich die Aufzählung fortsetzen. Und dabei soll keinesfalls gesagt werden, dass alle diese Regulative unsinnige Zumutungen sind, aber ihre unglaubliche Quantität, die zur Lückenlosigkeit tendiert, ist problematisch und die Haltung, die dahinter steht: Für jede Lebensfrage eine neue Regel, eine legislative Lösung, verbieten statt überzeugen, Normen statt Bewusstseinsbildung. Wen wundert es dann, wenn das von allen Seiten eingeengte und eingegrenzte Individuum ab und an mal aus dem Rahmen fallen muss, sich den punktuellen Kick im kleinen Exzess des Alltages holt. Immer seltener zwar, aber wenn, dann ordentlich. „Verzaubere mich, du magischer Ort, ich will mein Leben vergessen.“ Das ist der Satz, der die „punktuelle Flucht“ in das Event, in das besondere, berichtenswerte Ereignis, treffend beschreibt. Für ein paar Stunden abschalten, austreten aus einer Welt, die auf dem Weg dazu ist, so gut durchgeplant zu sein, dass selbst der kleinste „Bug“, diese aus dem Computerspiel bekannte Fehlerstelle, nicht mehr existiert, eine funktionslose Stelle im System, an der nichts oder etwas ganz anderes passiert, in die man sich hineinflüchten kann, um sich für einen Moment mal aus einem alles beherrschenden staatlichen Kontroll-Leviathan auszuklinken. Welche Events verzaubern die Jugend nun aber besonders? Welche stehen auf der Popularitätsliste momentan ganz oben? Antworten auf diese Fragen gibt die Jugend-Trendforschung.

Die Top-Events der trendsensiblen Jugend

Fragt man trendsensible deutsche Jugendliche und junge Erwachsene nach den bekanntesten Events, so nennen sie zuerst sieben Musik-Events, zwei Sport-Events und eine Filmpreisverleihung. Absoluter Spitzenreiter im Bekanntheitsranking sind die „MTV-Awards“, also ein Medien-Event, gefolgt von dem Musikfestival „Rock am Ring“ und der Bambi-Verleihung. Echoverleihung und „Rock im Park“ rangieren auf den Plätzen vier und fünf, vor der offensichtlich nicht tot zu kriegenden „Loveparade“, die den sechsten Platz einnimmt. Dieses Bild widerspiegelt auch den Umstand, dass es ohne einer starken Medienpräsenz heute kein Event in das „relevant set“ der jungen Zielgruppen, in die Gruppe der unter Jugendlichen beliebtesten Freizeitereignisse, schafft. Medien-Marken fungieren als Qualitätsgarantie. Den höchsten Qualitätsstandard schreibt man Events zu, die entweder direkt von MTV produziert werden, wie die „MTV-Awards", oder solchen, die zumindest auf MTV als Medien-Partner verweisen können. MTV ist der Garant für den höchsten Unterhaltungsstandard in der Pop-Musik-Kultur. Von der Strahlkraft der Marke „MTV" profitieren auch die großen Rockmusikfestivals „Rock am Ring" und „Rock im Park" sowie „Hurricane/Southside", über die auf MTV alljährlich berichtet wird. Interessant ist der Fall „Loveparade". Obwohl die „Technoiden", wie sie von Ronald Hitzler genannt werden (vgl. Hitzler u.a. 2005), schon lange nicht mehr zur musikkulturellen Avantgarde gehören, sind sie den Massen noch immer ein Begriff und die Marke „Loveparade" ist nach wie vor am Leben: Sie besitzt noch immer eine nicht unbeträchtliche Ausstrahlung.

Bei den Sport-Events stehen ebenfalls medial vermittelte Großereignisse im Vordergrund. Formel-1-WM und Vierschanzentournee weisen hier die größte Bekanntheit auf, also reine Zusehersportarten mit einer geringen Zahl hochqualifizierter Aktiver. Sowohl Formel 1 als auch Schispringen sind spektakulär und gefährlich. Aus diesem Grund passt zu beiden das Etikett „modernes Gladiatorentum". Neben der Begeisterung für Sportler, die der eigenen Nation angehören, fasziniert die Zuseher hier, dass die Athleten Grenzgänger an der Schwelle zwischen Leben und Tod sind – in der Formel 1 mehr als beim Schispringen – und dass jeden Augenblick ein außerplanmäßiges, unvorhersehbares Ereignis eintreten kann, von schweren Verletzungen bis zum Tod des Athleten.

Grafik 2: Bekanntheit von Events

11- bis 29-jährige deutsche Jugendliche und junge Erwachsene – Trend-Segment, Angaben in Prozent

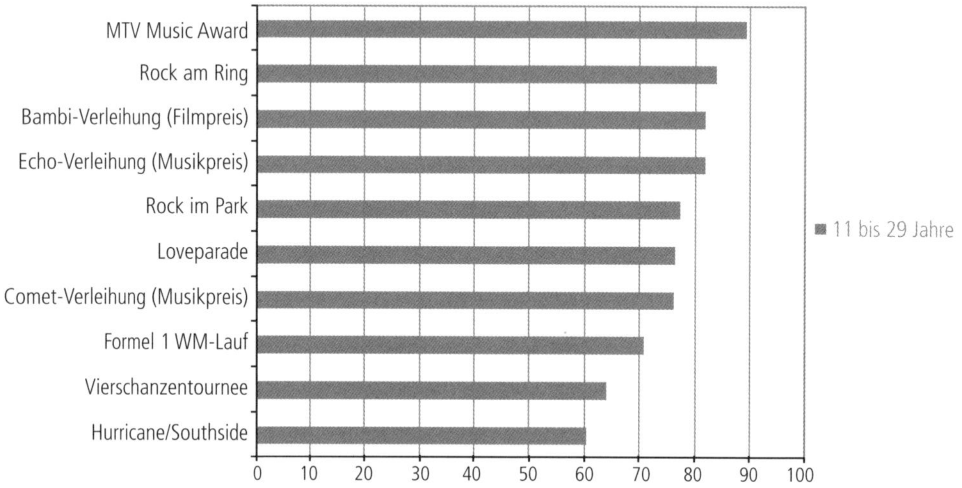

Quelle: tfactory Hamburg (2007): Timescout Welle 11, rep. für 11- bis 39-jährige Trendsetter und Early Adopters, n=1200

Aussagekräftiger für die Einschätzung der Bedeutung von Events für die Jugendkultur ist freilich der tatsächliche Besuch dieser Veranstaltungen. Streng genommen ermöglicht erst die persönliche Anwesenheit der Menschen vor Ort, also deren unmittelbare Konfrontation mit den Live-Acts, dass ein Event seine vollkommene Wirksamkeit, also die Verzauberung der Sinne der Anwesenden und die emotionale Enthebung derselben aus den banalen Zwangskontexten der gesellschaftlichen Normalität leisten kann. Der Event-Besucher wird vom Effekt der Gruppenemotion erfasst: Die emotionale Masse, die ihn unmittelbar umgibt, intensiviert seine eigenen Emotionen. Das „Gemein-Sein" in der Emotion verstärkt nicht nur die Affektivität des Individuums, es führt auch in vielen Fällen dazu, dass Ereignisse, die im individuell vereinzelten Erleben als negativ wahrgenommen werden, unter dem Masseneinfluss ins Positive gewendet, also emotional völlig konträr codiert werden. Um nochmals Paul Williams zu Wort kommen zu lassen: „Allein im Regen zu stehen, ist ein mitleiderregendes Bild. Gemeinsam im Regen zu stehen, ist ein Zeichen von Mut, eine vereinende Erfahrung und ein großer Spaß dazu. Eine Manifestation gesellschaftlicher Stärke." (Williams 1979: 34)

Analysiert man das Eventbesuchsverhalten der 11- bis 39-Jährigen, fällt auf, dass außer den Musik-Events nur Fun- oder New-Sport-Events besucht werden. Das heißt, es werden nur solche Sport-Events konsumiert, die eine starke Lifestylekomponente ins Spiel zu bringen vermögen. Die NBA-Basketball-Challenge, die Beachvolleyball-WM und vor allem der Air&Style-Contest sind Sportveranstaltungen mit extremem Lifestyleüberschuss. Dem Sport ist hier eine starke symbolische Codierung beigegeben, die die affektive Ausstrahlung der eigentlichen sportlich-körperlichen Vorführung intensiviert. Konkret heißt dies, dass ein Event wie die Snowboard-Veranstaltung Air&Style von visuellen und akustischen Reizen getragen wird, die nicht unmittelbar vom thematischen Zentrum des Events, der trickreichen Beherrschung des Snowboards, ausgehen. Musikalische Live-Acts, Background-Musik, Lichtshow, die allgemeine ästhetische Codierung des Veranstaltungsraumes, Markenkommunikation und kleine Marken-Sideevents geben der Gesamtveranstaltung erst das Gepräge eines alle Sinne bestürmenden Gesamtkunstwerkes, das eine hohe emotionale Berührung des Publikums hervorzurufen in der Lage ist.

Im Bereich der Musik-Events liegt die Loveparade im Besucherranking überraschenderweise nach wie vor ganz vorne. Ganz offensichtlich ist sie noch immer jene deutsche Musikveranstaltung, die die größten Besuchermassen mobilisieren kann. Sehen muss man freilich, dass das Image der Loveparade polarisiert, wie übrigens das der Techno-Szene insgesamt. So werden die „Technoiden" von immerhin 50 Prozent der trendsensiblen deutschen Jugendlichen und jungen Erwachsenen abgelehnt, während sich lediglich 10 Prozent zu dieser Gruppe zugehörig fühlen. (tfactory Hamburg 2007) Analysen der Teilnehmerstruktur zeigen übrigens, dass bei der Loveparade der Besucheranteil vor allem in der Gruppe der über 30-Jährigen sehr hoch ist. Hier sieht man, dass die Techno-Bewegung in die Jahre gekommen ist und es fast schon schwer fällt, sie als Jugendbewegung zu beschreiben.

Grafik 3: Besuch von Musik-Festivals

11- bis 29-jährige und 30- bis 39-jährige deutsche Jugendliche und junge Erwachsene – Trend-Segment, Angaben in %

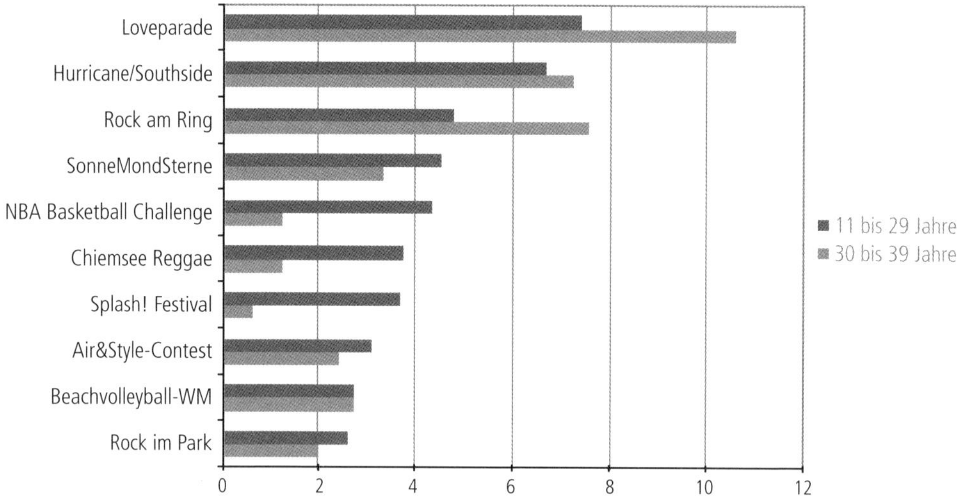

Quelle: tfactory Hamburg (2007): Timescout Welle 11, rep. für 11- bis 39-jährige Trendsetter und Early Adopters, n=1200

Fernab von Loveparade und Techno ist die elektronische Szene jedoch weit davon entfernt, tot zu sein. In den letzten Jahren ist vielmehr ein Aufwärtstrend zu erkennen, wie die gute Positionierung des Festivals „SonneMondSterne", das im Jahr 2007 mit den Headlinern wie „The Chemical Brothers" oder „Faithless" an den Start ging, zeigt. Offenbar kommt die Form des Festivals den jüngeren Szenegängern eher entgegen als die an einen Protestmarsch erinnernde Form des Straßenumzuges.

Neben den beiden elektronischen Großveranstaltungen dominieren Rock-Events die Jugendkultur. Im Zentrum dabei die Veranstaltungen „Rock am Ring" und die „Hurricane/Southside-Festivals"; generell ist wieder ein Trend zu Rock-Musik zu beobachten. Die noch immer starke Präsenz von HipHop und Soul, die im Festivalkontext durch das am siebten Platz der Besucherstatistik liegende Splash-Festival zum Ausdruck kommt, hat deutlich den Zenit ihrer Bedeutsamkeit überschritten.

Vor allem die Gruppe der unter 20-jährigen Musikinteressierten und hier insbesondere die Bildungsschichten orientieren sich nun wieder stärker an der Gitarrenmusik und gehen in ihrer Mehrheit etwas auf Distanz zum „Black-Music“-Segment. Auch was die musik- und jugendkulturellen geografischen Trendzentren betrifft, deutet sich eine Verschiebung der Gewichte an: Standen bis vor wenigen Jahren noch vor allem die Vereinigten Staaten von Amerika im Fokus des Interesses der trendsensiblen Jugend, verlagert sich die Aufmerksamkeit nun auf Großbritannien. Möglicherweise stehen wir in der Jugendkultur heute wieder am Anfang einer neuen „British Invasion“.

Esther, 21: Ich habe in den letzten Jahren zu viele HipHop-Videos gesehen. Die sind ja auf allen Musik-TV-Stationen fast ohne Unterbrechung gelaufen. Soul mag ich überhaupt keinen mehr hören. Da klingt ja eine Nummer wie die andere. Jetzt finde ich gerade so Bands wie Kaiser Chiefs oder Kasabian besser. Die haben was Eigenständiges und wirken nicht so vom Fließband wie viele der Ami-Produktionen.“

Noch etwas hat sich in den letzten Jahren verändert. Für den popkulturell Interessierten liegt das Zielgebiet seines musikalischen Begehrens nicht mehr nur außerhalb des deutschsprachigen Raumes. Musik- und Popkultur aus Deutschland oder auch Österreich konnte ihr Image deutlich verbessern. Acts aus dem deutschsprachigen kulturellen Raum genießen sowohl beim Mainstream-Konsumenten, siehe die „Fantastischen Vier“, „Wir sind Helden“ oder auch „Christina Stürmer“, als auch bei der Gruppe der Meinungsführer und Musikkonsumenten-Avantgarde, siehe „Kante“ oder „Tomte“ aus Hamburg, größere Akzeptanz.

Jugendliche Lifestyles: Die Herrschaft der Herausgeputzten

Wir leben in einer individualisierten Freizeit- und Konsumgesellschaft, einer Welt, in der nicht mehr die Interessen großer Kollektive im Mittelpunkt stehen, sondern die des einzelnen Menschen. Die Individualisierung der Gesellschaft bringt einerseits neue Chancen und Möglichkeiten für den Einzelnen, es erweitern sich sozusagen seine Möglichkeitsräume. Andererseits findet sich das Individuum aber auch mit einer Reihe von neuen Zumutungen konfrontiert.

Dadurch, dass es herausgelöst ist aus den schützenden und Orientierung gebenden Kollektiven, ist es in vielfältiger Form auf sich alleine gestellt, muss seinen Weg in und durch die Gesellschaft ohne Unterstützung von außen finden und hat am Ende für viele seiner Entscheidungen selbst die Verantwortung zu tragen.

„Solche strukturellen Veränderungen haben einen erheblichen – und ambivalenten – Einfluss auf individuelle Handlungsbedingungen, -möglichkeiten und -konsequenzen: Einerseits wird das Individuum aus überkommenen Bindungen freigesetzt, wodurch es mehr Entscheidungschancen und Lebensoptionen erlangt. Andererseits verliert es nicht nur – wie sozusagen schon immer im Zuge von Modernisierungsprozessen – gemeinschaftliche, sondern zusehends auch bislang gesellschaftlich garantierte Verlässlichkeiten (wie z.B. beim Übergang von der Ausbildung zum Beruf oder im Hinblick auf einen berechenbaren Lebenslauf).“ (Hitzler u. a. 2005: 14)

Die Freiheit hat seinen Preis. Im Falle des postmodernen Individuums ist es der Verlust an Sicherheiten und Verbindlichkeiten. Die neuen Möglichkeiten, die sich den Menschen eröffnen, liegen im besonderen in einer differenzierten und pluralisierten Freizeitkultur, die eine Fülle von attraktiven Möglichkeiten der Zerstreuung und Unterhaltung anbietet. Diese ist in der Postmoderne zum wichtigsten gesellschaftlichen Handlungsfeld geworden. Längst ist sie das sinnstiftende, ja identitätsstiftende Zentrum des Lebens der Menschen geworden.

„Die Identität des Menschen in der fortgeschrittenen Industriegesellschaft bestimmt sich nicht mehr durch die Arbeit, sondern durch das, was er in der Freizeit tut. Freizeit wird sinnstiftend. Die Freizeitindustrie ist im weitesten Sinn Sinnvermittler.“ (Richter 2005: 42)

Das Freizeitverhalten der Jugendlichen ist heute fundamental anders als vor vierzig oder fünfzig Jahren. Verbrachte in der Vergangenheit ein großer Teil der Jugendlichen seine Freizeit in traditionellen Verbänden und Organisationen, so ist die moderne Freizeitlandschaft der Jugendlichen heute genauso entstrukturiert wie die biographische Lebensphase Jugend insgesamt. Lose Formen der Vergemeinschaftung treten in den Vordergrund und laufen den traditionellen Organisationen sowohl quantitativ als auch qualitativ den Rang ab. Diese neuen posttraditionellen Formen der Vergemeinschaftung haben einen zentralen Vorteil für die Jugendlichen, sie treten nicht mit den herkömmlichen Verbindlichkeitsansprüchen an sie heran. (vgl. Hitzler u.a. 2005: 19ff) Sie versuchen die Jugendlichen nicht in einem Ausmaß festzulegen und exklusiv zu binden, das sich nur schwer mit den Flexibilitätsansprüchen des postmodernen Individuums vereinbaren lässt.

„Nun: es entwickeln, verfestigen und vermehren sich neue bzw. neuartige Vergemeinschaftungsformen, deren wesentlichstes Kennzeichen darin besteht, dass sie eben nicht mit den herkömmlichen Verbindlichkeitsansprüchen einhergehen, welche üblicherweise aus dem Rekurs auf (wie auch immer geartete) Traditionen und/oder ähnliche soziale Lagen resultieren (...).“ (Hitzler u.a. 2005: 18)

In der neuesten soziologischen Literatur wird der Begriff des „Flaneurs“, der auf Walter Benjamin (1983) zurückgeht, als Metapher für den individualisierten Einzelnen der postmodernen Gesellschaft verwendet. Der „Flaneur“ ist eine Bewegungsmetapher. Er steht für einen Menschen, der immer in Bewegung ist, der mal an diesem, mal an jenem Ort zu finden ist, und dessen Wesen es entspricht, sich nicht festzulegen. Zygmunt Baumann erhebt dieses Flüchtige, das sich nicht fassen lassen will, sogar zur Grundhaltung des postmodernen Menschen. „Der Angelpunkt der postmodernen Lebensstrategie heißt nicht Identitätsbildung, sondern Vermeidung jeglicher Festlegung.“ (Bauman zitiert nach Müller 2006: 100)

Häufiger als bei den Erwachsenen und deutlich ausgeprägter ist diese „postmoderne Lebensstrategie“ bei der Jugend vorzufinden. Der jugendliche „Flaneur“ versucht ein vielfältiges, bewegtes, jegliche Form der Festlegung vermeidendes, möglichst abwechslungsreiches Leben zu führen, jedoch nicht ohne sich einen sicheren Ort der Zuflucht in der Hinterhand zu behalten. Zudem ist der „Flaneur“ nur als Person denkbar, die alles mit der notwendigen distanzierenden Coolness angeht. Großen Gefühlen geht er möglichst aus dem Weg oder versucht sie klein zu halten, weil sie zu längerfristigen Bindungen, die verantwortliches Handeln verlangen, führen könnten.

„Der Flaneur hingegen entzieht sich, als Flaneur, aller Verpflichtungen per se: Weder wähnt er sich getrieben, wovon auch immer, noch sieht er sich gezogen von irgendeiner Setzung. Allenfalls fühlt er sich angezogen von etwas, was ihm zufällig begegnet, oder hingezogen zu etwas, was ihm beiläufig in den Sinn kommt. (...) Zugleich ist der Flaneur undenkbar ohne jenes Gehäuse, von dem er ausgeht und in das er – prinzipiell zwar nach Belieben, unweigerlich aber doch irgendwann – auch heimkehrt.“ (Gebhardt/ Hitzler 2006: 11)

Diese Widersprüchlichkeit oder auch Janusköpfigkeit, die hier im Begriff des „Flaneurs" theoretisch angelegt ist, erinnert auch etwas an den Gegensatz zwischen dem bereits erwähnten „Reich der Notwendigkeit" (Arbeit, Politik) und dem „Reich der Freiheit" (plurale Freizeitwelt) und lässt sich mit diesem gut in Verbindung bringen. Jugendstudien belegen, dass die Jugendlichen primär in der Freizeit in die Rolle des „Flaneurs" schlüpfen. Was die Arbeitswelt und auch die Sphäre der privaten Reproduktion betrifft, ist Schluss mit Lockerheit, Beweglichkeit und Oberflächlichkeit. Hier verlangt man ein Höchstmaß an Sicherheiten und Verbindlichkeiten. Das bedeutet, dass sich der Jugendliche in der Sphäre „des fröhlichen Reiches des Spiels" posttraditionell, in der Sphäre des „furchtbaren Reiches der Kräfte und mitten in dem heiligen Reich der Gesetze" (Schiller nach Han 2005: 30), also in der Arbeitswelt traditionell verhält. Der Jugendliche ist demzufolge im strengen Sinn gar nicht als Individuum zu bezeichnen, als ungeteiltes, mit sich identisches Subjekt. Vielmehr zerfällt er in zwei Teile, die von zwei divergierenden Identitätskonzepten beherrscht werden, einer posttraditionellen Freizeitidentität und einer traditionellen Arbeitswelt-Identität. Besser ist es also, den postmodernen Jugendlichen in Abwandlung eines Begriffes von Friedrich Nietzsche als „Dividuum", als ein zumindest zweigeteiltes Wesen zu bezeichnen, das über keinen stabilen und eindeutigen Identitätskern verfügt oder diesen zumindest verleugnet. (Nietzsche 1979: 491) Der Begriff des Dividuums wird heute vor allem in der zeitgenössischen Identitätsforschung verwendet. Er verweist auf einen Menschentypus, der sich aufgrund der Ausdifferenzierung der Gesellschaft selbst nicht mehr als Einheit, sondern als Vielheit erfährt.

„In der modernen Gesellschaft, die in eine Vielzahl von Teilsystemen untergliedert ist, werden die Menschen nur in ihrer jeweiligen Rolle – als permanente Wanderer zwischen den Funktionswelten – eingebunden: als Steuerberater/-in, Autofahrer/-in, Konsument/-in etc. Als ganze Person kommt der Einzelne in der modernen Gesellschaft nicht vor. Er erfährt sich nicht als Individuum (wörtlich: das Unteilbare), sondern als Dividuum, als zersplittert und zerlegt in eine Vielzahl oft widersprüchlicher Rollen und Funktionsbezüge." (Eickelpasch/Rademacher 2004: 17f)

Lifestyles und insbesondere Jugendszenen sind Orte der Inszenierung, bei denen das, was man sehen kann, also das Sichtbare, das Wesentliche ist. Gerade das macht man den jungen Lifestyles zum Vorwurf. Oberflächlich sei sie, die lifestyle-affine Jugend, der Sinn für die wirklich wichtigen Dinge des Lebens fehle ihr vollkommen. Ganz abgesehen davon, dass die Werteforschung zeigt, dass sich Jugendliche, was die wirklich grundlegenden Dinge des Lebens wie die Einstellung zu Arbeit, Familie, Staat, Politik und Religion betrifft, gleich „oberflächlich" sind, wie die Erwachsenen (Fessel GfK 1999), muss man sehen, dass die Oberfläche des menschlichen Seins, die alltägliche Ästhetik des Lebens, eine essentielle Sache ist, die letztendlich auch einen großen Einfluss auf das moralische Handeln des Menschen hat. Ästhetik und Ethik kann man nicht trennen oder gegeneinander ausspielen. Oder, um es nochmals mit Pfarrer Kraut aus Barmbek zu sagen: „Die Ethik folgt der Ästhetik." (Hinz&Kunzt. Das Hamburger Stadtmagazin #170/April 2007: 12)

Dennoch schießt sich die Kulturkritik auf alles vermeintlich Flüchtige und dem ästhetisch Verhafteten ein. So bezeichnet Zygmunt Bauman die posttraditionellen Gemeinschaftsformen gar als „Gemeinschaft der Herausgeputzten" oder „Karnevalsvereine" (Baumann 2003: 233ff), ganz in Unkenntnis des Umstandes, dass sich, wie gezeigt wurde, unter der bunten stilistischen Oberfläche der jungen Freizeitgemeinschaften durchaus auch rational denkende, moralisch integere Traditionalisten verbergen können. Und weiter wird argumentiert, dass diese herausgeputzten Karnevalsgemeinschaften den Effekt haben, „die Entstehung ‚wirklicher' (das heißt umfassender und dauerhafter) Gemeinschaften zu verhindern, sie imitieren solche Formen nur und versprechen (in grober Irreführung), sie könnten derartige Gemeinschaften aus dem Nichts hervorzaubern." (Bauman 2003: 235) Soweit die Schlussfolgerung, die wohl auf eine sehr oberflächliche Betrachtung der posttraditionellen Vergemeinschaftungsformen zurückgeführt werden muss. Ganz abgesehen davon, dass die jungen Lifestylegruppen alles andere als flüchtig sind – Gruppen wie die HipHop- oder die Techno-Kultur gibt es schon an die 30 Jahre –, bilden alle diese Großgruppen an der Basis eine unüberschaubare Fülle von Kleingruppen aus, in denen die Jugendlichen neben ihrem Interesse für das Ästhetisch-Stilistische auch ihre Sorgen und Nöte besprechen und sich gegenseitig in der Bewältigung ihres Alltages unterstützen.

Sven, 19: „Unsere kleine HipHop-Gruppe in Horn ist fast so wie eine Familie. Wir helfen uns auch gegenseitig. Einer ist zu Hause gerade rausgeflogen, der wohnt jetzt bei mir. Und wenn ich mal knapp bei Kasse bin, dann helfen mir die Jungs."

Die Jugend ist auch nicht einheitlich, eindeutig und klar in ihrer Moral, ihrem Denken, ihrem Handeln. Sie ist vielfältig und handelt je nach Lebenssituation unterschiedlich. Wie der einzelne Jugendliche im Moment ist, hängt also auch unmittelbar mit dem Bezugssystem zusammen, unter dessen Einfluss er gerade steht. Der Arbeitswelt- und Ausbildungsjugendliche ist ein anderer als der Freizeitjugendliche. Vielleicht sollten wir überhaupt aufhören vom Jugendlichen als Individuum zu sprechen, weil dieser Begriff eine Einheitlichkeit und Homogenität suggeriert, die bei der real existierenden Jugend gar nicht vor- und auffindbar ist. Zweifellos wäre anstelle des bereits aufgeführten Begriffs des Individuums der des „Dividuums", so wie ihn Nietzsche bereits im 19. Jahrhundert vorgeschlagen hat, realitätsbezogener.

Die ästhetische Oberfläche scheint unerschöpflich

Der italienische Autor Italo Calvino präsentiert uns in seinem letzten Roman „Herr Palomar" eine interessante Sichtweise der Welt, in der er bestreitet, dass es die substanziellen Tiefen des menschlichen Lebens überhaupt gibt. Zumindest für Calvinos Romanhelden, dem Augenmenschen Herrn Palomar, ist das ganze Leben nur Oberfläche: „Erst wenn man die Oberfläche der Dinge kennengelernt hat (...), kann man sich aufmachen, um herauszufinden, was darunter sein mag. Doch die Oberfläche der Dinge ist unerschöpflich." (Calvino 2007: 74f) Zwei Konsequenzen lassen sich aus diesem Satz im Zusammenhang mit unserem Thema ziehen. Die erste ist, dass die Oberfläche, der gesamte stilistisch-ästhetische Wirklichkeitsbereich des menschlichen Seins so vielschichtig ist, dass man sie gar nicht erschöpfend behandeln kann, und die zweite, dass möglicherweise das, was wir für die Tiefe des menschlichen Seins halten, nichts anderes ist, als eine Spielart des Ästhetischen selbst, weil wir bei unseren philosophischen Tiefenbohrungen ja nicht einmal in der Lage sind, die Oberfläche der Dinge zu durchdringen, um beim darunter liegenden Wesentlichen anzukommen. Möglicherweise ist alles Leben ohnehin nur Ästhetik und Stilistik und die Kulturkritiker und Moralisten sind moralisch verzweifelte Räsoneure, die das einfach nicht wahrhaben wollen.

Viel war bisher die Rede von posttraditionellen Formen der Vergemeinschaftung. Was ist das aber nun genau? Für Ronald Hitzler sind es „thematisch fokussierte Netzwerke von Personen, die bestimmte materielle und/oder mentale Formen der kollektiven Stilisierung teilen und Gemeinsamkeiten an typischen Orten und zu typischen Zeiten interaktiv stilisieren und weiterentwickeln." (Hitzler u.a. 2005: 20) Der Begriff „Szene", der ja eigentlich ein Theaterbegriff ist, kehrt den Inszenierungscharakter dieser neuen Vergemeinschaftungsform hervor. Szenen sind Plattformen für eine unendliche Reihe von inszenierten, ästhetisch-stilistischen Auftritten und Abtritten. Sie bilden sich um ein bestimmtes Thema herum und machen sich durch eine expressive Gruppenstilistik öffentlich kenntlich. Diese Gruppenstilistik ist insofern existenziell, als Szenen lose Netzwerke sind, die gänzlich ohne traditionelle Vereins- und Verbandsstrukturen auskommen.

Vorstand, Vorsitzender, Mitgliederversammlung, Vereinslokal, Mitgliedsbeiträge, Bankkonto, Zeichnungsberechtigte – das sind nur einige Vokabel aus dem deutschen und österreichischen Vereinsleben. Sie stehen für reale Sachverhalte, Regulative und Strukturen, die das Stützkorsett einer institutionellen Form der Vergemeinschaftung, des Vereins bilden. Und dieses Stützkorsett ist es letztendlich, das diesem sozialen Gebilde Kontinuität und Beständigkeit verleiht. Solche Regulative und Strukturen fehlen in den Szenen. Sie werden einzig und allein durch eine unendliche Reihe von kommunikativen und performativen Akten zusammengehalten.

Szenen müssen also, um ihre Existenz auf Dauer zu stellen, permanent ihre Gruppenstilistik in der Öffentlichkeit präsentieren und inszenieren.

Ab dem Zeitpunkt, wo die HipHopper aufhören, sich unter Verwendung der Symbolik des HipHop, wie Caps, Baggys, Rap, spezifischen Marken, exklusiven Gesten etc. öffentlich zu präsentieren, endet die Existenz ihrer Gemeinschaft, weil sie über keine traditionellen, Stabilität verleihenden Vereinsstrukturen verfügt. Das ist einer der ganz pragmatischen Gründe für die exzessiv erscheinende expressive Inszenierungspraxis in den Jugendszenen.

> „Style is about doing the right thing. Not necessarily at the right time or the right place but certainly with the right people."
> (Lodown #56)

Jugendszenen werden von Zeichen und Symbolen regiert

Die Menschen benötigen Zeichen und Zeichensysteme, um miteinander kommunizieren zu können, um sich auszudrücken, um sich verständlich zu machen. Zeichen sind Bedeutungsträger, ein Zeichensystem ein ganzes Ensemble von Bedeutungsträgern.

Das wichtigste Zeichensystem, das uns zur Verfügung steht, ist die Sprache. Mit Hilfe der Sprache tauschen wir uns nicht nur über Inhalte aus, wir produzieren auch Bedeutung, bringen zum Ausdruck, was uns wichtig ist und was nicht. Die Sprache ist aber nicht das einzige Zeichensystem, das es uns ermöglicht, uns über Inhalte und Themen auszutauschen, uns in der Öffentlichkeit so darzustellen und zu inszenieren, wie es unserem Selbstkonzept oder Wunschbild am besten entspricht. Es gibt eine Fülle von Zeichensystemen, die wir verwenden können, um uns in der Gesellschaft auszudrücken, selbst darzustellen und verständlich zu machen. So können wir unsere Hände verwenden, um zu gestikulieren, wir können unsere Gesichtsmuskulatur benutzen, um durch unser Mienenspiel Gefallen oder Missfallen auszudrücken. Aber auch die Welt der Gerüche ist ein differenziertes und komplexes Zeichensystem. Gerüche entscheiden oft

darüber, ob man gemocht wird oder nicht. Manche Menschen können sich einfach nicht riechen, sagt man. Oder jemand verwendet ein Parfüm, das man gerne riecht, und schon fühlt man sich wohl in der Nähe dieser Person und es entstehen Gefühle der Sympathie. Auch Bildzeichen sind wichtige Zeichen: Sie sind ausdrucksstark und emotionalisierend. Und dasselbe gilt für die Musik und natürlich die Kleidung.

Alle diese Zeichen und Zeichensysteme werden von den Menschen dazu verwendet, um sich auszudrücken und Bedeutungen hervorzubringen. Für den Semiotiker Umberto Eco ist das soziale Leben der Menschen ein einziges großes ständiges Fließen von Zeichen, Zeichensystemen und Symbolen und der Mensch demzufolge ein symbolisches, das heißt ein beständig Bedeutungen schaffendes und Bedeutungen entschlüsselndes Wesen. Und folglich ist auch alles, was die Menschen an gesellschaftlichen Strukturen und Formen hervorbringen, durch Zeichen und Symbole geprägt.

„Der Mensch, so hat man gesagt, ist ein symbolisches Wesen, und in diesem Sinne sind nicht nur die Wortsprache, sondern die Kultur insgesamt, die Riten, die Institutionen, die sozialen Beziehungen, die Bräuche usw. nichts anderes als *symbolische Formen* (…).“ (Eco 1977: 108)

Es gibt jedoch kaum Zeichen und Zeichensysteme, die allgemeingültig und damit für jeden verständlich sind. Oder um es mit Klaus P. Hansen zu sagen:

„Es gibt keine allgemeinen oder natürlichen oder aus sich selbst heraus verständlichen Zeichen, die im gesamten Universum Geltung besäßen. Kommunikation ist stets eine entweder artenspezifische oder sonst wie an ein Kollektiv gebundene Tätigkeit. (…) Zwar werden Basismitteilungen – vor allem solche, die dem Überleben dienen wie Schmerzensschreie oder Aggressionslaute – von allen Menschen verstanden, doch die spezielle Kommunikation funktioniert keinesfalls für die gesamte Gattung. Sie ist vielmehr auf Gemeinschaften beschränkt, eben auf Kulturen, so dass die Verständigung über Kulturen hinweg besonderer Fähigkeiten bedarf.“ (Hansen 2003: 48f)

Die Gültigkeit von Zeichen und Zeichensystemen ist an „Benutzergemeinschaften“ gekoppelt. Die Menschheit zerfällt in viele verschiedene derartige Benutzergemeinschaften. Jede Benutzergemeinschaft hat ihre eigene Vereinbarung darüber, was bestimmte Zeichen bedeuten und wie sie verwendet werden. Das gilt auch für Jugendkulturen und Jugendszenen. Auch sie sind Benutzergemeinschaften, in denen eine Vereinbarung darüber besteht, was bestimmte Zeichen bedeuten und wie sie verwendet werden. Für Außenstehende, die über die Art und Weise der Zeichenverwendung, über den „Code“, der hier im Spiel ist, nicht Bescheid wissen, sind die kommunikativen und alltagsästhetischen Praktiken, die in einer solchen Benutzergemeinschaft zur Anwendung kommen, oft das sprichwörtliche „spanische Dorf“. Man versteht ihre Bedeutung nicht. Nur wenn man den kulturellen Code einer Benutzergemeinschaft gelernt hat, ist man auch in der Lage, die Botschaften, die dort in Form von Zeichen und Symbolen ausgetauscht werden, zu verstehen.

Doch Vorsicht, denn dort, wo es um das Verstehen von Bedeutungen geht, lauert fast naturgemäß das Missverständnis. Missverständnisse entstehen in erster Linie aus dem Umstand, dass Zeichen mehrdeutig sein können. Die Mehrdeutigkeit eines Zeichens lässt sich anhand der Farbe „Schwarz" einfach demonstrieren. Die Farbe Schwarz kommuniziert eine Fülle von Bedeutungen. Sie kann für Feierlichkeit, aber genauso gut für schwarze Messen, sportliches Motorradfahren, den Tod oder auch für eine politische Partei stehen. Die Farbe Schwarz ist ein mehrdeutiges Zeichen und aus diesem Grund kann ihre Verwendung der Quell weitreichender Missverständnisse sein. Dennoch gibt es in den verschiedenen kulturellen Gruppen bevorzugte Bedeutungen (vgl. Hall 2004: 75), das heißt, eine bevorzugte Art der Decodierung mehrdeutiger Zeichen und Symbole.

Der Begriff der bevorzugten Lesarten bezieht sich bei Hall auf die dominante Art, in einer Gesellschaft Botschaften zu decodieren. Diese Art des Decodierens ist von den jeweiligen Machtverhältnissen beeinflusst, das heißt, in die bevorzugte Lesart ist die bestehende „institutionelle, politische und ideologische Ordnung eingeschrieben." (Hall 2004: 75) Bevorzugte Lesarten von Zeichen finden wir auch in den posttraditionellen Gemeinschaften, in den Szenen. Auch in ihnen gibt es Hierarchien und Machtverhältnisse, die letztendlich Einfluss auf Zeichenverwendung und Symboldeutung haben. Bevorzugte Lesarten haben sich in den Szenen über die Jahre ihrer Existenz entwickelt und werden heute von den Szene-Eliten und ihren Medien am Leben gehalten und kontrolliert. Außerhalb der Szenen, dort wo die Szene-Eliten und ihre Medien keinen Einfluss haben und die bevorzugten Lesarten somit nicht wirksam sind, können Szene-Zeichen völlig anders kontextualisiert und gedeutet werden. So werden beispielsweise außerhalb der HipHop-Szene die Baggy-Pants häufig als Zeichen des schlechten Geschmacks, der mangelnden Stilsicherheit, der Schlampigkeit oder der Gleichgültigkeit gegenüber modischer Kleidung gedeutet, im Kontext der HipHop-Community stehen die Baggys für Coolness und Authentizität. Coolness und Authentizität entsprechen dort der dominanten Lesart dieses Zeichens bzw. Symbols.

Eine Wienerin mittleren Alters über einen HipHopper in Baggy Pants: „Wie man sich nur so verschandeln kann ... Ein Bursch', der die Hosen bei den Knien hat – das gefällt doch keinem Mädchen. Leger, dafür hab´ ich schon Verständnis. Aber nicht so ...".

Jugendszenen sind Gemeinschaften, in denen die nicht-argumentative symbolische Kommunikation im Vordergrund steht. Exklusion, also Ausschluss, und Inklusion, also Miteinbezug, werden nicht vorrangig mittels eines rationalen Diskurses hergestellt, wie zum Beispiel im Feld der Politik mittels des vermeintlich guten Arguments oder der besseren Begründung, sondern durch die richtige und stilsichere Verwendung von spezifischen Zeichen und Symbolen. Nehmen wir als Beispiel die wichtigste und größte musikaffine Szene der mitteleuropäischen Jugend, die HipHop-Szene. Sie verfügt über vielfältige Ausdrucksmittel, die auf einem Mix aus körpersprachlichen, verbalsprachlichen und bildsprachlichen Zeichensystemen basieren und die sich zu einem eigenständigen und distinktiven Zeichenkosmos formieren, mit Hilfe dessen sich die „Benutzergemeinschaft" der HipHopper verständigt und mit dem sie sich von anderen Stil- und Inszenierungsgemeinschaften abzuheben versucht.

Im HipHop hat das mimetische und gestische Zeichensystem große Bedeutung. Dies hängt mit der dominanten Rolle des Körpers in den Jugendkulturen allgemein und insbesondere im HipHop zusammen. HipHop ist nach wie vor eine männlich geprägte Jugendkultur und der Körper hat gerade dort, wo sich Männer zu Gruppen zusammenschließen, eine bedeutende symbolische Funktion. Schon durch die allgemeine Körperhaltung wird eine der wesentlichen Grundhaltungen des HipHop zum Ausdruck gebracht: die überlegene, coole Distanziertheit gegenüber der sozialen Umwelt. Diese Grundhaltung wird insbesondere dann explizit gemacht bzw. entsprechend körperstilistisch inszeniert, wenn der männliche HipHopper in eine Situation kommt, die unter Umständen emotional werden könnte. Dann wird sein gesamter Körper lässig-weich, der Schritt schleppend, der gesamte Körper verliert an Spannkraft, so als wollte er in alle Richtungen auseinander fließen. Insbesondere, wenn der jugendliche HipHopper auf männliche Konkurrenz oder auf Frauen, die sein Interesse erwecken, trifft, verwandelt sich sein ganzer Körper in eine gelassen-träge Masse, umgeben von einer Aura der demonstrativen Abgeklärtheit und Unaufgeregtheit. Etwas zynisch beschreibt der Aufsatz „Generation Cool", der offensichtlich der Feder eines Szenekenners entstammt, die öffentliche Präsentation der HipHop-Kids:

> „Das Entscheidende ist die gekonnte Selbstinszenierung gegenüber der Außenwelt. Dazu gehört ein erhobenes Kinn, ein böser, leicht gelangweilter, aber unbedingt überheblicher Blick und – unverzichtbar beim Durchschreiten unserer coolen Welt – das an den Geh-Rhythmus angepasste Schwingen der Schulterpartie in Blickrichtung von links nach rechts und von rechts nach links in Kombination mit einem leicht wippenden Gang. Diese Art der Fortbewegung erfordert zwar neben einem nicht unerheblich höheren Kraft- und Raumaufwand die Fähigkeit, seine Koordination im Griff zu haben, ist aber dementsprechend auch doppelt cool." (www.ouk.de/issue_25/generation_cool.html, Zugriff am 31. 5. 2007)

Eine dermaßen inszenierte Körperlichkeit symbolisiert totale Gelassenheit und Entspanntheit. Die Botschaft ist: „Nichts kann mich aus der Ruhe bringen, ich bin jeder Herausforderung gewachsen, egal was kommt, ich werde jede Situation unter Kontrolle haben, keiner von euch kann mich aus der Reserve locken." Unterstützt wird diese allgemeine Körperhaltung durch lässige Handgesten, die zur Begrüßung von anderen Szenegängern verwendet werden. Die cool-distanzierten Handzeichen drücken szenische Verbundenheit in Kombination mit einem hohen Ausmaß an emotionaler Zurückhaltung aus. Das Bemühen um demonstrative Coolness zeigt sich aber natürlich auch auf der Ebene des sprachlichen Zeichensystems: Romantiker, also Menschen, in deren Leben öffentliche Emotionen eine große Rolle spielen, haben in der HipHop-Community nichts verloren.

Aggro Berlin demonstriert die Coolness in Reimform:
„Warum ist es immer dasselbe mit dir.
Du denkst echt Rap ist Romantik.
Ich schlachte dich ab wie 'ne Kuh.
Und schmeiß deine Leiche in den Atlantik."
(Cordon Sport Massenmord, Ansage Nr. 1, Aggro Berlin)

Betrachtet man das verbale Zeichensystem des HipHop näher, so zeigt sich, dass sich eine spezielle HipHop-Sprache herausgebildet hat, durch die Szenegänger beim öffentlichen Sprechen sofort erkennbar sind. Typisch sind hier Vokabel wie „Opfer" für einen Typen, der immer der Verlierer ist, das Wort „dissen" für „jemanden beleidigen" oder „runtermachen", das Wort „battlen" für eine spezielle ritualisierte Form der Auseinandersetzung, die nicht über tätliche Aggression läuft, sondern mit den Mitteln des Reimens oder des akrobatischen Breakdance geführt wird, oder das Wort „checken", das soviel bedeutet wie etwas besorgen. Interessant ist auch das Wort „cruisen", das in der HipHop-Szene ein Begriff für zielloses Herumflanieren ist. „Cruisen" ist ein klassisches Beispiel für eine Mehrfachcodierung, wird es doch ebenso in der Schwulenszene verwendet. Auch hier steht es für herumflanieren, anders als in der HipHop-Szene folgt das Herumflanieren hier aber einem klaren Ziel: nämlich dem Auffinden eines anonymen Sexualpartners, der zum spontanen Sex bereit ist. Bemerkenswert ist somit, dass in der traditionell schwulenfeindlichen HipHop-Szene schwules Vokabular Verwendung findet.

Natürlich findet man im HipHop auch eine eigenständige Bildersprache, das heißt, es gibt ein szenespezifisches bildersprachliches Zeichensystem. Die dominierenden Bildmotive im HipHop sind Straßenbilder, Ghettobilder, die urbane Hinterhof-Ästhetik zeigen und die den szenetypischen „Streetstyle" repräsentieren. Zudem verwendet die Szene eine spezielle Typographie: Es gibt eine typische formale Gestaltung der Buchstaben, mit denen die Headlines der Szene-Plakate gestaltet sind. Es sind dies weich geschwungene Typographen, die sich stark an die Graffiti-Ästhetik anlehnen. Überhaupt ist die Graffiti-Szene, neben der Breakdance-Szene, wohl die wichtigste Sub-Szene der HipHop-Kultur.

Bekleidung spielt bei allen postmodernen Inszenierungsgemeinschaften eine große Rolle, so auch im HipHop. HipHop-Klamotten sind Markenklamotten. Die Szene legt großen Wert auf Marken mit einem exklusiven Image, das heißt der vom HipHop propagierte Streetstyle kommt häufig aus teuren Szene- und Designer-Läden. Die Kleidung ist insgesamt noch immer „oversized", Hosen sind nicht selten im „Camouflage-Style" gehalten. Die Oberbekleidung ist weit und noch immer häufig mit deutlich sichtbaren Markenlogos der credibilen Labels versehen. Die weite Kleidung soll zum Ausdruck bringen, dass man zu seiner „Ghetto-Herkunft" steht. In den Ghettos, wo die Haushaltsbudgets knapp sind, sind jüngere Geschwister meist gezwungen, die Kleidung der Älteren zu übernehmen. Diese sind ihnen in der Regel aber zu groß. In Oversized-Klamotten herumzulaufen bedeutet demnach einen symbolischen Verweis auf die eigene soziale Herkunft wie auch ein Bekenntnis zu ihr. Man demonstriert mit Stolz, dass man von ganz unten kommt. Nach wie vor liegt im Trend, dass die großen musikalischen Leitbilder der Szene wie „Jay-Z" oder „Russell Simmons" mit eigenen Modelabels am Markt vertreten sind. Die Konkurrenz ist hart, denn fast jeder HipHop-Star verfügt in der Zwischenzeit über seine eigene Modelinie. Häufig wird die Modelinie auch nur als Lizenzproduktion hergestellt; der Name des Stars wird von einer Firma verwendet. Rapper wie „50 Cent" (G-Unit), „Eve" (Fetish) oder „Nelly" (Vokal) lassen die Waren von Fremdfirmen herstellen und haben kaum Einfluss auf die Produkte, die unter ihrem Namen in den Regalen liegen. (www.stern.de, Heft 11/2006, 17. 5. 2007)

Im musikalischen Zeichensystem des HipHop ist der Rap, ein monotoner Sprechgesang, der mit schweren Beats unterlegt ist und im Ursprung die Funktion hatte, „Ghetto-News" zu vermitteln, am bekanntesten. Daneben gibt es aber auch das so genannte Beatboxing, bei dem mit dem Mund, der dabei ganz nahe an ein Mikrophon gehalten wird, perkussionähnliche Geräusche erzeugt werden. Beatboxing wird heute neben Rap, Graffiti, Breakdance und DJing als das „5th Element of HipHop" bezeichnet.

Als weiteres wichtiges Zeichensystem des HipHop sei noch Breakdance angeführt. Breakdance ist die typische Art, sich in der HipHop-Szene tänzerisch auszudrücken. Breakdance ist ein akrobatisch anmutender Tanzstil, bei dem teilweise halsbrecherische Tanzfiguren zur Aufführung kommen. Breakdance ist heute fast schon zu einer klassischen Sportart mit nationalen und internationalen Meisterschaften geworden. Und die Stars des akrobatisch-artistischen Tanzes treten gegen entsprechende Kohle auch schon mal bei einer Werbeveranstaltung auf. Dies ist auch ein Zeichen für die geringe Berührungsangst der Szene mit dem Kommerz.

Ursprünglich diente Breakdance genauso wie Rap zur rituellen Austragung von Rang- und Hierarchie-Konflikten in der Community im Rahmen von so genannten „Battle-Events". Diese Battle-Events sind eng mit dem Namen KRS-One verknüpft. KRS-One, eine Ikone des Rap, die inzwischen zu einem echten Szenemythos geworden ist, hatte in den 1980er Jahren versucht, die Konflikte zwischen den Gangs zu zivilisieren, indem er sie dazu überredete, ihre Streitigkeiten nicht mit Gewalt auf der Straße, sondern in „Battles" mit den Mitteln des Breakdance und Rap auszutragen.

So wie die HipHop-Kultur ein ganz eigenständiges Zeichenrepertoire entwickelt hat, gibt es auch in allen anderen Jugendszenen spezifische Zeichensysteme. Diejenigen, die Teil der Szene sind, wissen, was sie bedeuten. Diejenigen, die außerhalb stehen, können ihre szenespezifische Bedeutung hingegen allzu oft nicht richtig entschlüsseln. Die aus Fehlinterpretationen entstehenden Missverständnisse, die vor allem unter Erwachsenen vorkommen, lassen die Szene-Jugend aber kalt.

Szene-Trends in der deutschen Jugendkultur

In der Forschungsliteratur werden drei Typen von Jugendszenen unterschieden: hedonistische Szenen, Selbstverwirklichungsszenen und Aufklärungsszenen:

> In den „hedonistischen Szenen" gilt die Aufmerksamkeit dem Augenblick. Im Hier und Jetzt will man Spaß haben, das Reich der Notwendigkeit in der punktuellen Ekstase des Events wenigstens vorübergehend vergessen.

> Die „Selbstverwirklichungsszenen" basieren auf der Perfektionierung szenespezifischer Aktivitäten wie Snowboarden oder Skateboarden. Typisch für diese Selbstverwirklichungsszenen ist die Kombination von großen Freiheitsansprüchen und konsequenter Erfolgsorientierung.

> Die „Aufklärungsszenen" zeichnen sich hingegen dadurch aus, dass sie von einem Willen zur Veränderung der Welt geprägt sind. (vgl. Hitzler u.a. 2005: 225)

Diese Typologie bringt Übersichtlichkeit und inhaltliche Klarheit in die Szenenlandschaft, wenngleich man sehen muss, dass es sich bei derartigen idealtypischen Gebilden um abstrakte Denkmodelle handelt, die in der jugendkulturellen Wirklichkeit „draußen vor der Tür" nicht in Reinform, sondern im Regelfall als bunte, manchmal auch in sich widersprüchliche Mischformen vorkommen.

Ein Blick auf die Jugendszene-Landschaft in Deutschland zeigt, dass bei trendsensiblen Jugendlichen und jungen Erwachsenen vor allem jene Szenen die stärkste Wirkung entfalten, die sowohl hedonistische Elemente als auch Selbstverwirklichungselemente enthalten. Szenen mit starken aufklärerischen Aspekten spielen hingegen eine untergeordnete Rolle. Mit Ausnahme der „Ökos und Alternativen" findet man im Ranking der quantitativ bedeutendsten Szenen keine weiteren Vertreter des Aufklärungs-Typus.

Thematisch dominieren drei Themenfelder. Es sind dies zum einen „Musik", zum anderen „Sport und Körperkultur" und drittens „Medien", wobei sieben der zwölf größten Szenen sport- und körperbezogene Szenen sind. Insgesamt steht das Thema „Sport und Körperkultur" in der zeitgenössischen deutschen Jugendkultur also klar im Vordergrund.

Grafik 4: Trend-Szenen in Deutschland

11- bis 29-jährige Jugendliche und junge Erwachsene – Trend-Segment, Angaben in Prozent

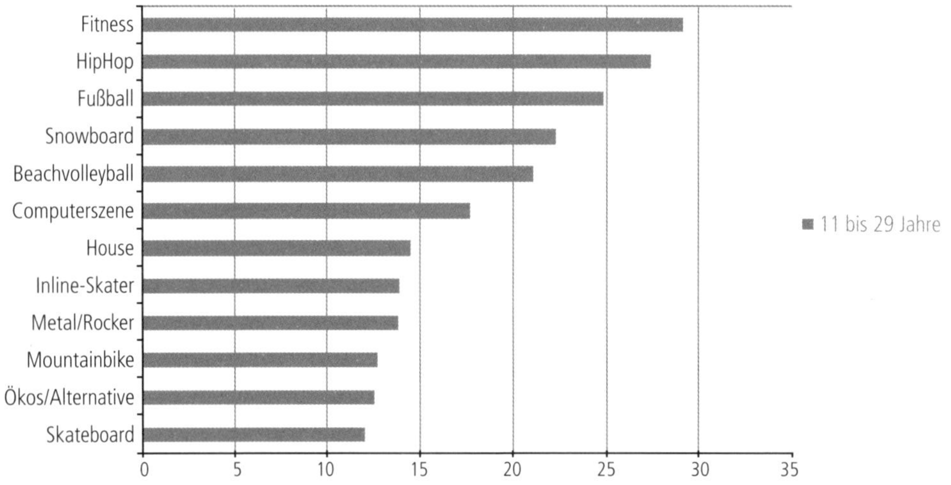

Quelle: tfactory Hamburg (2007): Timescout Welle 11, rep. für 11- bis 39-jährige Trendsetter und Early Adopters, n=1200

Die Tendenz zur „Versportung" (Zinnecker 1989) der Jugendphase geht also ungebrochen weiter. Bemerkenswert ist der dabei zu beobachtende Funktionswandel, der die sportlichen Aktivitäten selbst betrifft. Sport wird nicht mehr in erster Linie deshalb betrieben, um sich nach planmäßiger Vorbereitung schlussendlich in einem Wettbewerb mit anderen erfolgreich messen zu können. Die Motive „Leistungs- und Erfolgsorientierung" verlieren zunehmend an Bedeutung. Was im Gegensatz dazu mehr und mehr ins Zentrum rückt, ist der „Workout" mit dem Ziel der Steigerung der körperlichen Attraktivität. Die Sinnhaftigkeit sportlicher Betätigung wird heute im hohen Ausmaß danach beurteilt, wie groß die Wirksamkeit ist, die diese im Hinblick auf die Modellierung des Körpers nach den Maßgaben eines von den Medien vorgegebenen und in den jungen Altersgruppen allgemein akzeptierten Körperbildes entfalten kann. Spricht man über die sport- und körperbezogenen Szenekulturen, ist aber auch ein weiterer Aspekt wesentlich und hervorhebenswert: Individuelle Inszenierungspraktiken haben in den Sport-Szenen zumindest gleichrangige Bedeutung wie die körperliche Betätigung selbst. Das heißt, es geht um die symbolische Ausgestaltung des ästhetischen Rahmens, der die sportliche Betätigung umgibt, und das Outfit, das dabei getragen wird. Aber auch das rituelle Verhaltensrepertoire darf bei der Beurteilung der sportbezogenen Jugendszenen nicht außer Acht gelassen werden. Der österreichische Jugendsoziologe Manfred Zentner hat es mit der Formel „Szene-Sport = Lifestyle + Bewegung" auf den Punkt gebracht. (Zentner 1998: 122ff) Vielfach ist es der statusgenerierende ästhetisch-stilistische und emotionale Überschuss einer Sportart, der sich aus einer coolen und attraktiven Symbolik ergibt, der den so genannten „Pull-Effekt", also den entscheidenden Anziehungseffekt, auslöst und die Jugendlichen, wenn nicht zu aktiven Teilnehmern einer Szene, so zumindest zu interessierten Szene-Beobachtern macht.

Die bedeutendsten Sportszenen, die eine explizite und starke ästhetische Komponente besitzen, sind die Snowboard- und die Beachvolleyball-Szene. Und zugleich sind Snowboard und Beachvolleyball auch Szenen, die den hedonistischen Feieraspekt und den auf persönlichen Erfolg und Selbstperfektionierung ausgerichteten Selbstverwirklichungsaspekt geradewegs idealtypisch vereinigen. In diesen Szenen überlagern sich Tugenden und Werthaltungen des Hedonismus und der Selbstverwirklichung: Einerseits sehen wir Werte aus dem posttraditionellen Reich der Freiheit und der damit zusammenhängenden expressiven Spaßkultur, andererseits spielen, vor allem dann, wenn es um die Perfektionierung von Spiel-, Sprung- oder Fahrtechniken geht, auch traditionelle Werte und Verhaltensweisen wie Konsequenz im Training, Aufschub von Befriedigung hedonistischer Bedürfnisse, Verbindlichkeit und Verlässlichkeit eine große Rolle. Offensichtlich sind hier Stilistiken gefunden, in denen sich die unterschiedlichen, diametral entgegengesetzten Werte aus der Freizeit- und der Arbeitswelt punktuell vernetzen und miteinander verbinden.

Und auf noch einen weiteren Aspekt ist im Zusammenhang mit dem Trend zu Sport- und Körperszenen hinzuweisen: ein in den letzten Jahren zunehmendes Gesundheitsbewusstsein bei Jugendlichen. Ging man noch vor wenigen Jahren davon aus, dass vor allem in der Gruppe der Unter-20-Jährigen ein nur relativ rudimentär ausgeprägtes Gesundheitsinteresse vorzufinden ist (tfactory Hamburg 2004), so zeigt uns die neueste Trendforschung, dass das Gesundheitsthema nun auch bei der Jugend angekommen ist. Das Gesundheitsthema wird, wie so viele andere Thematiken heute, vor allem durch den kommerziellen Sektor an die Jugend herangetragen. Die Folge ist, dass die Gesundheitsdiskussion der Jugend geprägt ist von der Diskussion über kommerzielle Waren: vor allem Ernährungs- und Körperpflegeprodukte stehen auf dem Prüfstand. Die zentrale Frage für Jugendliche ist dabei: Wie wirken z.B. Fastfood, Softdrinks, Duschbäder oder Haarshampoos auf meinen Organismus ein? Die Sensibilisierung der jungen Konsumenten geht soweit, dass selbst bei Mineralwässern aufmerksam die Inhaltsstofftabellen gelesen werden.

Von den Sportszenen zur Musik: Musik ist eines der zentralen Medien der Jugendkultur. Psychologisch betrachtet kommt ihr vor allem im Bereich des so genannten „Mood-Managements" große Bedeutung zu. Jugendliche verwenden die Musik zur Stimmungskontrolle und Stimmungsregulierung. Sie versuchen, traurigen Stimmungen mit fröhlicher Musik entgegenzuwirken oder auch traurige Stimmungen mit trauriger Musik zu kompensieren. (vgl. Mangold 2004: 449) Die Varianten, wie Jugendliche Musik zur Stimmungsunterstützung und Stimmungsverstärkung einsetzen, sind vielfältig.

Musik wird für Jugendliche immer wichtiger. Erklären lässt sich das mit dem zunehmend größer werdenden Stellenwert des Affektiven, Nicht-Diskursiven in der postmodernen Gesellschaft und insbesondere in den postmodernen Jugendkulturen. (vgl. Angerer 2007: 80ff) Dort, wo Stimmungen, Affekte, Begehren und Performativität regieren, muss die Bedeutung von Musik als Mittel zum Management und zur Regulierung von Gefühlen und Empfindungen notwendiger Weise zunehmen.

Dominik Eulberg: „Wofür gibt es Musik? Wofür geht man tanzen? Um sich auszuleben, den Alltag zu vergessen, Emotionen rauszulassen, das kann man doch viel besser bei Platten, die viel mehr Anlass geben als so Minimalgeklöppel ...". (DE:BUG #111:21)

Der stetige Bedeutungszuwachs der Musik lässt sich nicht zuletzt daran ersehen, dass sie längst nicht mehr nur die Musik-Szenen dominiert, sondern auch in den Sport- und Medienszenen eine zentrale Rolle spielt. So hat heute jede Sportszene ihre typische Musik, große „Public Events" wie Air&Style sind ohne Musik nicht denkbar. Vielfach sagen Jugendliche sogar, dass sie in erster Linie wegen der Musik-Acts Sportveranstaltungen besuchen und nicht so sehr wegen des sportlichen Geschehens.

Markus, 28: „Vor vier oder fünf Jahren sind wir noch zu Air&Style nach Innsbruck gefahren. Jetzt nicht mehr, die sind ja von der österreichischen Politik aus dem Land getrieben worden und veranstalten jetzt in Deutschland. Aber als es noch in Innsbruck war und wir dort waren, da sind viele von uns nur wegen der Musik gefahren. Acts wie Ice-T oder Creed waren doch interessanter als die paar Freerider, deren Namen in ein paar Jahren ohnehin keiner mehr kennen wird."

Musik spielt eine wichtige Rolle, wenn es um die Symbolisierung von Lifestyles geht. Neben den vielen visuellen Zeichen ist die Musik das auditive Zeichen, das in der jugendkulturellen Öffentlichkeit für Zuordnung oder Abgrenzung in Bezug auf die gängigen Lifestyle-Welten sorgt. Das heißt, auch wenn man die Augen schließt, kann man anhand der Musikkulisse erkennen, ob man sich auf einem Beachvolleyball- oder einem Skateboard-Event befindet.

„Zeige mir deine Plattensammlung und ich sage dir, zu welchem Lifestyle du gehörst", so lautet in den angesagten Jugendszenen heute das Motto. Und was für die Sportszenen gilt, gilt mittlerweile immer mehr auch für die populäre Computerszene.

Auch in der Welt der „Gamer" wird der Einfluss der Musik immer größer. In die Spiele werden passende Musiktitel integriert. Die Auswahl der Hintergrund- und Begleitmusik ist nicht mehr nebensächlich oder gar zufällig, wie man am Beispiel des X-Box-Spiels „Gears of War" beobachten kann.Für „Gears of War" wurde „Mad World", ein traurig-melancholischer Song von „Gary Jules" verwendet, der, nachdem er bereits einmal, im Jahr 2001, durch den Soundtrack zum Film „Donnie Darko" populär geworden war, zum Zeitpunkt, als das Spiel auf den Markt kam, gerade einen Wieder-Aufstieg in den Charts begann. „Mad World" unterstützt das visuelle Szenario des Spiels auditiv ideal.

Kommen wir nun zu den Musik-Szenen, also jenen Jugendszenen, wo ein spezieller Musikstil das eigentliche Szene-Thema ist.

Die größte Musikszene in der deutschen Jugendkultur ist die HipHop-Szene. Sie dominiert den jugendkulturellen Mainstream und ist in ihrer kommerziell-massentauglichen Form stark mit Soul-Elementen verbunden. Vor allem in den bildungsfernen Milieus und besonders dort, wo der Anteil an Jugendlichen aus Zuwandererfamilien groß ist, herrscht eine absolute Dominanz der HipHop-Kultur vor.

Im Gegensatz dazu sind in jenen Musikszenen, wo Gitarrenmusik den Ton angibt, die Bildungsschichten überrepräsentiert. Abgesehen davon ist in den letzten Jahren generell eine stark aufsteigende Tendenz im Segment der Gitarrenmusik zu verzeichnen. Insbesondere auf die so genannte Independent- und die Punk-Szene, die den quantitativ weniger bedeutsamen Szenen zuzuordnen sind, ist in diesem Zusammenhang hinzuweisen. An Bedeutung gewonnen hat in den letzten Jahren auch die House-Szene; insgesamt erlebt die Clubszene einen Boom.

Eine besondere Bedeutung kommt gegenwärtig im Club-Segment der elektronischen Musik zu. Das Elektro-Segment ist aber breit ausdifferenziert. Das Interesse für elektronische Musik wird insgesamt größer, eine einheitliche Linie lässt sich gegenwärtig nicht erkennen.

Alex Flitsch/Martin Henkel, Connaisseur-Recordings: „Die elektronische Musik befindet sich momentan an einem Punkt, an dem wir auch schon 1996 waren, als man Acid überdrüssig war und nicht wusste, wie es weitergehen soll. Eine klare Tendenz lässt sich momentan nicht so leicht erkennen wie vor zwei, drei Jahren. Dieses Jahr ist es wirklich schwer, eine Zukunftsprognose zu verkünden. Dass die Leute mehr Ramba-Zamba wollen, fällt schon auf, aber ob dadurch die Musik jetzt wieder härter wird oder man einfach nur Musik mit mehr Signalwirkung braucht, befindet sich momentan in der Experimentierphase." (DE:BUG#108:22)

Die Techno-Szene, die in ihrer musikalischen Stilistik und Ästhetik an die große Zeit der Loveparade der 1990er Jahre anknüpft, ist allerdings völlig in der Bedeutungslosigkeit verschwunden. Sie ist eigentlich nur mehr rund um das volksfestartige Großereignis Loveparade und in dieser oder jener Großraumdisco im ländlichen Raum relevant. Ein urbanes Phänomen ist diese jugendkulturelle Formation schon lange nicht mehr. Jedenfalls sehen sich in Deutschland gerade mal 8 Prozent der trendaffinen Jugendlichen als aktive technoide Szenegänger. Im Vergleich dazu sind es bei der HipHop-Szene fast 30 Prozent.

Szene-Trends: Österreich und Deutschland im Vergleich

Deutschland und Österreich sind zwei Länder, die sich kulturell sehr nahe sind. Dennoch gibt es, was jugendkulturelle Trends in beiden Länder betrifft, in einzelnen Bereichen bemerkenswerte Differenzen.

In Österreich besonders augenfällig ist die starke Präsenz von ökologisch orientierten und an politischen Alternativen ausgerichteten jungen Menschen. Die Ökologisch-Alternativen sind im Trend-Segment die größte Gruppe. Nicht ein hedonistischer oder am individualistischen Ziel der persönlichen Selbstverwirklichung ausgerichteter Lifestyle steht im Zentrum des Interesses der trendsensiblen Jugend, sondern eine lupenreine „Aufklärungsszene". Im Klartext gesprochen heißt dies, dass fast ein Viertel der österreichischen Meinungsführer und Meinungsführerinnen für Themen wie Umweltschutz, negative Folgen der Globalisierung, fairen Handel mit der Dritten Welt, Ausweitung der Bürgermitbestimmung, Kampf gegen rechte Strömungen etc. ansprechbar ist. In Deutschland sind diese Themen bei jungen Trendsettern hingegen von untergeordneter Bedeutung. Im Gegensatz zu Deutschland kann man davon auszugehen, dass in der österreichischen Jugend weiterhin eine starke postmaterialistische Strömung existieren wird. Obwohl diese Strömung vorerst auf die Bildungsschichten konzentriert bleibt, ist für die Zukunft zu erwarten, dass sich aufgrund deren Meinungsführerschaft und der damit verbundenen starken medialen Präsenz auch auf die unteren, bildungsferneren Milieus stärker übertragen wird. Ein aktuelles Beispiel zur Belegung dieser These ist die sich gerade unter Jugendlichen stark verallgemeinernde Diskussion über den Klimawandel.

Grafik 5: Trend-Szenen – Österreich und Deutschland im Vergleich

11- bis 29-jährige Jugendliche und junge Erwachsene – Trend-Segment, Angaben in Prozent

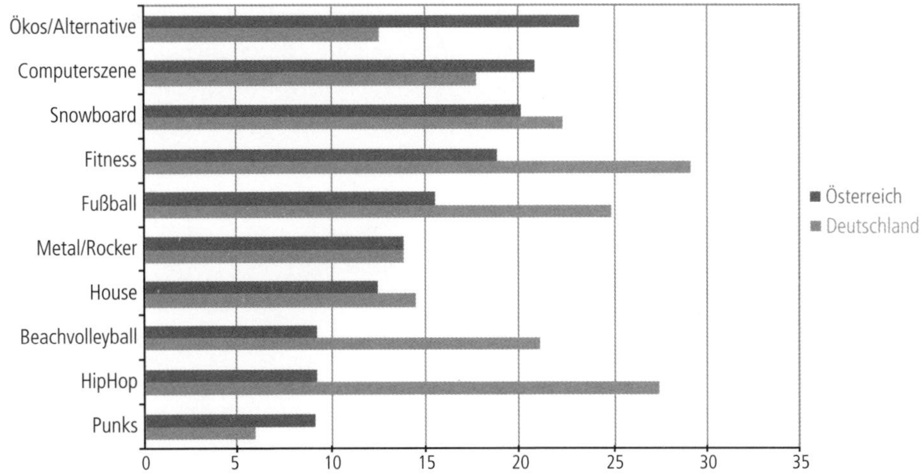

Quellen: tfactory Hamburg (2007): Timescout Welle 11, rep. für 11- bis 39-jährige Trendsetter und Early Adopters, n=1200; tfactory Wien (2006): Timescout Welle 7, rep. für 11-bis 29-jährige Trendsetter und Early Adopters, n=847

In Deutschland ist von einem derartigen Trend nichts zu bemerken. Im Gegenteil, wie eine Zeitreihenanalyse der Shell Jugendstudien zeigt, haben sich die postmaterialistischen Werthaltungen und Einstellungen vor allem in der Gruppe der 18- bis 23-Jährigen stark zurückgebildet, die jungen Deutschen haben ihre Vorreiterrolle in Sachen Postmaterialismus verloren. Gleichzeitig gewinnen in der gesamten deutschen Bevölkerung Pflicht- und Akzeptanzwerte an Bedeutung, besonders stark aber bei den Unter-30-Jährigen. (vgl. Kain/Deutsch 2006)

Diese Befunde decken sich der Grundtendenz nach mit den Ergebnissen aus „Timescout", der von tfactory Hamburg zwei Mal jährlich unter jungen Meinungsführern durchgeführten Trendpanel-Studie. Die Affinität zur Gruppe der Ökos/Alternativen liegt dort bei lediglich rund 10 Prozent; dieser Wert ist während der letzten Jahre konstant geblieben. Gleichzeitig werden die Ökologisch/Alternativen von über 40 Prozent der deutschen Jugendlichen aktiv abgelehnt.

Bei der vergleichenden Analyse der Szeneaffinitäten in Österreich und Deutschland sehen wir aber noch eine zweite bemerkenswerte Differenz, und diese betrifft die HipHop-Szene. Während in Deutschland die HipHop-Szene bei trendsensiblen Jugendlichen und jungen Erwachsenen die quantitativ gesehen zweitwichtigste Szene ist, rangiert sie in Österreich an der unbedeutenden neunten Stelle und hat nicht einmal zehn Prozent Reichweite unter den 11- bis 29-Jährigen. Der Umstand dieser äußerst schwachen Ausprägung der HipHop-Kultur in Österreich ist über Jahre hinweg bekannt. Die Diskussion darüber, wo die Gründe dafür liegen, ist nach wie vor im Gange, ein einziger dominanter Grund dafür hat sich nicht herauskristallisiert. Wie auch bei vielen anderen gesellschaftlichen und kulturellen Phänomenen dürfte es sich um ein Faktorenbündel handeln. Die wichtigsten Einzelaspekte seien hier kurz angeführt:

> Im Gegensatz zu Deutschland konnten sich in Österreich kaum bedeutende nationale HipHop-Acts herausbilden. Bis auf einige Ausnahmen (z.B. Texta aus Linz) gibt es nur wenige HipHop-Produktionen aus Österreich. Allen Rap-Acts in Österreich ist gemein, dass sie es nie in den Mainstream geschafft haben, defacto sind sie im inneren Szenekreis steckengeblieben. In Deutschland genau die gegenteilige Entwicklung: Betrachtet man die Hamburger, die Stuttgarter oder auch die Berliner Szene, so sind die führenden Acts aus diesen HipHop-Communitys zu deutschlandweit bekannten Top-Acts geworden. Darüber hinaus ist die Szene differenziert und aufgrund ihrer Vielfalt in der Lage, sowohl ein anspruchsvolleres, intellektuelles Publikum mit Acts wie zum Beispiel „Fünf Sterne Deluxe“, „Freundeskreis“, „Blumentopf“, „Jan Delay“ als auch das sozial benachteiligte, körperorientierte „Ghetto-Publikum“ mit Acts wie „Aggro Berlin“ oder „Bushido“ anzusprechen.

> Die österreichische Veranstalterszene hat internationale HipHop-Acts zu

einer Zeit, als diese schon durch Deutschland tourten, in zu geringem Ausmaß auch nach Österreich gebracht. Damit konnte der potentielle österreichische Nachwuchs seine musikalischen Vorbilder nicht unmittelbar erleben und so blieb auch die Antriebsmotivation, selbst künstlerisch produktiv zu werden, relativ gering.

> Der Anteil an urbanen Strukturen und Milieus ist in Österreich zu gering und die vorhandene Urbanität ist im Vergleich zu Deutschland noch immer relativ stark von provinziellen kulturellen Einflüssen beeinflusst.

> Die österreichische Jugend orientiert sich generell weniger stark an den US-amerikanischen Jugendkulturen als die deutsche Jugend. Im Gegensatz dazu sind die Augen der Österreicher eher nach Großbritannien gerichtet. Oder man orientiert sich an musikkulturellen Stilistiken, die zumindest sehr britisch aussehen und klingen, selbst wenn sie aus Schweden oder gar aus den Vereinigten Staaten kommen. Das wäre eine Erklärung für die vergleichsweise starke Präsenz der Gitarrenmusik in Österreich.

Trotz all dieser Unterschiede zwischen österreichischer und deutscher Jugendkultur muss man freilich sehen, dass im Kulturvergleich letztendlich doch die Gemeinsamkeiten die Verschiedenheiten übertreffen. Österreichische wie auch deutsche Jugendliche haben eine starke Affinität zu Sportszenen, die Bedeutung des Körper- und Fitnesstrainings ist ähnlich groß, die Computerszene steht weit oben in der Liste der Präferenzen und die House- und Clubszene ist sowohl hüben als auch drüben tendenziell im Kommen. Und es gibt noch eine weitere Gemeinsamkeit zwischen Österreich und Deutschland. In beiden Ländern fühlen sich trend-affine Jugendliche im Durchschnitt zu mindestens drei Jugendszenen zugehörig.

Die Zugehörigkeit zu mehreren Lebensstilgruppen geht mit einem grundsätzlichen Paradigmenwechsel in den Werthaltungen und Einstellungen der Menschen, insbesondere aber der Jugend einher. Dieser Wertewandel besteht im Kern in einem Übergang von einem Denken in Gegensätzen, in Kontradiktionen, zu einem Denken in Konjunktionen. Der Philosoph Byung-Chul Han bezeichnet dieses Denken als Denken des rhizomatischen, undialektischen, ja freundlichen UND:

> „Viel Aufmerksamkeit verdient dieses rhizomatische, undialektische, ja *freundliche Und*. Die rhizomatische Logik des UND bringt einen asignifikanten Zusammenhang, das heißt einen Zusammenhang des Zusammenhanglosen, ein Nebeneinander des Verschiedenen, eine Nähe des Entfernten hervor." (Han 2005: 35)

Dieses neue Denken kennt keine Grenzen mehr. Alles ist in ihm mit allem verbunden, alle sozialen Formen und Gebilde greifen ineinander, fließen ineinander. Der aus der Biologie kommende Rhizom-Begriff, der dort die Struktur von Zwiebel- und Knollengewächsen beschreibt, steht hier für das Soziale als ein Phänomen „der nicht zentrierten Vielheit, die keiner übergreifenden Ordnung zu unterwerfen ist." (Han 2005: 32)

Eigentümlich harmonisch passt sich die Figur des „Flaneurs", die wir bereits kennen gelernt haben, dem Rhizombegriff ein. Das Rhizom, eine offene Struktur ohne Grenzen, alles mit allem verbunden, kein dominierendes Zentrum, ein soziales Gebilde, das ständig in Bewegung ist, ein auf Dauer gestelltes Vergehen und Werden. Und mittendrin der postmoderne Flaneur, einmal da und dort, ständig unterwegs von einem Ort zum anderen, wobei ihm alle Orte im Prinzip „gleich-gültig" sind. Die Kombination dieser beiden Metaphern beschreibt die moderne Jugendszenelandschaft treffend. Die Struktur der Szenelandschaft ist das offene rhizomatisches Gebilde und inmitten dieses Gebildes das postmoderne Subjekt, der Flaneur, unterwegs von einem Event, von einer Szene zur anderen. Der deutsche Philosoph Georg Simmel hatte um die Wende vom 19. zum 20. Jahrhundert ganz ähnliche Gedanken, wenngleich sie bei weitem nicht so radikal waren. Während sich in der Rhizom-Theorie bereits alles total verflüssigt hat und es überhaupt keine wirklich distinkten sozio-kulturellen Gebilde mehr gibt, deren Grenzen man überschreiten könnte, entwarf Simmel im Angesicht der beginnenden Moderne seine Theorie der Kreuzung sozialer Kreise. Simmel geht davon aus, dass in einer pluralisierten Gesellschaft, die in verschiedene Teilwelten ausdifferenziert ist, das Individuum mehrere Rollen beherrschen muss, die ihm in den unterschiedlichen Gesellschaftssphären Akzeptanz und Anerkennung verschaffen. Für Simmel ist folglich das Individuum primär nur als Schnittpunkt vielfältiger Beziehungen denkbar, seine Individualität kommt insbesondere in einer großen Rollenvielfalt zum Ausdruck. (vgl. Simmel 1999) Sowohl der Ansatz Hans als auch der Simmels liefern treffende Sinnbilder für die postmoderne Jugendszenelandschaft. Einer bunten, ständig bewegten Vielfalt kultureller Formen steht ein Individuum gegenüber, dessen wichtigsten Fähigkeiten darin bestehen, tolerant, mobil und versiert im Ertragen des permanenten Wandels und befähigt zum Spielen möglichst vieler unterschiedlicher Rollen zu sein.

Jugend zwischen Konsumkultur und Körperkult

Unsere Gesellschaft hat sich zu einer Freizeitgesellschaft gewandelt. Nicht mehr die Arbeitswelt bestimmt den Gang der Gesellschaft und das Selbstverständnis der darin lebenden Menschen, sondern die von Schiller als fröhliches Reich des Spiels und Scheins beschriebene Freizeitsphäre, ein Lebensbereich, der weit abseits des Reiches der Notwendigkeit liegt. Nicht mehr über den harten Ernst des Lebens gewinnen die

Menschen ihre Identität und finden ihren Lebenssinn, sondern über das Spiel mit Zeichen, Symbolen und Erlebnissen.

Unser postmodernes Leben ist von den Gesetzen der Ästhetik bestimmt. Begriffe wie Lifestyle oder Image verweisen darauf. „Image" ist das englische Wort für Bild und das Wort „Style" steht für ein Bündel von Maßnahmen, mit denen der Mensch alles das, was an ihm sicht- und wahrnehmbar ist, vornehmlich aber die eigene Körperoberfläche, gestaltet. Der Mensch nimmt sich selbst primär als Bild wahr. Er ist gleichsam dazu gezwungen, da er in einer Welt lebt, in der das ästhetische Prinzip regiert – eine Welt, in der es auf das Sehen und das Gesehen-Werden ankommt. Nur wer sich auf sein Äußeres, auf seine Bildexistenz konzentriert, verhält sich im Sinne einer an Oberflächenerscheinungen orientierten ästhetischen Gesellschaft funktional richtig. Positives Feedback bekommt der Mensch hier vor allem dann, wenn er gut aussieht.

Alles, was man dazu braucht, um seine eigene Bildlichkeit, das eigene Erscheinen zu gestalten, also sich zu stylen, liefert das kommerzielle Angebot an Waren und Dienstleistungen. Freizeit ist neben Erlebniszeit vornehmlich Stylingzeit. Alles, was man dazu braucht, um sein Äußeres zu gestalten, bietet der Markt.

Die Freizeitgesellschaft ist auch Konsumgesellschaft

Die gesamte Freizeitkultur der Menschen ist kommerzialisiert, sieht man von einigen kleinen, aber für den gesamten Verlauf der Dinge längst bedeutungslos gewordenen Nischen ab. Selbst Sinn und Identität, einst zu den hohen ideellen Werten menschlichen Seins gehörig, sind auf die banalen materiellen Ebenen des Kommerz herabgezogen worden.

„Die Identität des Menschen in der fortgeschrittenen Industriegesellschaft bestimmt sich nicht mehr durch die Arbeit, sondern durch das, was er in der Freizeit tut. Freizeit wird sinnstiftend. Die Freizeitindustrie ist im weitesten Sinne Sinnvermittler." (Richter 2005: 42)

Damit ist die Freizeitindustrie in eine Sphäre eingedrungen, die einst von so deutungsmächtigen Sinnproduzenten wie den politischen Parteien, Verbänden und Religionsgemeinschaften beherrscht wurde. Auch wenn man es dort nicht gerne hören will, Sinn entsteht heute im und durch Konsum, Identitäten werden eher in großen Einkaufstempeln, so genannten „Shopping-Malls", gebildet als in den Parteizentralen, Vereinslokalen, Kirchen und Kapellen.

Eine Welt, die in erster Linie nach einem ästhetischen Prinzip funktioniert, hat natürlich auch Auswirkungen auf das Konsumverhalten der Menschen. Nicht mehr der banale Gebrauchswert beeinflusst heute die Konsumentenentscheidungen, sondern die so genannte Warenästhetik. „Das, was ein Produkt für einen Konsumenten interessant macht, ist großteils das Flair, der symbolische Charakter, den es hat.“ (Richter 2005: 45) Konsumenten und Konsumentinnen greifen zu jenen Produkten, die gut aussehen und die einen symbolischen Mehrwert haben, der in das eigene Styling-Konzept integrierbar ist und das eigene Image aufzupolieren hilft. Lifestylekonsum ist in den meisten Fällen statusorientierter Konsum. Die Produkte, die ich an und mit mir trage und die mich umgeben, sollen meinen Wert, mein Ansehen, meinen Status in der gesellschaftlichen Öffentlichkeit steigern.

Insbesondere bei Jugendlichen regiert einer am symbolischen Überschuss der Konsumgüter ausgerichteter, demonstrativer Konsum. Es wird primär zu jenen Waren gegriffen, die in der Lage sind, die Selbstinszenierungen der jungen Konsumenten und Konsumentinnen zu unterstützen. Wirft man einen Blick auf die Konsumstatistik, so zeigt sich, dass Jugendliche das meiste Geld für Waren ausgeben, die der Sphäre des demonstrativen Konsums zuzuordnen sind.

Grafik 6: Ausgaben für Konsumgüter

11- bis 29-jährige Jugendliche und junge Erwachsene – Trend-Segment, Top-2-Boxes auf Skala 1 bis 5, Angaben in Prozent

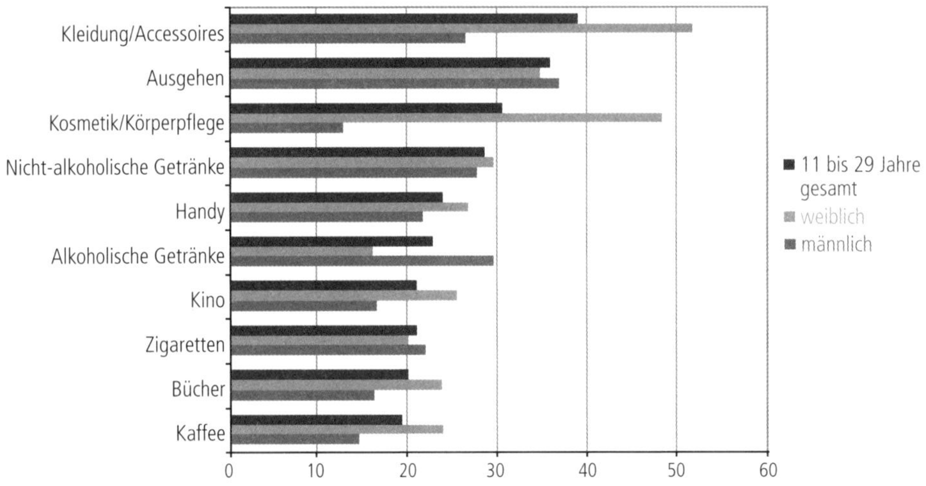

Quelle: tfactory Hamburg (2007): Timescout Welle 11, rep. für 11- bis 39-jährige Trendsetter und Early Adopters, n=1200

Kleidung/Accessoires, Ausgehen und Kosmetik/Körperpflege sind jene Konsumkategorien, in die das meiste Geld der Jugend fließt, gefolgt von Handys und Getränken. Auch das Telefonieren und Trinken birgt, sofern es öffentlich passiert, einen Demonstrationsaspekt in sich und hat für Jugendliche damit eine wichtige Imagekomponente. Einmal mehr gilt hier der Grundsatz: „Zeige mir, mit welchem Handy du telefonierst und welches Getränk du trinkst, und ich sage dir, wer du bist.“

Im Vergleich der Geschlechter zeigt sich, dass Mädchen und junge Frauen insbesondere, was Kleidung, Kosmetik und Körperpflege angeht, mehr ausgeben als Jungs und junge Männer. Männliche Jugendliche und junge Erwachsenen geben hingegen deutlich mehr Geld für alkoholische Getränke aus. Das kann einerseits heißen, dass die Jungs eben mehr Alkohol trinken, andererseits ist aber auch möglich, dass sie den Alkoholkonsum der Mädchen zumindest teilweise mitfinanzieren.

Tobi, 17: „Beim Weggehen lässt man schnell mal fünfzig Euro liegen."
Sanela, 17: „Wenn man richtig Spaß haben will, gehört sich das schon so."

Präventions- und Suchtexperten betonen jedenfalls, dass Alkoholtrinken im Jugendalter schon lange nicht mehr ausschließlich „Männersache" ist, sondern dass Mädchen hier kräftig mitziehen – auch, was exzessiven Alkoholkonsum, also das so genannte Rausch- und „Koma-Trinken" betrifft.

acts > More Facts > More Facts > More Facts > More Facts> Mo

Das Phänomen exzessiven Alkoholkonsums

Der exzessive Konsum von Alkohol durch Jugendliche hat in der ersten Jahreshälfte 2007 in Deutschland und Österreich hohe Wellen geschlagen. Eine Häufung von tragischen Fällen, bei denen sich sehr junge Jugendliche, vornehmlich solche im Alter zwischen 10 und 15 Jahren, bis zur Bewusstlosigkeit betrunken haben, hat eine intensive, teilweise auch sehr emotional geführte Diskussion ausgelöst. Im Mittelpunkt der Diskussion standen zwei Fragen. Warum trinken Jugendliche dermaßen exzessiv? Und: Was kann man dagegen tun, wie kann man sie davon abbringen?
Man muss davon ausgehen, dass es eine Vielzahl von Gründen gibt, die Jugendliche zu exzessivem Alkoholkonsum führen können. Drei davon seien hier nun kurz angerissen.

> Die Jugend unterliegt in unserer Gesellschaft einem immer größer werdenden Normen- und Erwartungsdruck. Erfolgs- und Karrierebiographien beginnen schon im Kindergarten. In immer jüngeren Jahren werden den Jugendlichen die ersten Schlüsselfähigkeiten, die man braucht, um erfolgreich zu sein, antrainiert. Fremdsprachenunterricht beginnt schon in der Volksschule, bis man mit der Mengenlehre im Kindergarten beginnt, ist es nur noch eine Frage der Zeit. Rationale Lebensplanung setzt frühzeitig ein. Aufgrund des Drucks der Gesellschaft, der Medien, der Eltern und der Gleichaltrigen müssen die Kinder immer früher wissen, was sie werden wollen und wie sie es erreichen können. Die Spielräume für nicht fremdbestimmtes, nur an der Lust am Leben und Erleben ausgerichtetes Handeln werden im Alltag einer „sozialen Leistungsgesellschaft" (Alfred Gusenbauer, österreichischer Bundeskanzler) immer kleiner. Eine mögliche Reaktionsweise auf immer größere Fremdbestimmtheit, Einengung, Reglementierung und Leistungsdruck kann der „punktuelle Exzess" sein.

„Punktueller Exzess" bedeutet, dass alle Intensität, die möglich ist, in eine zeitlich begrenzte, punktuelle Exzesshandlung gelegt wird. Kurz öffnet sich dem Jugendlichen, der „im ganz normalen Alltag" in die hoch verdichteten Pflichtsphären „Schule" und „Arbeit" eingezwängt ist, ein Zeitfenster, in dem er einmal zügellosen Spaß am irrationalen Handeln erleben kann. In möglichst kurzer Zeit muss nun all das erlebt und gefühlt werden, was ihm in der restlichen, durchrationalisierten Lebenszeit verwehrt ist. Aufgrund dieses Zeitdrucks fallen die Exzesse häufig auch besonders intensiv aus: Jugendliche, die im Umgang mit Rauschmitteln unerfahren sind, schütten so viel Alkohol wie nur möglich in sich hinein, nicht wissend, dass sie damit letztendlich das Gegenteil dessen bewirken, was sie anstreben. Statt dem „dionysischen Rausch", der das bedrückende Leben vergessen lässt, folgt der Absturz, der einen in einer von der Kälte der technischen Rationalität beherrschten Welt, dem Krankenhaus oder der Psychiatrie, wieder erwachen lässt.

> Zweitens wäre ein Phänomen zu nennen, das man als „Verpflichtung zum Erlebnis" bezeichnen kann. Das intensive Erleben ist einer der höchsten Werte, die wir in der Erlebnisgesellschaft kennen. In ihren Alltagsgesprächen lizitieren sich die Menschen gegenseitig hoch, wenn es darum geht, über das intensivste Freizeiterlebnis zu berichten. Tauchen unter Haien auf den Seychellen, der Flug durch den Grand Canyon, Helikopter-Skiing auf kanadischen Gletschern, die Fahrt auf der größten Hochschaubahn Europas in Rust und so weiter und so fort. Uns hat förmlich die Erlebnissucht gepackt. Überall wollen wir etwas erleben und es kann nicht intensiv genug sein. Wer auf die intensivsten Erlebnisse verweisen kann, positioniert sich damit auf den obersten Plätzen der Statushierarchie. Auch wenn es um die Erlebnissucht geht, sind die Jugendlichen, wie in vielen anderen Fällen, unsere gelehrigen Schüler. Sie erkennen schnell, dass ein Leben nur dann etwas Wert ist, wenn man es intensiv erlebt. Besonders für Jugendliche, insbesondere für Jugendliche aus unteren sozialen Schichten, ist aufgrund ihrer eingeschränkten materiellen, aber auch immateriellen Ressourcen eine nahe liegende und auch alltäglich leicht erreichbare Möglichkeit, im Wettbewerb um das intensivste Erlebnis mitzuhalten, dass man sich legaler, überall erhältlicher und noch dazu gesellschaftlich akzeptierter Rauschmittel bedient. Der Alkoholexzess als untauglicher Versuch, den Gesetzmäßigkeiten der Erlebnisgesellschaft zu gehorchen und im Lizitationsspiel um das intensivste Freizeiterlebnis mitzuspielen.

> Schließlich ist auch ein Trend zum kompensatorischen Exzess zu beobachten, also einer Form des Exzesses, die aus Vernachlässigung resultiert. Spricht man mit Jugendlichen, erfährt man, dass viele das Gefühl haben, dass sich niemand so richtig für sie interessiert. Sie fühlen sich nicht um ihrer selbst willen geliebt und angenommen, positives Feedback bekommen sie nur, wenn sie geforderte Leistungen erbringen. Ständig sehen sie sich mit Erwartungen anderer konfrontiert, denen sie gerecht zu werden haben. Ihre emotionalen Bedürfnisse sind dabei kein Thema und bleiben allzu oft auf der Strecke. „In der Schule, zu Hause und auch bei den Freunden musst du halt irgendwie funktionieren. Dort eine gute Projektarbeit machen, zu Hause ein anständiger Sohn sein, den man auch gut den Verwandten präsentieren kann, und bei den Freunden musst du wieder der coole Typ sein. Aber wo bleibe ich selbst dabei?", meint

der 21-jährige Kai. Eine ganz typische Aussage eines Jugendlichen, den eine als extrem entfremdend empfundene Existenz geradewegs in den punktuellen Alkoholexzess führt. „Wenn mir alles zuviel wird, wenn von allen Seiten nur mehr Druck kommt, dann gebe ich mir mit den Freunden mal richtig die Kante. Das entspannt."

Was kann man nun tun? Wie kann man dem Trend zum exzessiven Alkoholkonsum unter Jugendlichen entgegentreten? Die wichtigste Maßnahme besteht darin, in die Schul- und Arbeitsbiographien der Jugendlichen so genannte „Überdruckventile" einzubauen. Praktisch heißt dies, dass druckfreie Inselbereiche geschaffen werden müssen, in die Jugendliche, wenn der Druck zu groß wird, ausweichen können. Es müsste doch möglich sein, jedem Schüler pro Schuljahr einen „Zeitscheck" für vierzehn Tage Schulunterbrechung respektive Alltagsunterbrechung zur Verfügung zu stellen. Diesen „Zeitscheck" kann er einlösen, wenn er das Gefühl hat, dass ihm alles über den Kopf wächst. Die vierzehn Tage werden dann in einem Camp verbracht, in dem, im Gegensatz zu den gängigen erlebnis- und vulgär-pädagogischen Bootcamps, auf Entspannung, Selbstfindung und Selbstreflexion gesetzt wird, also nicht mehr Druck für jene, die ohnehin schon am Überdruck der Leistungsgesellschaft leiden, sondern Entlastung, Entkrampfung, Entspannung. Körperbezogene Aktivitäten mit hohem Erlebniswert könnten zusätzlich angeboten werden, bei denen die Jugendlichen ihre eigenen Grenzen erfahren. Diese könnten unter Umständen auch als „Exzess-Äquivalente" fungieren.

Ergänzend dazu sollte im Sinne der Bewusstseinsbildung im Rahmen von Kampagnen darauf verwiesen werden, dass exzessiver Genuss von Alkohol einer positiven Körperästhetik wie auch einem „coolen Image" abträglich ist. Jugendkulturen sind coole, stylische Kulturen. Neben der Gestaltung der Körperoberfläche geht es auch darum, sich cool zu verhalten, Stil zu haben im Sinne von sich selbst unter Kontrolle haben. Den jugendlichen „Koma-Säufer" in einer Kampagne gerade aufgrund seines öffentlichen Kontrollverlustes als stillos und uncool darzustellen – das wäre einen Versuch Wert.

Zusammenfassend: Um das Problemfeld „Jugend und Alkohol" in den Griff zu bekommen, muss man verstärkt auf Bewusstseinsbildung und „druck- und krampflösende" Maßnahmen setzen und dabei auch neue Wege der Zielgruppenansprache finden. Verbote und neue Reglementierung sollten sich nicht auf die Jugend beziehen, sondern verantwortungslos handelnde Gastronomen und Händler fokussieren.

Funktionen des Konsums für Jugendliche

Es wurde bereits darauf hingewiesen, dass Jugendliche heute einem außerordentlich hohen Normen- und Erwartungsdruck ausgesetzt sind. Insbesondere im so genannten „Leistungsbereich", also in der Arbeits- und Ausbildungswelt, wird von den Jugendlichen immer mehr verlangt. Der Erfolgsdruck ist hoch, denn ein Scheitern an den vorgegebenen Leistungsnormen schränkt die Entfaltungsmöglichkeiten in der Zukunft bedeutend ein, einschneidende Einkommens- und Statusnachteile sind zu erwarten. Das wissen die Jugendlichen. Und entsprechend angespannt und unter

Druck fühlen sich viele von ihnen in Schule und Ausbildung. Im Gegensatz dazu ist die Sphäre des Konsums von Zwanglosigkeit geprägt und wird als Sphäre der Freiheit erlebt. Dies hängt vor allem damit zusammen, dass dort Handlungen möglich sind, „die nicht in erster Linie auf ein Ziel ausgerichtet sind, sondern selbst-zweckhaften Charakter haben." (Hurrelmann 1999: 159) Aufgrund der relativ geringen normativen Erwartungen, die in der kommerziellen Freizeitsphäre vorherrschen, wird das Handeln dort als im hohen Maße selbstverwirklichend erlebt. Darüber hinaus fühlen sich die Jugendlichen in der Freizeit eher ernst genommen und als vollwertige Menschen akzeptiert als in den Leistungswelten Schule und Arbeit. Die kommerzielle Freizeitwelt steht damit im deutlichen Kontrast zur Leistungssphäre, aber auch zur politischen Sphäre der Gesellschaft, in denen Jugendliche von vielem, was Erwachsenen offen steht, aufgrund ihres Alters ausgeschlossen sind. Mit der Konsumentenrolle kompensieren Jugendliche also, dass sie in vielen Bereichen des gesellschaftlichen Lebens über eingeschränkte Handlungsmöglichkeiten verfügen. Das ist letztlich auch der Grund, warum sie, wie Klaus Hurrelmann betont, die Konsumentenrollen oft nahezu perfektionieren: „Diese Konsumentenrolle lernen sie teilweise virtuos zu beherrschen, so dass sich ihr Verhalten in diesem Bereich nicht von dem der Erwachsenen unterscheidet. Das freizeitliche Konsumverhalten hat in dieser Hinsicht entwicklungsfördernde und verhaltensstabilisierende Effekte und gehört zu den Verhaltensbereichen, in denen Jugendliche ihren Status als ‚Minderjährige', die noch nicht voll in wichtige gesellschaftliche Partizipationsbereiche eingegliedert sind, nicht zu spüren bekommen." (Hurrelmann 1999: 158)

Die Attraktivität der kommerziellen Freizeitsphäre besteht für Jugendliche also insbesondere darin, dass sie dort nicht auf Schritt und Tritt ihren Status als Minderjährige zu spüren bekommen. Das ist die eine, positive Seite der Medaille. Die andere, eher negative ist, dass natürlich nicht alle Jugendlichen gleichermaßen von den kommerziellen Angeboten des Freizeitmarktes profitieren können. Insbesondere Jugendliche aus einkommensschwachen Elternhäusern haben in der nunmehr völlig durchkommerzialisierten Freizeitwelt kaum Möglichkeiten zur Beteiligung, ist hier doch alles, was man zur Teilnahme braucht, an den Kaufakt gebunden, nur durch die Verausgabung von finanziellen Mitteln zugänglich. Wer kein Geld hat, gehört in einer kommerziellen Warenwelt demnach notwendiger Weise zu den Ausgeschlossenen; Sozialforscher und Sozialforscherinnen sprechen von „Exklusion" aufgrund materieller Not.

Die Kommerzialisierung der Jugendkultur hat aber nicht nur auf den einzelnen Jugendlichen und die Art und Weise, wie er seine Freizeit unter kommerziellen Marktbedingungen erlebt, Auswirkungen. Sie beeinflusst auch die Binnenstrukturen der jugendkulturellen Szenen in mancher Hinsicht durchaus negativ. Die Kommerzialisierung begünstigt nämlich, dass sich in den Szenen kleine Organisationseliten heranbilden, denen ein großes, konsumierendes Publikum gegenübersteht. Das Handeln der Eliten ist, wie man am Beispiel der Techno-Szene bzw. der Loveparade-Organisation sieht, vor allem an zweckrationalen, ökonomischen Handlungs- und Entscheidungskriterien ausgerichtet. (Hitzler u.a. 2005: 231) Das Künstlerische und die Bedürfnisse und Interessen des Publikums werden dem ökonomischen Prinzip untergeordnet. Dies hat zur Folge, dass die künstlerische Entwicklung stagniert, was dem Image der Szene schadet, und dass sich das Publikum vielfach nur mehr als Masse wahrnimmt, die abgezockt wird, ohne dass man sich viel um sie kümmert. Die Konsequenz ist, dass sich zumindest Teile des enttäuschten Publikums anderen kulturellen Segmenten zuwenden, die ein höheres Ausmaß an Kundenorientierung, Authentizität und künstlerischer Qualität zu garantieren scheinen.

Heiko, 27: „Die Loveparade ist doch nur mehr ein Volksfest ohne Charakter. Da wird schon jede Mucke reingedrückt, mit Techno hat das nichts mehr zu tun. Es geht nur mehr darum, dass ein paar Leute verdienen und eine große anspruchslose Masse unterhalten wird. Meine Konsequenz: Ich bin nicht mehr dabei."

Die Kritik an der Kommerzialisierung der Jugendkultur hat eine lange Tradition. Auch heute ist das Kommerzielle, das den zeitgenössischen Jugendkulturen anhaftet, noch ein immer wieder hochkommendes populäres Streitthema. Vehemente Kritik wird dabei vorzugsweise von Angehörigen einer politischen oder einer postmodernen Lifestyle-Linken, aber auch von traditionell ausgerichteten Politikern und Wissenschaftern geübt. Sie monieren, dass die kommerzielle Jugendkultur die Jugend entpolitisiert, dass traditionelle Gruppenbindungen verlorengehen und dass sich im Zuge der Individualisierung und Kommerzialisierung der Jugend- und Freizeitkulturen unter Jugendlichen ein radikal am eigenen Lustgewinn orientierter Egoismus breit macht. Völlig zurückzuweisen sind die Argumente, die hier vorgebracht werden, natürlich nicht. Zumindest das stark zurückgehende Interesse für traditionelle Jugendverbände und politische Jugendorganisationen ist sicher eng mit dem Aufschwung der kommerziellen Jugendkulturen verbunden. Die Angebote der so genannten Kulturindustrie sind angesichts ihrer verlockenden Ästhetik nur allzu gut dazu geeignet, Jugendliche vom sinnvollen gesellschaftlichen Engagement abzulenken und zum lustvollen Spiel mit der Oberfläche zu verführen.

Wie ein Blick in die Geschichte der Konsumkritik zeigt, gehen die schärfsten Konsumkritiker immer aus Gruppen hervor, die gesellschaftlichen Modernisierungsprozessen, der Entwicklung von neuen Formen des Zusammenlebens, der Ausbildung neuer Denk- und Handlungsweisen und dem Wertewandel skeptisch gegenüberstanden. Insbesondere die um die Wende vom 19. zum 20. Jahrhundert aufkommende Konsumkritik wurde von Strömungen getragen, die die Ablehnung der Konsumgesellschaft als „Abwehrkampf" gegen die aufkommende Moderne verstanden. (Lenz 2007: 41) Wirft man einen Blick auf die heutige Konsumkritik, so zeigt sich, dass sie noch immer vorzugsweise von Gruppierungen ausgeht, die von den gesellschaftlichen Entwicklungen nur mäßig profitieren oder aufgrund von gesellschaftlichen Veränderungen sogar gänzlich um ihren Einfluss fürchten müssen. Im Gegensatz zur Zeit des „Fin de Siècle" scheinen die heutigen Konsumkritiker und Konsumkritikerinnen beim ersten Hinsehen aber keine konservativen, antimodernen Kräfte zu sein. Im Gegenteil, sie geben sich vor allem kritisch und aufklärerisch. (Lenz 2006: 51) Dennoch stellt sich die Frage, ob unter der aufklärerischen Oberfläche letztendlich nicht doch ein nostalgisch-romantischer Konservatismus versteckt ist, der seinen primären Antrieb aus der Furcht vor gesellschaftlichen Veränderungen bezieht.

Der Körper – das Schlüsselsymbol unserer Zeit

Seit einiger Zeit kommt einem Objekt, ohne das es dem Menschen unmöglich ist zu leben und das ihn unmittelbar mit der Natur verbindet, verstärkte Aufmerksamkeit zu: dem Körper. Nicht nur im Alltag der Menschen, sondern auch in der Wissenschaft hat die Beschäftigung mit dem Körper an Bedeutung gewonnen. In einigen Publikationen wird daher heute bereits von einem „Somatic Turn" in der Soziologie gesprochen. (vgl. Schroer 2005: 10) Das cartesianische Denken, das mit seinem „Cogito ergo sum" das Subjekt auf seine kognitiv-rationale Seinsweise verkürzte, wird vor dem Hintergrund dieser verstärkten Zuwendung zum menschlichen Körper immer mehr in Zweifel gezogen.

> „Descartes' motto was ‚I think, therefore I am' – not ‚I eat, drink, sleep and have sex, therefore I am'. The human subject was to be found not in the body, but in the mind." (Corrigan zitiert nach Schroer 2005: 12)

Sieht man sich heute auf der Straße um oder in die Medien, so wird offensichtlich, dass in der Postmoderne der Mensch bei weitem nicht mehr auf seine Geistigkeit reduziert werden kann. Zumindest scheint es, nicht zuletzt aufgrund des neuen Körperkults unter den Menschen, notwendig zu sein, den Köper und den Geist gleichrangig zu behandeln. Vielfach kommt heute aber sogar der Eindruck auf, als würde der Körper gegenüber Denken und Reflexion privilegiert.

Die hohe Aufmerksamkeit, die der Körper in unserer Zeit genießt, passt gut zur allgemeinen Verfasstheit unserer Welt. Wir leben in einer Mediengesellschaft, die das Sichtbare, das Bildliche bevorzugt. Bildmedien dominieren die Kommunikation. Die privaten Räume der Menschen und mittlerweile auch der öffentliche Raum sind angefüllt mit so genannten „Screens", auf denen permanent Bildbotschaften gesendet werden – man denke nur an U-Bahnstationen, Bahnhöfe, Teile der Gastronomie oder an Foyers von Hotels oder großen Konzernen. Wenn in dermaßen lückenloser Permanenz

Bilder auf die Menschen einstürmen, kann es da verwundern, dass sich die Menschen verstärkt jenem Teil ihres Seins zuwenden, der sie sichtbar repräsentiert, dem eigenen Körper?

Aus der Kommunikationsforschung weiß man, dass Bilder deutlich mehr Aufmerksamkeit erregen als das geschriebene oder gesprochene Wort. Was per Bild vermittelt wird, bleibt nachhaltiger in der Erinnerung der Menschen hängen als sprachliche Botschaften. Schon der altgriechische Philosoph Platon hat vor Macht und Einfluss der Bilder gewarnt und wollte deren Präsenz im Alltag der Gesellschaft zurückdrängen. Selbst die Bilder, die die Sprache der Dichtung in den Köpfen der Menschen hervorruft, erschienen ihm als gefährlich. Vor allem die Jugend sah Platon durch die Bilder der Dichtung bedroht und er verlangte nach staatlichen Gesetzen zu deren Einschränkung und Kontrolle.

„Nach Platons Auffassung sind es die in der Dichtung erzeugten Figuren und Handlungen, die sich in mimetischen Prozessen in das Imaginäre der jungen Menschen einschreiben. Diese Bilder sind so mächtig, dass sich diese ihrer Wirkung nicht widersetzen können. Deshalb müssen die Erzählungen und Bilder ausgewählt werden, die sich in der Vorstellungswelt der jungen Menschen festsetzen sollen. Andere Inhalte hingegen müssen von der nachwachsenden Generation ferngehalten werden." (Wulf 2004: 161)

Auch der berühmte erste Eindruck, der bei Vorstellungsgesprächen oder beim alltäglichen Kennenlernen von Personen in der Freizeit entsteht und der so wichtig ist, ist stark von dem geprägt, was am Menschen sichtbar ist.

Der Körper fungiert damit einerseits als Aufmerksamkeitsgenerator, andererseits hat seine formale Gestaltung auch Einfluss darauf, wie man beim Gegenüber, bei der menschlichen Umwelt, ankommt. Sympathie-Urteile werden primär aufgrund des äußeren Erscheinungsbildes eines Menschen gefällt. Auch im Beruf sind Urteile über die fachliche Kompetenz von Mitarbeitern im hohen Maße durch Äußerlichkeiten beeinflusst.

Letztendlich geht es heute vor allem darum, was durch Körperlichkeit, Kleidung und Bewegung zum Ausdruck gebracht wird. Der Körper ist, wie Schroer treffend bemerkt, „somit die adäquate Kapitalform in einer Kultur der Sichtbarkeit." (Schroer 2005: 36) In einer Gesellschaft, in der Jugendlichkeit und damit in Verbindung stehende Attribute wie Kraft, Ausdauer, Dynamik, Gesundheit, Leistungsfähigkeit etc. einen so großen Wert besitzen, wird es zur Notwendigkeit, dass der Köper so gestaltet ist, dass genau diese Attribute in den Vordergrund gestellt werden.

Die Logik ist simpel: Wer einen sportlich-jugendlichen Körper hat, punktet. Daher wird die Zahl derer, die ein sportlich-vitales körperliches Erscheinen anstreben, immer größer. Vor allem in den jungen Zielgruppen ist ein wahrer Körperkult ausgebrochen. Diejenigen, die in ihrer Freizeit Fitnesseinrichtungen besuchen oder im öffentlichen Raum joggen, werden immer mehr. Über 20 Prozent der 11- bis 29-jährigen deutschen Meinungsführer betreiben täglich Sport, weitere 45 Prozent tun das zwei- bis dreimal die Woche. (tfactory Hamburg 2006b)

Einen gravierenden Unterschied zwischen den Geschlechtern kann man bei diesem Trend nicht erkennen. Sowohl die männliche als auch die weibliche Jugend zieht es großteils mehrmals wöchentlich zum „Workout".

Grafik 7: Häufigkeit sportlicher Betätigung

11- bis 29-jährige Jugendliche und junge Erwachsene – Trend-Segment, Angaben in Prozent

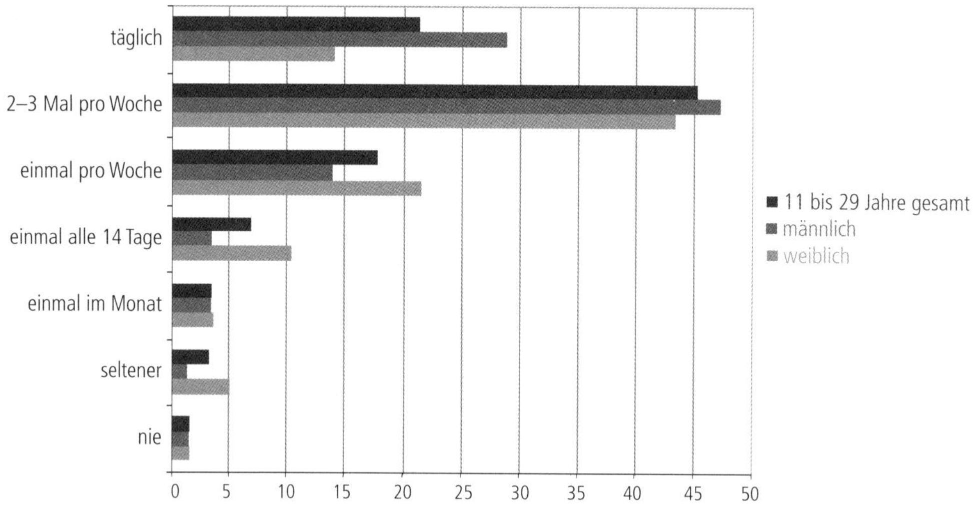

Quelle: tfactory Hamburg (2006): Timescout Welle 10, rep. für 11- bis 29-jährige Trendsetter und Early Adopters, n=900

Wie passt dies nun aber zu den immer wiederkehrenden Medienberichten über eine übergewichtige und in ihrer Bewegungsfähigkeit durch Unsportlichkeit und körperliche Passivität teilweise eingeschränkte Jugend?

Die Antwort ist einfach: Es passt – und zwar, weil es zu jedem großen Gesellschaftstrend immer auch einen Gegentrend gibt. So ist es auch hier: Auf der einen Seite die große Mehrheit der „versporteten" Jugendlichen und jungen Erwachsenen, auf der anderen Seite eine Minderheit von rund 15 Prozent, die sich körperlich extrem vernachlässigt, sich kaum bewegt und sich zudem mit stark fetthältigem Fastfood und zuckerhältigen Limonaden vollstopft. Daten des deutschen Robert-Koch-Institutes untermauern diese Beobachtung. Zwischen 2003 und 2006 wurden im Rahmen eines

Kinder- und Jugendsurveys über 17.000 Kinder und Jugendliche befragt und auch medizinisch getestet.

Das Ergebnis: Den über 80 Prozent völlig normalgewichtigen und gesunden Kindern und Jugendlichen zwischen 3 und 17 Jahren stehen 15 Prozent der jungen Deutschen gegenüber, die übergewichtig sind, 6,3 Prozent von ihnen leiden unter Adipositas, also Fettsucht. Interessant sind die sozialstrukturellen Implikationen der Übergewichtigkeit. So kann von einem überdurchschnittlichen Risiko für Übergewicht und Fettsucht vor allem „bei Kindern aus sozial benachteiligten Schichten, bei Kindern mit Migrationshintergrund, bei Kindern, die nicht gestillt wurden, und bei Kindern, deren Eltern ebenfalls übergewichtig sind“ gesprochen werden. (Robert Koch Institut 2006) Der Umgang mit dem eigenen Körper wird also offensichtlich extrem stark von der sozio-kulturellen Lebenslage der Menschen bestimmt.

Die Sorge um den eigenen Körper ist bei den Mittel- und Oberschichten deutlich ausgeprägt. Die sozialen Unterschichten tendieren hingegen dazu, ihren Körper zu vernachlässigen. Pierre Bourdieu hat darauf hingewiesen, dass das Körperbewusstsein der Menschen nicht unabhängig von der sozialen Lage gesehen werden kann: Im Zuge der Sozialisation erwirbt man einen Habitus, der dem seiner Herkunftsklassen entspricht und der sich in vielen seiner alltäglichen Lebensäußerungen, u.a. auch im Umgang mit dem eigenen Körper, widerspiegelt. Wie man sich ernährt, ob und welchen Sport man betreibt und wie man mit seinem Körper verfährt, ist laut Bourdieu nicht eine Frage der individuellen Entscheidung, sondern hängt davon ab, in welchem sozio-kulturellen Umfeld man aufgewachsen ist und lebt. (Bourdieu 1987: 205)

Auffällig ist zudem, dass sich jene Menschen, die beruflich keiner schweren körperlichen Arbeit nachgehen, besonders mit ihrem Körper beschäftigen und sich um ihn sorgen. „Harte körperliche Arbeit wird – zumindest in den westlichen Industrienationen – immer seltener. Damit wird der Körper freigesetzt für andere Betätigungen, die dem Körper zugleich auch eine andere Bedeutung zuweisen. Statt der Arbeit mit dem Körper haben wir es heute verstärkt mit der Arbeit am Körper zu tun.“ (Schroer 2005: 14)

Es scheint, als wäre die Freisetzung des Körpers aus der traditionellen Industriearbeit eine notwendige Voraussetzung dafür, um zur Arbeit am eigenen Körper zu kommen, zeigt sich doch, dass in jenen sozialen Schichten, wo es üblich ist, den Körper zum Broterwerb einzusetzen, ein vergleichsweise geringes Körperbewusstsein vorzufinden ist.

Die größte symbolische Bedeutung kommt dem Körper in jenen Gesellschaftsschichten zu, in denen in erster Linie geistig gearbeitet wird. Der Körper wird in diesen Schichten ganz gezielt als „Kommunikator“ eingesetzt, als Statussymbol der Vitalität und Leistungsfähigkeit. Der durchtrainierte, schlanke, vielleicht auch braungebrannte Mitdreißiger, der in seiner Freizeit Mountainbike fährt oder Marathon läuft, signalisiert seinen Vorgesetzten und Mitbewerbern damit seine Einsatzbereitschaft und seine Stärke im täglichen Konkurrenzkampf. Seine Botschaft ist: „Ich setze mich engagiert für meine Ziele ein und verfüge über die notwendige Kraft und Energie, um mich auch gegen Widerstände durchzusetzen."

Für den Fabriksarbeiter, den Automechaniker oder die Verkäuferin im Supermarkt macht ein solcher körpersymbolischer Aufwand hingegen nur eingeschränkt Sinn, denn das öffentliche Inszenieren von Engagement, Einsatzbereitschaft und Vitalität hebt ihr Ansehen unter den Arbeitskollegen nur wenig und es verbessern sich dadurch auch nicht ihre beruflichen Aufstiegschancen, zumal die Aufstiegsmöglichkeiten in ihren Berufsfeldern ohnehin gering sind.

In einer Mittelschichtgesellschaft dominiert der Habitus der Mittelschicht den gesellschaftlichen Alltag. Er dominiert das Gesamterscheinungsbild der Gesellschaft. Auch die Konsumgüterindustrie und die Werbewirtschaft orientieren sich an den Bedürfnissen der breiten Mittelschicht. Da es für die Mittelschicht funktional ist, sich in der Berufs- und Freizeitwelt sportlich und vital zu präsentieren und damit Leistungsbereitschaft und Durchsetzungswillen zu signalisieren, werden Produkte entwickelt und auf den Markt gebracht, die diese Alltagsstrategie unterstützen. Die „Versportung" der Freizeitmode ist in diesen Kontext einzuordnen, leistet sie doch einen wesentlichen Beitrag zur sportlichen Selbstpräsentation der Menschen in alltäglichen Lebenssituationen.

„Sportschuhe, -hemden und -pullover in der Öffentlichkeit zu tragen und für eine allgemeine Freizeitgestaltung umzufunktionieren, heißt, die Symbolkraft des Sportkörpers und der im zugeschriebenen Kleidung für ein sportives Auftreten in außersportlichen Situationen zu nutzen. Individuelle Leistungsfähigkeit, Vitalität, ein unkompliziertes Unbekümmertsein, Einfachheit und ein leichter Zugang für zwischenmenschliche Kontakte als Importe aus der Du-Kultur des Sports lassen sich so symbolisch andeuten." (Bette 2005a: 112)

Sport ist ein ausdifferenzierter Markt

Im kommerziellen Sportsektor werden heute verschiedenste Sportarten, denen sich die Menschen zuwenden können, angeboten. Das heißt, der Sportmarkt ist funktional ausdifferenziert.

Man findet angefangen bei den traditionellen Teamsportarten wie Volleyball, Handball, Hockey und Fußball über die am Wellness-Gedanken ausgerichteten Soft-Sports wie Nordic Walking oder Tai Chi, die körperfunktionalen Fitness- und Bodystyling-Sportarten wie Aerobic und Bodybuilding bis zum modernen Lifestylesport, der von Sportarten wie Snowboard oder Skateboard repräsentiert wird, alles, was das Herz begehrt. Jeder und jede Einzelne kann sich den individuellen Bedürfnissen entsprechend das Passende aussuchen.

Bei den Jugendlichen und jungen Erwachsenen am verbreitetsten und populärsten sind körperfunktionale Fitness- und Bodystyling-Sportarten und Lifestyle- und Trendsportarten. Viele machen beides: Mit dem Lifestylesport befriedigen sie ihre Selbstdarstellungs-, Spannungs- und Erregungsbedürfnisse, mittels des Bodystylings arbeiten sie an ihrer körperlichen Attraktivität, die ihnen im sozialen Umfeld höheres Ansehen und größere Akzeptanz verleiht.

Grafik 8: Häufigkeit der Sportausübung nach Sportarten

11- bis 29-jährige Jugendliche und junge Erwachsene – Trend-Segment, Angaben in Prozent

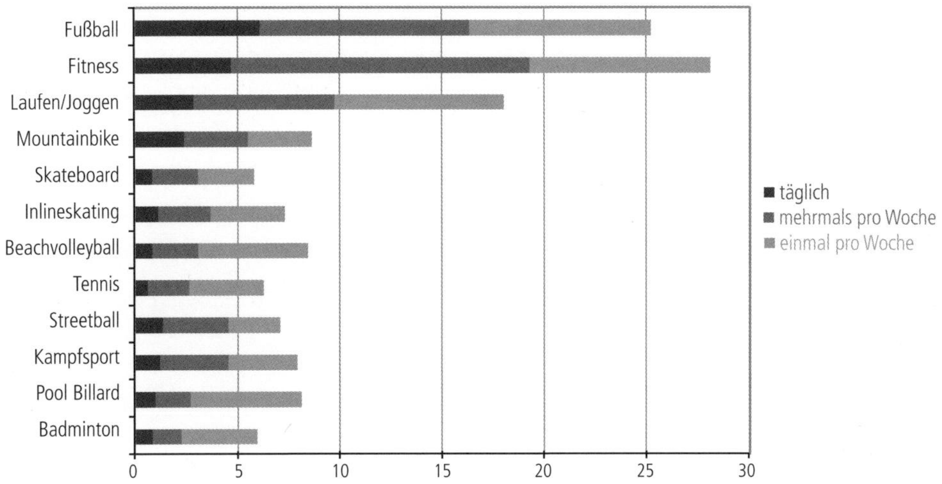

Quelle: tfactory Hamburg (2007): Timescout Welle 11, rep. für 11- bis 39-jährige Trendsetter und Early Adopters, n=1200

Ergebnisse der Trendforschung zeigen, dass körper-funktionaler Sport, der einen direkten Effekt auf die Körperformen hat, bei trendsensiblen Jugendlichen und jungen Erwachsenen die größte Bedeutung hat. (tfactory Hamburg 2007) Jugendlichen und jungen Erwachsenen geht es bei der sportlichen Betätigung also vorrangig um die Gestaltung des eigenen Körpers; neben modischen Lifestyle-Klamotten und Accessoires ist der Körper für sie zu einer wichtigen Lifestyle-Markierung geworden.

Der körper-funktionale Sport, umgangs- und werbesprachlich als Bodystyling bezeichnet, ist die am stärksten individualisierte Form der Sportausübung. Bodystyling ist Sport, der nicht in traditionellen Sportvereinen, sondern ausschließlich in Fitnessclubs ausgeübt wird. Die Fitnessclubs sind Bestandteil des kommerziellen Sportmarktes und damit zugleich auch eine Alternative zum traditionellen Vereinssport. Der Fitnessclub bzw. das Fitnesszentrum steht im Gegensatz zum klassischen Sportverein:

Jugendliche werden hier als Konsumenten behandelt und ihnen wird vollständige Entscheidungsfreiheit in Bezug auf Form und Inhalt ihrer sportlichen Betätigung überlassen.

Das heißt, im Fitnesszentrum gibt es keine besserwisserischen Trainer, die ihre Trainingsgruppe mit autoritärem Gestus anleiten. Es gibt keinen Zwang, das Training zu einer bestimmten Zeit zu absolvieren. Es gibt keine Verpflichtung zu außersportlichen, administrativen oder organisatorischen Tätigkeiten wie die der Vorbereitung des jährlichen Sommerfestes und auch kein Gezerre darum, wer in der nächsten Funktionsperiode Sportwart oder Vereinsvorsitzender werden soll.

Der Fitnessclub ist eine professionell geführte, flexible Einrichtung, in der der Jugendliche ohne Zwang und Bevormundung trainieren kann, wo er von freundlichen Mitarbeitern und Mitarbeiterinnen betreut wird, die ihn nicht anders als einen erwachsenen Kunden behandeln. Das heißt, das Fitnesscenter ermöglicht Minderjährigen einen partiellen Erfahrungsvorgriff auf die Autonomie und Entscheidungsfreiheit der vollwertigen Erwachsenenrolle.

Grafik 9: Angesagte Sportarten

11- bis 29-jährige Jugendliche und junge Erwachsene – Trend-Segment, Angaben in Prozent

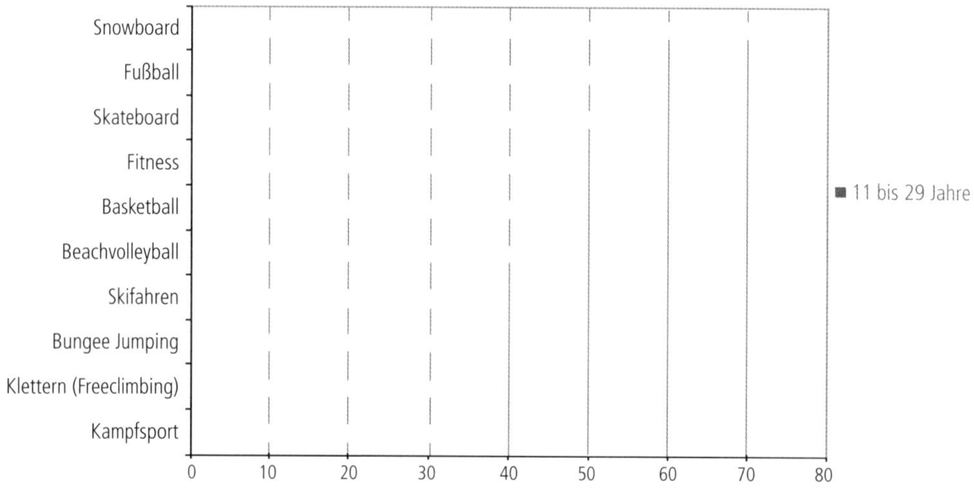

Quelle: tfactory Hamburg (2007): Timescout Welle 11, rep. für 11- bis 39-jährige Trendsetter und Early Adopters, n=1200

Bemerkenswert ist, dass die traditionelle Vereinssportart Fußball von fußballbegeisterten jungen Leuten in den letzten Jahren immer öfter außerhalb der traditionellen Vereinsstrukturen betrieben wird. Fußball wurde zum posttraditionellen Freizeitsport, den man mit Freunden im Park oder auf der grünen Wiese am Rande der Stadt betreibt. Man verabredet sich, markiert die Tore mit jeweils zwei Sporttaschen und spielt ohne Trainer, Schiedsrichter und professionellem Outfit – einfach so zum Vergnügen und ohne Leistungsdruck. Häufig sind diese Fußball-Freundeskreise mit Fan-Gruppen identisch, die die Heimspiele „ihres“ Fußballvereins regelmäßig gemeinsam besuchen. Wir finden hier also eine Kombination von aktiver Sportausübung, die im außerinstitutionellen Raum stattfindet, und dem Konsum einer Sportart im Rahmen kommerzieller Fankulturen vor. Und einmal mehr stehen „Fun“ und „Lifestyle“ im Vordergrund.

Mark, 22: „Wir sind eine Gruppe von Leuten, die regelmäßig die Heimspiele des FC St. Pauli besuchen. Unser harter Kern sind die Dauerkartenbesucher. Wenn kein Heimspiel ist, dann Kicken wir am Sonntag ein oder zwei Stunden im Stadtpark. Ist gut zur Kontrolle der Bierbäuche.“

Lifestyle- und Funsportarten wie Snowboard oder Skateboard sind bei Jugendlichen enorm angesagt. Aus ihrer Popularität kann man aber nicht direkt auf die aktive Sportausübung schließen. Vielfach sind es die sinnenbestürmende Eventkultur und die Lifestyle-Mode, die diese Sportarten für Jugendliche attraktiv machen. Ein typisches Beispiel dafür ist die Trendsportart „Skateboard“. Skateboard wird von wenigen Jugendlichen ausgeübt, dennoch ist Skateboard die drittbeliebteste Sportart der deutschen Jugend. Die Aktiven, die auf den großen Skateboard-Events um den Sieg in der Halfpipe kämpfen, genießen hohes Ansehen und sie sind nicht nur Sport-, sondern auch Stilikonen. Auf viele Jugendliche üben sie eine stärkere Faszination aus als internationale Top-Stars des Fußballs wie zum Beispiel David Beckham. Die populären Lifestyle- und Funsportarten haben mit der traditionellen Sportkultur wenig zu tun. Sie sind vielmehr popkulturelle Phänome, die den Lifestyle-Faktor und die zwanglose Unterhaltung in den Mittelpunkt rücken. Die Zwanglosigkeit, die diesen Sportarten anhaftet, ist auch im Kontext der tiefgreifenden Werteverschiebung von traditionellen Pflicht- und Akzeptanzwerten zu Werten wie Autonomie und Selbstverwirklichung, von Disziplin- und Opferbereitschaft zu postmodernem Hedonismus und von extrinsisch-materiellen Werten wie Einkommen und Karriere zu intrinsisch-immateriellen Werten wie Lust an der Bewegung und Spaß am Erfolg zu sehen. (vgl. Gugutzer 2004: 37)

„Ein charakteristisches Merkmal von solchen Trendsportarten ist, dass sie mehr als Sport, nämlich Lebensstil sind, zu dem die entsprechende Kleidung, Musik und der ‚richtige' körperliche Habitus gehören.“ (Gugutzer 2004: 36)

Der Körper als Mittel individueller Sinnerfahrung

Ohne zu übertreiben, kann man sagen: Der Körper ist zu einem Schlüsselsymbol der Jugendkultur geworden. Er ist nicht nur Aufmerksamkeitsgenerator, sondern auch eine wichtige Quelle für die Erfahrung von Sinn, Stabilität und Sicherheit. In einer unsicheren Zeit, in der die heutige Jugend heranwächst, ist der Körper wie ein Fels in der Brandung.

Im Zeitalter der Individualisierung gehen traditionelle Sicherheiten und Gewissheiten zunehmend verloren und junge Menschen stehen häufig alleine mit dem permanenten Zwang zur Entscheidung in einer Welt, die für sie viele Optionen offen hält.

Vor diesem Hintergrund wird der Körper für Jugendliche zu einem wichtigen Symbol der Stabilität und der Sicherheit. Er ist immer da, man ist sich seiner sicher und man kann sogar gestaltend auf ihn einwirken und so aus dem Umgang mit ihm noch Sinn gewinnen.

„Der eigene Körper ist immer da, auf ihn kann unmittelbar zugegriffen werden, mit und aus ihm können spür- und sichtbare Wirkungen erzielt, Sicherheit her- und Identität dargestellt werden. Der individualisierte Körper erscheint so für viele als Hoffnungsträger ‚par excellence', um die Chancen einer individualisierten und pluralisierten Lebensführung nutzen und deren Risken meiden oder bewältigen zu können." (Gugutzer 2004: 37)

Hinzu kommt noch, dass der Körper als konkret und wahrhaftig wahrgenommen werden kann. Er ist damit eine starke Alternative zur abstrakten Welt der politischen Diskurse, denen es aus Sicht der Jugendlichen an Realitätsbezug und Glaubwürdigkeit fehlt.

„Wo viele reden, aber in ihren Äußerungen häufig nicht meinen, was sie sagen, und ohnehin nur ‚die Kommunikation kommuniziert' (...), geben Körper und Natur als spür- und greifbare Größen ein Eindeutigkeitsversprechen, das seinesgleichen sucht." (Schroer 2005: 302)

So schließt sich der Kreis und wir kommen wieder zurück an den Punkt, dass in der Jugendkultur vermutlich nicht ohne Grund heute die symbolische, nicht-diskursive Kommunikation besonders wichtig ist.

Womöglich ist es das Glaubwürdigkeits- und Sinndefizit der öffentlichen Diskurse, die die Erwachsenen und insbesondere die Politiker und Politikerinnen führen, welche eine Hinwendung der Jugend zur naturhaften, außergesellschaftlichen Welt des Körpers und des Sports provozieren, denn „der Sinn des Sports besteht darin, nicht auf den Sinn von Kommunikation zu bauen, sondern vielmehr die Intensität des Körpers und die Eigenheiten und Restriktionen der Natur ins Spiel zu bringen, um diese für ein alternatives Erleben und Handeln sowie eine außeralltägliche Selbstbeobachtung zu nutzen." (Schroer 2005: 300)

Jugend zwischen MySpace und MTV

Beate Großegger

Medien und Technologien im jugendlichen Alltag

Die Jugend und die Medien – das ist ein Thema für sich. In der öffentlichen Debatte werden jugendliche Medien-Nutzer allzu gerne plakativ etikettiert: als die MTV-Generation, als Multi-Media-Kids, als Kinder der Informationsgesellschaft und auch als die Protagonisten des technologievermittelten sozialen Wandels unserer Gesellschaft. Von ihnen geht etwas Faszinierendes und zugleich Irritierendes aus.

Dass jugendliche Mediennutzer anders ticken als der durchschnittliche Erwachsene, das weiß jeder, der in Kontakt mit Jugendlichen steht. Sie integrieren Medien und Technologien meist schon von frühem Kindesalter an in ihren persönlichen Alltag und sie orientieren sich dabei selbstverständlich am aktuellen technologischen „state of the art". Sie stellen sich mit großer Leichtigkeit auf die ständigen Innovationen des Informations-, Kommunikations- und Unterhaltungstechnologie-Sektors ein. Sie erwerben Anwendungskompetenz, oft ohne eine spezielle Einschulungshilfe zu benötigen – indem sie sich einfach nach dem „Trial-and-error-Prinzip" an neue „Tools" heranarbeiten oder indem sie sich in den Peers austauschen und ein gemeinsames „learning by doing" praktizieren. Und das ist noch nicht alles: Jugendliche haben auch andere Informationsinteressen als Erwachsene. Sie haben einen anderen Begriff von „guter Unterhaltung". Sie haben andere, von der Jugendkultur und den Style-Codes der populären jugendkulturellen Szenen beeinflusste ästhetische Präferenzen. Die Liste ließe sich noch lange fortsetzen. Kein Wunder also, dass die Jugendforschung einen Kommunikationsriss zwischen den Generationen diagnostiziert.

Jugendzeit ist Medienzeit – so heißt es unter Jugendforschern und Jugendforscherinnen. Und da ist auch wirklich etwas dran. Jugendliche Erfahrungs- und Erlebniswelten sind allseits mit medialen und technologischen Angeboten angereichert. Medien schaffen neue Sozialisationsumgebungen. Medien und Unterhaltungstechnologien erweitern aber auch das Freizeitrepertoire der Kinder und Jugendlichen.

Das war freilich schon immer so. Die Music-Box wurde zu einem Synonym für die Unterhaltungskultur der 1950er-Jahre-Jugend. In den 1960ern nahm das Fernsehen Einzug in den Freizeitalltag der Kinder und Jugendlichen. Dann kamen die 1970er und das Farbfernsehen setzte sich durch. Damals war man noch weit davon entfernt, dass rund um die Uhr gesendet wurde, doch in den Sommerferien gab es bei Regen und Gewitter im „Kinderfernsehen" immerhin schon ausgeweitete Sendezeiten – dieses neue Konzept lief unter dem Titel „Schlechtwetterprogramm". Der Fernseher wurde nun zur „Nanny" und die Volksschulkinder freuten sich, wenn die Sonne mal nicht schien und sie nicht ins Schwimmbad gehen mussten, sondern gemeinsam mit den Nachbarskindern ganz entspannt vor der Mattscheibe sitzen konnten, um sich „Raumschiff Enterprise" reinzuziehen. Das war lange bevor das Privatfernsehen eine immer unüberschaubarere Vielfalt an TV-Programmen in unsere Wohn- und Schlafzimmer brachte, lange bevor das so genannte Musikfernsehen durchstartete und auch lange bevor der Computer sich als Schreibmaschinenersatz etablierte und Computerspiele im Freizeitgeschehen der Jungs einen Festplatz bekamen. Kaum jemand dachte damals daran, dass für Jugendliche zu Beginn des 21. Jahrhunderts ein Haushalt mit Farbfernseher ebenso selbstverständlich wie ein Haushalt mit Staubsauger und Kühlschrank sein würde, dass es für einen „Durchschnittsjugendlichen" ganz normal sein würde, ein eigenes Handy zu haben, dass ein Computer mit Internetzugang für breite Mehrheiten im persönlichen Medien- und Technologie-Repertoire zur Standardausstattung gehören würde etc. Kaum jemand konnte sich damals vorstellen, wie dynamisch sich die mediale und technologische Durchdringung des jugendlichen Alltags in den Folgejahren entwickeln würde.

Heute wachsen Jugendliche in einer medial und technologisch ausdifferenzierten und hoch spezialisierten Umwelt heran. Medien und Technologien hinterlassen in ihrem Alltag allseits ihre Spuren. Und auch die Jugendkultur wäre in der Form, wie wir sie heute kennen – nämlich als überregional vernetzter Pool an jugendkulturellen Trends und Stilen – ohne entsprechende mediale, informations- wie auch kommunikationstechnologische Basis nicht vorstellbar. Die Jugendkultur, so wie sie sich heute präsentiert, spielt an der Schnittstelle von medienvermittelter Popkultur und jugendlichem Alltag, und die Jugendlichen bilden ihre jugendkulturelle Identität nicht nur über realweltliche Kontakte, sondern auch im Zugriff auf jugendkulturrelevante Medien. Jugendkulturrelevante Medien sind heute ein essentieller Bestandteil der Gesamtartikulation der zeitgenössischen Jugendkultur. Und wenn ein 15-Jähriger aus einer kleinen Gemeinde im Tiroler Unterland heute mit der Bitte an die kommunale Jugendpolitik herantritt, eine attraktivere Freizeitinfrastruktur für die ortsansässige Jugend zu schaffen, sucht er nach den passenden Worten und er findet sie – man würde es nicht glauben – just auf MTV. In Anlehnung an die populäre MTV-Show „Pimp my ride" formuliert Raphael seinen Wunsch salopp: „Please, Herr Bürgermeister, pimp our St. Johann." Und er geht natürlich davon aus, dass die Botschaft bei den politisch Verantwortlichen auch richtig und vor allem unmissverständlich ankommt. Dass sie die MTV-Show „Pimp my ride" vielleicht gar nicht kennen, kommt Raphael nicht in den Sinn. (Großegger 2006; Institut für Jugendkulturforschung 2006)

Freizeitfaktor „Medien"

Auf eine einfache Formel gebracht, kann man sagen: Die Freizeit der Jugendlichen besteht in Menschen plus Medien plus Technologie. Alle großen Jugendstudien der letzten

Jahre zeigen in Übereinstimmung, dass neben Freunden und Freundinnen und der Musik Medien und Technologien eine zentrale Rolle im Freizeitgeschehen der Jugendlichen spielen. (vgl. Dt. Shell 2006, Institut für Jugendkulturforschung 2005, BMSG 2003) Das gute alte „Patschenkino“, das bei der Jugend insbesondere mit Comedy und jugendgerechter Serienunterhaltung punktet, Video- und DVD-Abende (mit Freunden oder auch allein), Internet in all seinen Anwendungsformen (von klassischer Info-Recherche und E-Mail-Versand über Chat, Online-Gaming, Musikdownloads bis zur Beteiligung an populären „Mitmachseiten“ im Web 2.0) und – vor allem bei den Jungs – Computerspiele, allein, zu zweit oder in der Clique, sind Fixstarter in der jugendlichen Freizeitgestaltung. Was auffällt ist, dass Medien und Technologien hier nicht, wie man immer wieder hört, in Konkurrenz zu zwischenmenschlicher Kommunikation stehen.

Entgegen den gängigen Klischees geht die Medien- und Technologieaffinität, die die heutige Jugend auszeichnet, nicht auf Kosten der Sozialkontakte. Das Bild vom pickligen, pummeligen und sozial isolierten „Computer-Nerd“, das wir alle nur zu gut kennen, ist, wie die Jugendforschung zeigt, ein an der Realität völlig vorbeilaufendes Klischee. Freunde treffen, gemeinsam etwas unternehmen, Ausgehen, neue Leute kennen lernen, Musik- oder Sport-Events besuchen, mit Freunden und Freundinnen das Bad in der popkulturellen Menge genießen – Kontakt mit anderen Menschen und gemeinsame Erlebnisse sind für Jugendliche nicht nur spannend und wichtig, sie gehen mit Medienbegeisterung und Technologieaffinität vielmehr auch problemlos zusammen. Jugendliche nutzen Technologien, um die Reichweite von Gesprächen zu verlängern, und sie beziehen aus den Medien Informationen, die in den Peers, also den Gleichaltrigengruppen, für Gesprächsstoff sorgen.

Aus der Fülle an medialen Angeboten, die um die Zeit, die Aufmerksamkeit und das Interesse des jungen Publikums konkurrieren, brauen sich die Jugendlichen bedürfnisorientiert und in aller Regel ohne Rücksicht darauf, was Erwachsene als wünschenswert und sinnvoll empfinden, ihre ganz individuellen Medienmenüs. Sie haben dabei in der Regel kein „Stammmedium“, wo sie sich all das abholen, was sie zu brauchen glauben. Sie navigieren vielmehr als selbstbewusste „User“ in vernetzten Medienumgebungen und gruppieren das, was sie interessiert, zu themenbezogenen und meist auch lifestyleorientierten Medienarrangements. Geschichten, Bilder und Themen, die in den jugendrelevanten Medien auftauchen, werden individuell verarbeitet. Und mehr noch: Sie werden auch sozial eingebettet. Das heißt, Jugendliche tauschen sich mit ihren Freunden und Freundinnen darüber aus: Es kommt zu sozialer Referenz- bzw. Folgekommunikation. Wie die Jugendforschung zeigt, sind es neben populären Fernsehserien vor allem jugendkulturelle Lifestyle-Themen wie Musik, Funsports, Mode und Styling, die die Gespräche im Freundeskreis bestimmen.

Tagespolitische Themen wie auch all das, was Erwachsene gemeinhin als seriöse und relevante Informationen begreifen, spielt in der Peerkommunikation hingegen eine eher geringe Rolle. (Institut für Jugendkulturforschung 2007a)

Tabelle 4: Gesprächsstoff im Freundeskreis

Wenn du dich mit deinen Freunden triffst, über was redet ihr da hauptsächlich? Du kannst Mehreres nennen.

	11 bis 18 Jahre	11 bis 14 Jahre	15 bis 18 Jahre	männlich	weiblich
darüber, was wir in der Freizeit gemeinsam unternehmen könnten	69,6	66,3	72,8	64,7	74,4
über Musik	62,8	56,9	68,7	61,2	64,5
über Probleme in der Schule	48,9	48,5	49,4	41,4	56,5
über Klatsch und Tratsch	45,1	41,9	48,3	31,2	59,0
über Fernseh-Serien	44,1	44,9	43,2	40,4	47,8
über Liebeskummer	42,4	38,3	46,4	22,6	62,1
über Sport	42,0	43,0	41,0	58,7	25,3
über Sex	41,6	29,3	53,9	41,7	41,5
über Probleme mit den Eltern	40,8	37,0	44,7	30,9	50,8
über Mode/Styling	35,9	31,5	40,2	21,4	50,4
darüber, wie wir einem Freund oder einer Freundin, der/die Probleme hat, helfen können	34,6	27,6	41,6	27,1	42,1
darüber, was wir später einmal beruflich machen werden	31,3	25,6	37,0	27,4	35,1
über Drogen	30,7	22,6	38,7	28,4	32,9
über Popstars	27,7	36,2	19,2	19,0	36,3
über Computerspiele	26,5	29,7	23,4	43,9	9,1
über Dinge rund um den Computer	25,4	23,7	27,1	41,9	8,9
über finanzielle Dinge	22,1	15,0	29,2	21,0	23,2
über das, was sich in der Politik tut	18,4	7,5	29,3	20,4	16,3
über die Armut in der Dritten Welt	8,6	4,7	12,5	8,2	9,0
Basis	880	440	440	440	440

Quelle: Institut für Jugendkulturforschung (2007): elf/18 – die Jugendstudie, rep. für 11- bis 18-Jährige, n=880, Angaben in %

Medienangebote und Technologien kurbeln nun aber nicht nur die Kommunikation unter Jugendlichen an, sie bieten zugleich auch vielfältige Rückzugsmöglichkeiten. Vor allem Fernsehen steht bei den Jugendlichen hier hoch im Kurs. Fernsehen ist für Jugendliche ein klassisches „Leanback-Medium“: eines, wo man sich einfach zurücklehnt, nicht aktiv ist und auch so gar kein schlechtes Gewissen hat, wenn man sich mal so richtig berieseln lässt. Entspannen, relaxen, nicht an all die „nervigen“ Dinge des Alltags denken – das ist es, worum es hier geht. Jugendliche nennen das „couchen“.

Abgesehen davon bieten Fernsehen und – vor allem bei Jungs – Computer- und Videospiele aber auch eine willkommene Ablenkung, wenn das passiert, was jedem einmal passiert: Nämlich, dass der „Blues“ wieder einmal so richtig zuschlägt und man „schlecht drauf“ ist: Rund 45 Prozent der Mädchen und Jungs im Alter von 11 bis 18 Jahren setzen sich dann vor die Flimmerkiste. 46 Prozent der Jungs, doch nur 12 Prozent der Mädchen spielen zur Ablenkung ein Computer- oder ein Videospiel. Der absolute Klassiker, um mit dem persönlichen Alltagsfrust fertig zu werden, ist bei Jugendlichen freilich noch immer Musik hören – und zwar richtig laut. Das machen eigenen Angaben zu Folge zwei Drittel der Mädchen und Jungs, wenn der Blues wieder mal zuschlägt. (Institut für Jugendkulturforschung 2005a)

acts > More Facts > More Facts > More Facts > More Facts> Mo

Kommunikation und Geschlecht

In vielen Bereichen des Alltags nähern sich Mädchen und Jungs heute immer mehr an: Mädchen interessieren sich heute etwa ebenso sehr für Musik und Popkultur wie die Jungs, Mädchen trinken und rauchen zur Unlust der Jugendschützer und Jugendschützerinnen ebenso wie die Jungs, Mädchen reden so wie die Jungs offen über Sex. Und was ihre beruflichen Zukunftsperspektiven betrifft, entwickeln Mädchen Karrierehoffnungen, die an die Berufserwartungen gleichaltriger Jungs erinnern. Nur ein Bereich scheint von dieser Annäherung der Geschlechter ausgenommen: die Kommunikation. Wenn es um Kommunikation, Medien oder Technologienutzung geht, sind geschlechtsspezifische Unterschiede unverkennbar.

> Das beginnt bei der zwischenmenschlichen Kommunikation: Den Mädchen ist in ihren Sozialbeziehungen ein gesprächsorientiertes Miteinander generell wichtig. Sich Zusammengehörig-Fühlen bedeutet für sie immer auch miteinander reden. Jungs setzen in ihren Freundschaften hingegen vor allem auf gemeinsame Unternehmungen und (auch) wortlos funktionierende Erlebnisse, die zusammenschließen.
Auch die Gesprächskultur ist unterschiedlich. Jungs argumentieren in Gesprächen generell sehr faktenorientiert und sie nutzen das Sprechen dazu, sich mit ihrem Faktenwissen – etwa im Bereich der Musik, des Sports etc. – kompetent zu präsentieren. Die Gesprächskultur der Mädchen ist hingegen eher

dialogorientiert: Mädchen nutzen Gespräche, um sich im wechselseitigen Austausch (idealer Weise) eine gemeinsame Perspektive auf ein Thema bzw. ein Problem zu erarbeiten. Sie fokussieren dabei gerne auf komplexere Bedingungszusammenhänge, in denen das Thema, mit dem sie sich beschäftigen, gesehen werden kann und begreifbar wird. Und noch etwas unterscheidet Mädchen hier von den Jungs: Mädchen reden über ihre Probleme, sie suchen das Gespräch und sind auch eher als Jungs bereit, professionelle Beratung zu nutzen. Besonders ausgeprägt zeigt sich dieses Phänomen in der Altersgruppe der 11- bis 14-Jährigen: Jungs dieser Altersgruppe sind, wie man aus der Jugendberatung weiß, mit klassischen gesprächsbasierten Beratungsangeboten nur sehr schwer zu erreichen.

> Deutliche geschlechtsspezifische Unterschiede zeigen sich aber auch in der Mediennutzung: Mädchen lesen mehr als Jungs und sie sind auch eher bereit, für „Lesestoff" Geld auszugeben. Darüber hinaus zeigen Mädchen ein völlig anderes TV-Nutzungsverhalten als Jungs: Sie haben eine andere Vorstellung davon, was unter guter TV-Unterhaltung zu verstehen ist. Mädchen bevorzugen fiktionale Geschichten, die Menschen zeigen, welche es auch in der Realwelt geben könnte. Das heißt, sie mögen Helden und Heldinnen mit „Alltagsappeal". Und sie interessieren sich dafür, wie diese ihren Alltag bewältigen. Kluge, lustige, interessante Dialoge zwischen den Akteuren und Akteurinnen kommen bei ihnen gut an. Interessant ist für sie, warum diese so handeln, wie sie handeln. Jungs sind da ein wenig anders: Sie ziehen Action den auf sie oft langatmig wirkenden Gesprächen eindeutig vor. Und sie interessieren sich nicht so sehr für komplexe Mechanismen der zwischenmenschlichen Beziehungsgestaltung. Für sie gilt: Es muss etwas los sein. Handlungsfiguren, die sie gut finden, reden meist nicht lang drum herum und sie philosophieren auch nicht unnötig über Gott und die Welt. Sie lösen bestimmte Aufgaben, meistern die Situationen, in die sie geraten sind. Sie sind „Bewältigungsfiguren" in einem ganz klassischen Sinne. Das heißt freilich nicht, dass bei den Jungs nur die absoluten Sieger-Typen und echten Alpha-Tiere gut ankommen. Auch schräge Looser-Typen punkten – und zwar als kultige Anti-Helden. Dazu passt auch die bei Jungs besonders stark ausgeprägte Genre-Präferenz für Cartoons. (vgl. Götz 2006, Winter/Neubauer 2006)

> Last but not least zeigen sich deutliche Unterschiede zwischen Mädchen und Jungs auch in der Nutzung neuer Technologien. Mädchen verfügen generell noch immer über eine etwas schlechtere Technologie-Infrastruktur als Jungs. Das heißt, was den Besitz von technischen Geräten betrifft, hinken sie den Jungs noch immer ein wenig hinterher: Vor allem bei Computer, Internet-Zugang und Spielkonsolen weisen Jungs eine bessere Ausstattungsrate auf als Mädchen. (Medienpädagogischer Forschungsverbund Südwest 2006) Abgesehen davon zeigen sie aber auch andere Technologie-Nutzungsstile als Jungs und sehen technische Medien eher als „Werkzeug" denn als „Spielzeug".
Grundsätzlich lassen sich in der Technologie-Nutzung zwei Nutzer-Typen unterscheiden: Erstens die so genannten „User": Sie suchen einen instrumentell-pragmatischen Zugang. Das heißt, sie sehen technische Medien bzw. Technologien als Arbeitshilfe und Mittel zum Zweck – ein Zugang, der für die breite Mehrheit der Mädchen charakteristisch ist. Und zweitens die „Freaks": Sie nutzen technische Medien

bzw. Technologien erlebnisorientiert und entwickeln jugendkulturelle Aneignungsweisen, die den Erwachsenen häufig seltsam anmuten und deshalb gerne ins Eck unerwünschter Technologienutzung gerückt werden. Dieser Zugang prägt Medienspezialkulturen wie die der Computerspieler und ist bei Jungs in deutlich stärkerem Maße zu finden als bei Mädchen.

Stichwort „Medienwirkung“: Wir reagieren nicht auf Knopfdruck

Steigende Aggressionsbereitschaft oder Manipulation durch reichweitenstarke Jugendmedien und die kommerzielle Werbung – wenn von jugendlichem Medienkonsum die Rede ist, denken viele zu allererst an Gefährdungen und tendieren dazu, Jugendliche grundsätzlich als Opfer der Medien zu sehen. Doch diese Vorstellung geht an der Wirklichkeit, in der die Mehrheit der heutigen Jugendlichen lebt, vorbei. Wie in vielen anderen Bereichen des Alltags gilt nämlich auch hier: „Es kommt immer darauf an, was man daraus macht“.

Die Wirkungsfrage wie einst in der politischen Medienwirkungsforschung der 1940er und 1950er als Frage nach einem „Was machen die Medien mit den Menschen?“ zu stellen, gilt in der Medienwissenschaft heute als heillos überholt. Dass es ein Denkfehler ist, von der Allmacht der Medien auszugehen und diejenigen, die Medien nutzen, als wehrlose Opfer zu betrachten, weiß man hier schon lange. Wer so denkt, geht nämlich von einem simplen Reiz-Reaktions-Mechanismus aus, die die Komplexität der menschlichen Existenz nicht ausreichend abbilden kann. Dem Reiz-Reaktionskonzept zufolge setzen die Medien einen bestimmten Reiz und diejenigen, die die Medien nutzen, reagieren alle in gleicher Weise und wie gewünscht auf Knopfdruck. Dieses Bild erinnert an Robotermenschen in irgendeinem mittelklassigen Science-Fiction-Film. Die Art und Weise, wie Medien auf uns wirken, darzustellen, vermag es aber nicht.

In der Medienforschung betont man heute, dass es schlichtweg zu einfach ist, zu glauben, man müsse einfach nur auf einen magischen Knopf drücken und jeder Mensch reagiere unabhängig von seiner Persönlichkeit, von individuellen Motiven, von seinen sozialen und kulturellen Erfahrungen und der Situation, in der er sich aktuell befindet, exakt so, wie sie derjenige, der den Knopf drückt, wünscht. Und so wird die Frage nach der Wirkung der Medien heute meist genau andersrum gestellt: „Was machen die Menschen mit bzw. aus den Medien?“ Man spricht vom „aktiven Rezipienten“ und interessiert sich dafür, warum Menschen bestimmte mediale Angebote nutzen und wiederum andere meiden. Man versucht herauszufinden, welche Motive sie zur Mediennutzung führen und welche Funktionen sie den Medien in ihrem persönlichen Lebensvollzug zuweisen. Man beschäftigt sich mit der Frage, ob und wie verschiedene Zielgruppen ein und dasselbe mediale Angebot unterschiedlich nutzen und in welcher Form so genannte „situative

Faktoren", also beispielsweise der soziale Rahmen, in dem Mediennutzung passiert, auf die Nutzer und Nutzerinnen Einfluss nimmt. Und man lenkt den Forscher- und Forscherinnenblick zunehmend auch auf zielgruppenspezifische Aneignungsstile: Alter, Geschlecht, Bildung und Lebensstilorientierung der Mediennutzer und Mediennutzerinnen finden als auf die Wirkung Einfluss nehmende Faktoren Berücksichtigung. Das sind die Fragen, die in der Medienwirkungsforschung heute beschäftigen. Und das sind auch genau die Fragen, die beantwortet werden müssen, wenn man den Stellenwert von Medien und Technologien im Alltag der heutigen Jugend verstehen will.

Jugendliche sind geradezu in beispielhafter Weise „aktive Rezipienten". Sie ordnen die medial verbreiteten Inhalte in ihre subjektive (Erlebens-)Wirklichkeit ein und aktualisieren bei der Mediennutzung verschiedenste Erlebnisdimensionen. Medienrezeption ist hier ein Prozess, bei dem der Mediennutzer ausgehend von seinen Alltagserfahrungen, seinen Interessen und Bedürfnissen, seinem sozialen und kulturellen Bezugsfeld und auch vor dem Hintergrund seiner aktuellen Lebenssituation und den sich daraus ableitenden, aktuell vorrangigen Lebensthemen Medieninhalte interpretiert. Dabei ist es in aller Regel unwahrscheinlich, dass die Medieninhalte genau so gelesen werden, wie sie von denen, die sie produzieren, gemeint sind. Es ist, wie Stuart Hall (2004) betont, vielmehr wahrscheinlich, dass der „aktive Rezipient" die Medienbotschaft nicht exakt so versteht, wie es von ihm erwartet wird. Zwar bewegt er sich mit seinen Lesarten in einem von den „Machern" der Medienbotschaft vorgegebenen Rahmen, aber er interpretiert – ausgehend von seinen lebensweltlichen Erfahrung – in die Medienbotschaft quasi seine eigene Wahrheit hinein. Und er denkt sich gar nicht weiter etwas dabei.

Jugendliche, die Medien nutzen, nutzen sie also nach ihrer eigenen Logik – ob uns das nun passt oder nicht. Die Jugendmarktforschung versucht diese Logik in Form von Zielgruppen-Typologien zu erschließen und liefert dem Marketing „Tools", um die Zielgruppenansprache zu optimieren. Hier hat man schon lange begriffen, dass Jugendliche eigenwillige Mediennutzer sind, die allzu oft ganz und gar nicht so reagieren, wie man es sich von ihnen wünschen bzw. von ihnen erwarten würde.

In der Pädagogik hat man sich, so scheint es, oft noch nicht in voller Konsequenz darauf eingestellt. Und auch in den öffentlichen Debatten rund um die Jugend und die Medien scheint dieser Perspektivenwechsel noch immer nicht gänzlich vollzogen.

Nach wie vor werden Jugendliche als Opfer der Medien dargestellt. Die gängigen Klischees kennt jeder: Sie zeigen Medien als böse Manipulationsmaschinen, die die Kids und Jugendlichen entweder gewalttätig machen (Stichwort: Computerspiele, insbesondere so genannte Ego-Shooter wie das legendäre „Doom") oder zu unreflektierten Konsumhandlungen verführen

(Stichwort: Werbung und Konsumdiktat des Jugendmarketings). Sie charakterisieren Medien als Passivitätsförderer, die übergewichtige Computerfreaks und TV-Junkies produzieren. Und sie beschreiben Medien als Ersatzwelten, die die jungen Menschen dazu bringen, den Bezug zur „wirklichen" Wirklichkeit zu verlieren. Erwachsene gehen in ihrer Einschätzung der Wirkung von Medien auf die Jugendlichen nach wie vor allzu oft von einer Allmacht der Medien aus – und wenn nicht, beziehen sie den Eigensinn der jugendlichen „User" ebenso wie jugendkulturspezifische Aneignungsweisen nicht ausreichend mit ein.

Jugendliche bewerten die Chancen und Gefahren, die mit der Nutzung von Medien und Technologien verbunden sind, ausgehend von den Funktionen, die sie ihnen in ihrem persönlichen Alltag zuschreiben, meist völlig anders. Nehmen wir ein Beispiel: Gefährdungspotentiale von Computer-Spielen – und hier insbesondere die so genannten Ego-Shooter, also „Schießspiele", die aus der Ich-Perspektive gespielt werden.

Diese Spiele werden immer dann, wenn ein tragischer Amoklauf eines Jugendlichen in den Medien wieder einmal für Schlagzeilen sorgt, als Grund für die Bluttat in die öffentliche Diskussion gebracht: meist ohne wissenschaftlichen Background über mögliche und unwahrscheinliche Wirkungsmechanismen, ohne genauere Kenntnis der Spiele und der Spieler-Kultur und ebenso ohne Wissen über die in der Regel durch viele verschiedene Faktoren und Problematiken beeinflusste Lebenssituation jenes Jungen, auf dessen Konto die Bluttat geht. Jugendliche sehen die Sache ausgehend von ihren persönlichen Spielerfahrungen, aber auch basierend auf persönlichen Kontakten mit Shooter-Spielern meist etwas differenzierter. Zwar gehen auch bei ihnen die Meinungen über den Wert und Unwert von Ego-Shootern auseinander. Die Argumente, die gebracht werden, sind aber andere als die der Erwachsenen.

Tom, 16, spielt zwischendurch gerne mal einen Shooter: „Ich persönlich finde einen Ego-Shooter schon wertvoll, weil er tut ja die Reaktion schulen. Und solange ich es nur in einem gewissen Ausmaß mache, reagiere ich mich damit ab. Also ich finde, wenn ich das nicht missbrauche, ist es positiv."

Babsi, 18, passionierte Gamerin, spielt vorzugsweise Strategiespiele: „Ego-Shooter – das ist das Letzte, was ich spiele, das ist das Dümmste. Wenn ich ein Spiel spiele, will ich eines, das mich auch zum Denken anregt. Bei einem Strategiespiel – das sagt ja auch schon der Name – da ist Strategie dabei: da muss man nachdenken, da muss man kombinieren. Ein Ego-Shooter ist genau: Puff! Und das war's." Und mit ironischem Unterton setzt sie fort: „Oh wie toll, was für eine Unterhaltung, wie geistreich ..."

Nicht oft genug kann man es betonen: Wenn man die Wirkung medialer

Angebote auf Jugendliche begreifen will, kommt man nicht umhin, sich damit zu beschäftigen, was diese Jugendlichen aus den Medien machen, welche Funktionen sie ihnen in ihrem persönlichen Lebensvollzug zuweisen und wie sie sie in ihre Alltagspraxen einbauen. Wichtig zu sehen, ist dabei, dass Medien im Regelfall Teil von sozialen Praktiken sind und dass sie dadurch ihre Wirkung entfalten. (Münch/Schmidt 2005: 204)

Mediale und nicht-mediale Erfahrungswelten

Früher fürchtete man, dass Jugendliche, wenn sie sich der Mediennutzung und Beschäftigung mit Technologien allzu sehr zuwenden, den Bezug zur „wirklichen" Wirklichkeit verlieren. Man sah Medien als eine Art „zweite Wirklichkeit" ohne Verbindung zur Alltagswirklichkeit, in der sich jeder und jede Einzelne tagtäglich bewähren muss. Eine massive mediale Durchdringung des Alltags bedeutete diesem Verständnis nach quasi automatisch Erfahrungs- bzw. Realitätsverlust. Doch diese Sicht der Dinge greift, wie man heute weiß, zu kurz.

Freilich gibt es Jugendliche, die aus einem überfordernden Alltag in die Medien- und Technologienutzung flüchten. Sie töten die Auseinandersetzung mit den weniger rosigen Seiten des Alltags durch exzessive Mediennutzung ab und lassen die „wirkliche" Wirklichkeit irgendwann einmal gar nicht mehr an sich heran – in der medienpsychologischen Forschung nennt man dieses Phänomen Eskapismus. Eine tragische Sache, die zum Nachdenken Anlass geben soll, die – darüber sollten wir froh sein – aber nur eine absolute Minderheit betrifft.

Für die breite Mehrheit der jugendlichen Mediennutzer ist etwas ganz Anderes charakteristisch: Sie integrieren mediale und nicht-mediale, „wirkliche" Wirklichkeiten und bauen sich im ständigen Austausch mit der medialen und nicht-medialen Erfahrungsumwelt Wissen über sich selbst und die Welt auf.

Den meisten von ihnen ist dabei übrigens durchaus klar, dass eine Flucht in mediale bzw. technologie-vermittelte Welten bei der Lösung von Alltagsproblemen kaum hilfreich ist.

Magda, 19, Computerspielerin: „Speziell bei World of Warcraft neigt man dazu, das Restliche zu vergessen. Ich habe das eine Zeit lang so gemacht: Wenn's mir scheiße gegangen ist, hab ich mich vor den PC gesetzt und W.O.W. gespielt. So mit der Einstellung: Ich bin nicht mehr da. Habt's mich alle gern, ich lebe jetzt in einer anderen Welt. Das geht so lange, bis ich den Computer wieder abdrehe. Und dann sind die Probleme erst recht wieder da. Gelöst ist keins. Ich ärgere mich nur, dass sie noch immer da sind."

Für die breite Mehrheit der Jugendlichen gilt: Medien, Unterhaltungstechnologien wie auch die populäre Musik bieten einen Pool an Geschichten, die vielfältige Wirklichkeits- und Handlungsmodelle offerieren und nicht selten zu einer spielerischen Auseinandersetzung mit sich und seiner eigenen kleinen Welt führen. Das, was die Medien zeigen und worüber sie berichten, darf den Alltag freilich nicht eins zu eins kopieren, denn das wäre langweilig. Gefragt sind Übertreibungen, skurrile Inszenierungen und Details, ein entlarvendes Karikieren von gängigen Normen und Klischees. Kurz gesagt: Gefragt ist die gewisse Dosis Realitätsverfremdung, wie sie für den Pop, aber auch all die TV-Serien, die bei Jugendlichen Kultstatus haben, typisch sind. Seit langem echte Renner sind etwa TV-Serien, die das Thema „Familienidylle" gegen den Strich bürsten und die Prinzipien eines geordneten und harmonischen Familienlebens in einer für Jugendliche komischen Form auf den Kopf stellen, Durchblicker- und Nicht-Durchblicker-Rollen neu verteilen und die altbewährten Regeln von gutem Geschmack und rechter Ordnung einfach ignorieren – angefangen bei „Alf" und „Eine schrecklich nette Familie" bis zu „Malcolm mitten drin."

„Malcolm mitten drin" ist für Jugendliche gute Unterhaltung: Das heißt, man kann lachen und entdeckt in den Stories und im Dialog Parallelen zum eigenen Familienleben. Es kommt zu Identifikationsprozessen, zu einer Verbundenheit mit Malcolm, die daraus resultiert, dass sich Jugendliche oft ganz ähnlich fühlen wie Malcolm – eben mitten drin im ganz normalen Familienalltagswahnsinn. Man kann lachen über Malcolm und „seine Leute", aber auch über sich selbst und die Familienmitglieder, die gerade wieder mal nerven, etc.

Markus, 15: „Malcolm mitten drin ist cool: Das schau ich gerne. Das ist einfach lustig. Außerdem bin ich froh, dass ich nicht so eine Mutter haben muss wie Malcolm."

Mediale und nicht-mediale Erfahrungen durchdringen einander oder existieren nebeneinander. Themen, Inhalte und Stimmungen, die jugend(kultur)relevante Medien vermitteln, werden in einer Art innerem Dialog ständig aufs Neue mit den Alltagserfahrungen, dem Weltverständnis und dem Selbstkonzept in Beziehung gesetzt. Mediennutzung funktioniert hier nicht als passives Aufsaugen von irgendwelchen Bildern und Botschaften. All das, was in irgendeiner Form an die Alltagserfahrungen und das in der „wirklichen" Wirklichkeit Erlebte heranreicht, wird angeeignet. (Großegger 2006)

Medienaneignung bedeutet hier ein sich zu eigen Machen im eigentlichen und besten Wortsinn. Eindrücke der medialen und nicht-medialen Umwelt werden verarbeitet und in die Auseinandersetzung mit sich selbst und der Welt eingearbeitet. Alles wird vernetzt und vernutzt. Und es wird natürlich auch mit Freunden und Freundinnen darüber gesprochen: über die Themen, die in den jugend(kultur)relevanten Medien kursieren, über Lustiges und auch Ernstes, über Kultiges und Schräges u.v.m.

Image ist alles: Vom Vorbild zum „Vorstellungsbild"

1981 ging in den USA mit MTV der erste Musik-Video-Kanal auf Sendung. Kurz zuvor hatte die britische Band „The Buggles" mit „Video killed the radio star" einen Hit gelandet. Und „Video killed the radio star" war auch der erste auf MTV gesendete Video-Clip: Damit war die programmatische Richtung, in die das neue Musik-Fernsehen gehen würde, schon mal umrissen. Doch kaum jemand hatte damals wirklich eine Vorstellung davon, welch einschneidende Auswirkungen das Musik-Fernsehen auf die Jugendkultur der folgenden Jahre und Jahrzehnte haben sollte.

Fünf Jahre später ging in London MTV-Europe als englischsprachiges Musik-Videoprogramm mit Stereoton „on air". Und dann, 1993, kam in Deutschland VIVA. Spätestens ab diesem Zeitpunkt galt auch hierzulande: „Kids hear what they see." Das Musikerleben der Jugendlichen wurde nicht mehr nur vom Sound, vom Klangimmanenten bestimmt, sondern ließ sich von den bunten Bildergeschichten der Video-Clips inspirieren. Musik-TV entwickelte sich zu einer Art „Zentralorgan" der Jugend- und Popkultur. Hier wurden Lebensgefühl und Lifestyle vermittelt. Hier wurden und werden Leitbilder und Mythen des Pop kreiert und promotet.

Über die Jahrzehnte hat sich das Musik-TV freilich radikal verändert. Das, was heute unter Musik-TV läuft, hat mit dem Musik-Clip-Fernsehen von einst nicht mehr allzu viel zu tun. Quote wird heute vor allem mit einem an den Unterhaltungsbedürfnissen der Jugendlichen orientierten Spartenprogramm gemacht: mit schrägen Comedy- und Show-Formaten, die bei den Jugendlichen Kult sind, während sich viele Erwachsene fragen, was daran toll sein soll. Musik-Videos sind, mit Ausnahme des österreichischen Senders Go-TV, im Musik-TV meist nur mehr Rahmenprogramm. Und dennoch setzt das Musik-TV in der Jugendkultur nach wie vor Trends. Vor allem MTV ist über all die Jahre das jugendkulturelle Trendsetter-Medium geblieben und begleitet heute schon die 11-, 12-, 13-jährigen Einsteiger und Einsteigerinnen in die Jugendkultur bei ihrer Suche nach dem passenden, coolen, jugendkulturellen „Style".

Linda, 17: „Meine kleine Schwester ist 13 und sie versucht das, was sie von MTV hat, mit dem, was sie von mir hat, zu kombinieren."

MTV präsentiert nicht nur Musiker, MTV vermarktet – frei nach dem Motto „Wer cool klingt, sieht auch cool aus" – vielmehr auch Stilikonen, die für Jugendliche als Stilvorbilder fungieren. MTV bringt all das, was einen jugendkulturellen Lifestyle ausmacht und für trendige Szene-Gänger ein Muss ist, ins Bild und weitergehend in die Vorstellungswelten der Jugendlichen. MTV vermittelt einen Eindruck davon, wie

Jugendkultur heute aussieht – und zwar im wahrsten Sinne des Wortes. MTV setzt noch immer ästhetische Standards, sowohl in der Jugendkultur als auch für eine jugendgerechte Zielgruppenkommunikation. Und MTV definiert – zumindest für den jugendkulturellen Mainstream – natürlich auch, wer gerade als „cool" und „in" gilt. Was wären all die „coolen Leute" des Pop nur ohne die bunten Bewegtbild-Geschichten, die Star-Images scheinbar lebendig machen?

Coole Leute leben von ihrem Image

Wenn Jugendliche über coole Leute reden, meinen sie Leute mit einem coolen Image. Was sie damit meinen, wissen wir alle.

Image, das ist das Bild, das eine Person von sich vermittelt oder um genauer zu sein: das Bild, das man von dieser Person aufgrund ihres gesamten Auftretens gewinnt. Diese alltagssprachliche Definition von Image kommt dem Image-Begriff, so wie er in der Wissenschaft verstanden wird, bereits sehr nahe. Im wissenschaftlichen Zusammenhang meint man Vorstellungsbilder bzw. visuelle Vorstellungen, die in den Köpfen der Menschen existieren. Diese entstehen nicht aus dem Nichts, sondern haben materielle Bilder, die die Medien und das Marketing vermitteln, als Quelle. Anders gesagt: Images werden von den Medien und dem Marketing über Storys und daran angekoppelte Bilderwelten „aufgebaut". (vgl. Müller 2003: 27ff)

Die Vorstellungsbilder, die in Form von „inneren Bildern" in den Menschen entstehen, sind also „eine Folge der äußeren Bilder, die an die Menschen herangetragen werden." (Wulf 2004: 228) Mediale Bilder sollen eine Illusion bzw. Assoziationskette beim Betrachter erzeugen. So funktionieren die bunten Bilderwelten, die in der Jugend- und Popkultur im Umlauf sind: Sie liefern nicht Vorbilder im engen, klassischen Sinne, sondern sie inspirieren Vorstellungsbilder. Sie setzen Assoziationsreize, um die inneren Bilder der Jugendlichen in bestimmte Bahnen zu lenken. Es kommt zu Identifikation oder auch zu Distanzierung. Beides ist möglich. Und in beiden Fällen arbeiten die Jugendlichen das, was sie sehen, und die Assoziationen, die das Gesehene bei ihnen auslöst, in ihre Auseinandersetzung mit sich und der Welt ein.

acts > More Facts > More Facts > More Facts > More Facts> Mo

Was ist dran an der Macht der Bilder?

Ein Bild sagt mehr als tausend Worte, so heißt es im Volksmund. Bilder wirken stark und sie wirken vor allem immens schnell. Allerdings gilt hier: „Man sieht nur, was man kennt." Bilder werden, wenn man sie betrachtet, mit den sozialen und kulturellen Erfahrungsbeständen, über die man bereits verfügt, in Beziehung gesetzt und überformt. Es ist letztendlich der sozio-kulturelle Referenzrahmen, der den Dingen, die wir wahrnehmen, erst Bedeutung und Sinn verleiht. Das bestätigt auch die Gedächtnisforschung. Sie zeigt, dass man zum Verstehen eines Bildes bereits ein Wissen über das, was in diesem Bild abgebildet ist, verfügen muss. Hat man dieses Wissen, so kann man dieses Wissen mit Hilfe des Bildes extrem schnell aktivieren und die Bedeutung entschlüsseln: innerhalb von 250 Millisekunden. (Strittmatter 1990: 134)

In der Zielgruppenkommunikation mit Jugendlichen sind Bilder bzw. Bildmedien heute nicht mehr wegzudenken – und zwar aus mehreren Gründen:

> Einerseits vermitteln Bilder den Jugendlichen das Gefühl, dass sie sich von einem Sachverhalt oder einer Person im wahrsten Sinne des Wortes ein Bild machen können. Das hat zur Konsequenz, dass Bildbotschaften im Vergleich zu Textbotschaften häufig glaubwürdiger rüberkommen. Bilder, die nach dem Prinzip „Bild stützt Text" Dinge, Personen, Themen, von denen die Rede ist, konkret zeigen, helfen bei der Einordnung bzw. Aneignung der vermittelten Inhalte. Für sich allein genommen sind Bilder hingegen niemals so eindeutig wie Textbotschaften: Sie sind vielmehr immer mehrdeutig. Wenn es um die Vermittlung von klaren, unmissverständlichen Informationen geht, ist es daher notwendig, nach dem Prinzip „Text stützt Bild" etwa in Form einer Bildunterschrift, eines prägnanten Slogans etc. über Text/Sprache eine Interpretationsrichtung vorzugeben.

> Bildmaterial muss, wenn es dazu genutzt werden soll, inhaltliche Argumente abzustützen, nun aber nicht ausschließlich dokumentarisch eingesetzt werden. Man kann auch mit visuellen Analogien, Realitätsverfremdungen, die als solche auf den ersten Blick erkennbar sind, Cartoon-Elementen und sonstigem Schnick-Schnack arbeiten, um Images zu transportieren, aber auch um inhaltlich komplexe Zusammenhänge jugendgerecht darzustellen oder zu erklären. Thematisch passende, stimmungsvolle Bilder bieten sich – eben weil die Bildbotschaft sofort verfügbar ist – als „Themeneinstieg" an. Im Werbejargon spricht man hier treffender Weise auch von „lead-in". (Schierl 2005: 312)

> Bilder haben einen stark assoziativen Gehalt und ermöglichen es, emotionale Botschaften, Stimmungen, Grundhaltungen etc. zu transportieren und für den Betrachter und die Betrachterin auf einen Blick verfügbar zu machen. Das ist letztlich auch der Grund, warum die Werbung so intensiv mit Bildern arbeitet. Und es ist das Prinzip, nach dem popkulturelle Images funktionieren.

Wann immer von Images die Rede ist, spricht man über Vorstellungen von einer Person, die allem voran von Äußerlichkeiten inspiriert werden – Äußerlichkeiten, die von den Medien und vom Marketing ganz gezielt ins Bild gebracht werden, um eben Assoziationsreize zu setzen und Aufmerksamkeit zu erzeugen. Dessen sind sich die Jugendlichen sehr wohl bewusst. Die Spielregeln der so genannten Inszenierungsgesellschaft sind ihnen durchaus vertraut. Und sie wissen auch, dass man sich dieser Regeln selbst bedienen kann und muss, wenn man sich im sozialen Umfeld Aufmerksamkeit verschaffen möchte.

Barbara, 18: „Wenn ich keine Aufmerksamkeit erzeuge, wird mir keiner zuhören, was ich will – so sind wir an die Äußerlichkeiten gebunden. Ich sage: Es ist oberflächlich, es ist NICHT okay, aber es ist eben notwendig."

Doch von den „Normalsterblichen" zurück zu den „coolen Leuten" im Pop: Was macht sie denn nun eigentlich cool? Eine spannende Frage, die sich nicht so einfach beantworten lässt. Natürlich findet jeder etwas anderes cool. Und die ultimative Coolness wird (ganz ähnlich wie Authentizität) in jeder jugendkulturellen Szene auch ein wenig anders definiert. Dennoch gibt es so etwas wie „Basics" für jugendkulturrelevante Coolness: Grundvoraussetzungen, die, wenn sie erfüllt sind, einen Menschen „cool" erscheinen lassen. Das, was hier zählt, sind zum einen die „Skills", also ganz bestimmte jugendkulturelle Fähigkeiten, Leistungen, die unter Beweis gestellt werden müssen, und zum anderen ein möglichst unverwechselbarer, eigener „Style". Drittens schließlich bringt auch ein eigen(willig)er Kopf, sprich: Persönlichkeit, „Coolnesspunkte" – zumindest gilt das abseits des Teenie-Popmainstreams. All das, was cool macht, muss natürlich auch entsprechend in Szene gesetzt werden. Gefragt ist demnach immer auch Inszenierungsfähigkeit. Exzessive Selbstdarstellung geht in Ordnung, solange diejenigen, die sich inszenieren, dabei nicht zu selbstverliebt agieren oder verkrampft nach Aufmerksamkeit heischen, sondern vielmehr im Gegenteil die richtige Mischung aus Humor und (Selbst-) Ironie zeigen.

Dass gerade in der Jugend- und Popkultur in Sachen demonstrative Coolness gern etwas dicker aufgetragen wird, stört die Jugendlichen großteils nicht. Sie wissen, dass das Business eben so läuft. Und irgendwie gehört das zu einem perfekten Pop-Erlebnis fast dazu.

Barbara, 18: „Alles, was auf der Bühne ist, sollte besser, größer, schneller, großartiger sein als im normalen Leben. Die Musikindustrie würde verhungern, wenn es nicht so wäre. Und wir hätten nichts, was wir bewundern könnten, wenn's anders wäre."

Pink zum Beispiel ist eine schrille Pop-Persönlichkeit. Pink ist frech. Pink ist lebenslustig. Und Pink ist unangepasst. Sie lebt diese Unangepasstheit lustvoll aus. Sie macht, was sie will – egal, was die anderen denken. Das ist ihr Image. Pink steht für das Ekstatische und Sinnenfrohe, für Energie, Körperlichkeit und selbstbestimmten Sex. Sie hat ihren eigenen Stil. Sie ist kreativ. Sie bleibt nicht passiv, sondern ist in dem, was sie tut, enorm aktiv, um nicht zu sagen offensiv. Sie strahlt enormes Selbstbewusstsein aus und pfeift auf die Schönheits- bzw. Schlankheitszwänge von Größe-34-Frauen. Pink ist das Gegenteil von klassisch femininer Weiblichkeit. Sie ist nicht so smart wie „normale" Pop-Prinzessinnen: Sie ist, wenn auch auf eine marktgängige Art, härter und das macht sie „cooler". Pink steht für einen Ausbruch aus der Welt, in der die Otto-Normalverbraucher leben. Und gerade das schafft bei ihren Fans Stoff für Identifikation. Dass sie ihren Hund „Fucker" nennt, mag so manchen vielleicht irritieren, aber es passt ins Gesamtbild.

„Trouble", so lautet eine ihrer Erfolgsnummern. Und „I am trouble" scheint auch ihre ganz persönliche Philosophie vom „savoir vivre" zu sein – so verspricht es uns zumindest ihr Image. Pink ist nicht einfach nur eine Pop-Musikerin, Pink repräsentiert gleich einem popkulturellen Gesamtkunstwerk vielmehr einen ganz bestimmten Lifestyle. Und immer dann, wenn Jugendliche den Namen „Pink" hören, geht bei ihnen ein innerer Film ab, der Pink zeigt – wie sie lebt, genauer gesagt, wie ihr Leben von den Medien für das Publikum inszeniert wird. Die einen finden sie gut, die anderen nicht, aber so gut wie alle kennen Pink bzw. ihr Image: Sie wissen, wofür sie steht. Und so wie bei Pink ist es auch bei allen anderen Größen des Pop.

Übrigens: Nahezu jedem Pop-Star lässt sich ein bestimmtes Fan-Image zuordnen. Ausgehend von den Star-Images und Erfahrungen mit Fans im eigenen sozialen Umfeld basteln sich pop-interessierte Jugendliche in ihren Vorstellungswelten zu praktisch jedem populären Artist einen passenden Fan-Typ. Und so wie bei den Stars selbst haben sie ganz konkrete Bilder davon, wie dieser typische Fan lebt, denkt, aussieht etc. Spricht man mit Jugendlichen über Fan-Images, blicken sie mit ihrem inneren Auge auf eine imaginäre Kinoleinwand und beschreiben unterschiedliche Fan-Typen detailgetreu in Bezug auf ihren Style und ihre Lebensweise.

Beim typischen weiblichen „Wir-sind-Helden-Fan" denken sie so etwa an einen „alternativen Öko-Freak": an ein 12-jähriges Mädchen, das Judith Holofernes gerne als ältere Schwester hätte, oder aber an eine junge Frau Anfang 20, die studiert und nebenbei jobbt – beispielsweise in einer Szene-Kneipe. Sie ist ein gemütlicher, umgänglicher Typ. Sie diskutiert gerne und viel über Gott und die Welt. Sie gibt sich kritisch. Sobald es um konkrete Taten statt Worte geht, ist sie aber nicht übermäßig engagiert. Das ist ihr Image. Sie „hat noch nicht wirklich einen Plan", sagt Christine, 17. Sie lebt in den Tag hinein: Ihr Alltag besteht in einem „geordneten Chaos, das eigentlich sympathisch ist" – und dazu passt dann u.a. auch die „typische Wohnsituation" in einer gemischten WG.

Der typische Pink-Fan ist ganz anders – zumindest in den Vorstellungswelten Jugendlicher: Entweder rebellisch und frech und alles in allem selbst auch ein bisschen so wie Pink (genauer gesagt: so wie Pinks Image): Ständig auf Partytour, lebenslustig, kreativ und in ihrer Selbstdarstellung ziemlich expressiv, oder aber ein Mädchen, das aus der grauen Normalität ihres Alltags ausbrechen möchte, dem das aber nicht so recht gelingt. Ein Mädchen, das selbst auch gern ein wenig ungepasster und freier von Rollenzwängen wäre, das gerne mal so richtig selbstbewusst die Sau rauslassen und dabei Spaß haben möchte. Eben so wie Pinks Image es verspricht. (Institut für Jugendkulturforschung 2005b)

Medien sind stilbildend

Wie war das noch einmal? Jugendkulturrelevante Medien bieten jugendrelevante Informationen und sie bieten Unterhaltung. Sie liefern Stoff für Gespräche im Freundeskreis und Materialien, mit denen Jugendliche ihre Eindrücke, Gefühle und Stimmungslagen bearbeiten und verorten können. Und dann wäre da noch etwas: Jugendkulturrelevante Medien bieten Leitfäden, wie man die vielen verschiedenen populären jugendkulturellen Styles „richtig“ lebt, und tragen zur Globalisierung jugendkultureller Stile bei. 12-, 13-Jährige, die in die kunterbunte Welt der jugendkulturellen Stile einsteigen und Teenie-Magazine wie „Bravo“ bereits „zu mainstream“ oder einfach „peinlich“ finden, orientieren sich an MTV und Co. und „lernen“ dort, welche Musik- und Kleidungsstile, welche Marken, welche Sprach-Codes und welche „Attitude“ in populären jugendkulturellen Musik- und Freizeitszenen gerade angesagt sind, aber auch, wer diese Lifestyles derzeit am besten repräsentiert. Sobald sie sich ein jugendkulturspezifisches Basis-Wissen aufgebaut und die gewisse Dosis „Stilkompetenz“ angeeignet haben, ist es für sie meist Prestige-Sache, sich dem so genannten Special-Interest-Bereich zuzuwenden: Damit gemeint sind Internetseiten, Spartenradio und Magazine, die ein bestimmtes Szene-Thema abdecken oder sich an ein bestimmtes jugendkulturelles Lifestyle-Segment wenden.

Szene-Medien sind fester Bestandteil des Szene-Codes. Sie spiegeln den Lifestyle der Szene wieder. Sie setzen Themen, definieren die szenespezifische Ästhetik und prägen bis zu einem gewissen Grad auch die szenespezifische Humorkultur. Einmal mehr spielen Bilder, die die Vorstellungswelten der Jugendlichen inspirieren, hier eine zentrale Rolle, denn sie zeigen die Jugendkultur, wie sie ist und natürlich auch wie sie sein sollte. Sie dienen als „Leit-Bilder“, die, sobald Jugendliche sich von ihnen inspirieren lassen, auf das jugendkulturelle Geschehen „draußen vor der Tür“ Einfluss nehmen. „Dass wir uns im Alltag *durch* Bilder verständigen, bedeutet, dass unsere Welt, unsere gesellschaftliche Wirklichkeit durch Bilder nicht nur repräsentiert, sondern auch konstituiert wird“, so fasst Ralf Bohnsack die realitätenschaffende Funktion von Bildern zusammen. (Bohnsack 2003: 156) Was Bohnsack als generelles Phänomen skizziert, gilt in der Jugendkultur, die von Grund auf sehr expressiv mit allerlei

© Beate Großegger / jugendkultur.at

visuellen Zeichen und Symbolen agiert, natürlich ganz besonders.

Nehmen wir die Skaterszene als Beispiel: Skater sind in der Regel nicht gerade „Lesemenschen“. Skater sind „Bildermenschen“.

Die Skateboard-Designs zeigen – in Cartoon-Ästhetik – nicht selten politisch-unkorrekte Motive: nackte Frauen mit großen Brüsten, kleine Teufel und derlei mehr. Fernsehen, Videos, Computerspiele und Printmedien, die ungewöhnlich stark auf Bildsprache setzen, bestimmen den Skater-Medienmix.

In den Skateboard-Magazinen finden sich lange Fotostrecken, die berühmte Skater in „Action“ zeigen. Auch auf den Web-Seiten sind Foto- und Video-Gallerys Pflicht. „Skills“, „Styles“ und coole „Spots“ werden im Bild gebannt und für die Szene dokumentiert. Neben derlei seriös dokumentarischem Bildmaterial ist aber auch „Trash“ fester Bestandteil der Kommunikationskultur der Skater.

Videos, die Skater beim „Auf-die-Schnauze-Fliegen“ zeigen, haben in der Szene Kult-Status. Stürze, mit denen „echte“ Skater zu leben gelernt haben, werden nicht mit Besorgnis um das Wohl des Gestürzten, sondern vielmehr mit Belustigung kommentiert. Selbstgedrehtes Videomaterial ist nicht selten Grundlage für private DVD-Parties der etwas anderen Art: Man trifft sich abends nach dem Skaten auf ein paar Biere, raucht einen Joint und lacht sich bei den Sturz-Szenen krumm.

Wer das für geschmacklos hält, weiß oft gar nicht, dass derlei Trashiges Teil des Szene-Codes ist. Nebenbei bemerkt: Ein Skater, der das „Boardstein“, das „Monster

Skateboard Magazine" oder „Titus Magalog" nicht zumindest vom Namen her kennt, ist kein richtiger Skater. Und so wie in der Skaterszene ist es auch in allen anderen Szenen.

Jede Szene hat ihre eigenen Leitmedien, die die Styles der Szene widerspiegeln und die Szene, die draußen vor der Tür agiert, inspirieren. Die Grenzen zwischen medialer und nicht-medialer Wirklichkeit zerfließen und all das, was in den Leitmedien vorkommt, wird in Interpretationsprozessen, die von den Medienmachern und vom Marketing bei weitem nicht so gut plan- und steuerbar sind, wie man immer hört, von den Szenejugendlichen in die Alltagspraxis eingebaut und für das eigene (Er-)Leben „vernutzt".

Das heißt, für Jugendliche sind jugendkulturrelevante Medien Stilvorlagen und Identitätsofferte. Sie werden dabei aber nicht einfach zu Kopisten marktgängiger medialer Vorbilder, sie verlieren dadurch nicht ihre Eigenständigkeit bzw. ihre Individualität.

Wie der deutsche Kulturwissenschafter Klaus P. Hansen treffend bemerkt, ist jeder und jede Einzelne, sprich: das Individuum, nämlich immer „mehr als eine Auswahl kultureller ‚Identitätsofferte'. Es ist mehr als die Addition des Bekannten.

Die Individuen sind nicht mit Käufern in einem Lebensmittelgeschäft zu vergleichen, in deren Einkaufswagen sich eine jeweils andere Zusammenstellung der feilgebotenen Waren findet. Erst die aus den Lebensmitteln gekochten Menüs, die mehr Unterschiede zeigen als die Einkaufswagen, ergeben einen passenden Vergleich." (Hansen: 2003: 185) Das ist gemeint, wenn von Stilbildung durch jugendkulturrelevante Medien die Rede ist.

Neben den Medien haben aber natürlich auch Technologien Einfluss auf Jugendliche, ihre Erfahrungswelten und ihre Erlebniskulturen. Blickt man in die vergangenen Jahrzehnte zurück, sieht man, dass neue Technologien einzelne Jugendkulturen geradezu geprägt haben.

Die von den Möglichkeiten digitaler Bildbearbeitung inspirierte Ästhetik des Techno, aber auch der von der Kopiertechnologie unterstützte, in Erpresserbrief-Ästhetik gehaltene typographische Stil des Punk, der auf der heute altmodisch anmutenden Collagetechnik basiert, sind hier zu nennen. Andererseits wurden und werden neue Technologien in der Jugendkultur aber auch als „Tool" genutzt, um sich Öffentlichkeit zu schaffen.

Vormals, in Zeiten des Punk, stand dabei alles im Zeichen von „Gegenöffentlichkeit" und einer Suche nach Alternativen zu den großen kommerziellen Medien; Do-it-yourself, also das Prinzip des Selbermachens, ging da nicht selten mit einem selbstbewusst vorgebrachten Dilettantismus einher und wurde als Ausdruck von politischer Selbstermächtigung und Opposition zum Establishment gesehen.

Heute in Zeiten des Web 2.0, wo jeder über MySpace und Co. spricht, geht es hingegen vor allem um „Community", Selbstthematisierung und „Selfmarketing".

acts > More Facts > More Facts > More Facts > More Facts> Mo

Neu eingeführte Technologien prägten einst Punk und Techno

Ein Blick in die Jugendkultur-Geschichte zeigt: Die Ästhetik von Punk und Techno wurde von neu eingeführten Technologien massiv inspiriert.

> „Wenn ihr bessere Medien haben wollt, dann macht sie euch eben selber" – so lautete die Parole im Punk: Do-it-yourself, sprich: Selbermachen – das war (und ist) die Leitphilosophie von Punk. Die Fotokopiertechnologie und die rasante Verbreitung von Copyshops ab Mitte der 1970er Jahre machten es möglich. Typographisch waren selbst produzierte Punk-Fanzines in Erpresserbrief-Ästhetik gehalten – in der für Punk lange Zeit obligatorischen Schwarz-Weiß-Ästhetik. Was sollte man auch anderes machen: Die Kopierläden waren in ihrem Angebot von leistbaren Farbkopien damals noch Welten entfernt.

Peter Glaser bezeichnet diese von der Kopiertechnologie beeinflusste Punk-Ästhetik treffend als „widerborstige und fetzige Gegenschönheit". (Glaser 2002: 123) Sie stand in völligem Kontrast zu dem, was die breite Masse als schön oder zumindest gefällig empfand. Schlagzeilen wurden aus Tageszeitungen ausgeschnitten und gemeinsam mit Illustrierten-Schnipseln, Kritzel-Cartoons und auf der Schreibmaschine getippten oder handgeschriebenen Texten zu einer Collage geklebt, um sodann Seite für Seite in gewünschter Stückzahl durch den Kopierer gejagt zu werden. Auch kleinformatige Plakate, Veranstaltungsflyer und Hüllen für Audio-Kasetten, die man auf den damals aufkommenden „Kasetten-Recordern mit Doppeldeck" in mehrfacher Kopie gezogen hatte, wurden so produziert: von der Szene für die Szene.

Im LP-Coverdesign gab es in Ergänzung zum klassischen Schwarz oder Schwarz-Weiß freilich auch Farbe. Allerdings waren das – passend zu Punk – vorzugsweise einander beißende Farben wie etwa die Kombination von Gelb und Pink. „Never Mind the Bollocks Here's the Sex Pistols", die legendäre Sex-Pistols-LP aus dem Jahr 1977, ist hier als Beispiel zu nennen.

> Ein gutes Jahrzehnt später avancierte Techno zur Jugendkultur der Stunde. Techno, das war nicht nur ein völlig anderer, elektronischer Sound, ein anderes Lebensgefühl, andere Drogen, nächtelanges Abtanzen und Party bis zum Umfallen. Techno brachte vielmehr auch neue ästhetische Standards: Ende der 1980er Jahre begann sich die Computertechnologie immer mehr durchzusetzen und es kam erstmals halbwegs erschwingliche Computergrafiksoftware auf den Markt.

Diese Software erlaubte es, gescannte Bildvorlagen in alle möglichen Richtungen zu manipulieren. Und die Techno-Szene ging daran, am PC mit den Bildmarken jener bunten Warenwelt, in die sie hineingeboren worden war, zu spielen. Mit Marken-Logos, die am Computer zu Logo-Parodien verfremdet wurden, um sodann T-Shirts und Party-Flyer zu zieren, schrieb Techno bis Anfang, Mitte der 1990er Jahre Style-Geschichte: Aus „Nivea" wurde „Naiv", aus „Jägermeister" ein „Ravermeister", die Waschmittel-Marke

„Dash ultra" mutierte zu „Hash ultra" und das Logo von „Ritter Sport" stand nicht mehr für Schokolade, sondern wechselte mit dem manipulierten Text „Kiffer Sport" die Genussmittelsparte.

> Ob Punk oder Techno – in beiden Fällen gilt, dass die Stile ursprünglich ein symbolischer Angriff auf die Gefälligkeitsästhetik der so genannten Mehrheitskultur waren. Aber bald schon haben sie gerade diesen Mainstream, von dem man sich absetzen wollte, ästhetisch inspiriert.
Zu Beginn der 1980er Jahre setzten „Major Labels", also große, internationale Plattenfirmen, in ihrer Anzeigenwerbung immer öfter auf typische Gestaltungsmerkmale der Punk-Fanzines und die Teenie-

Illustrierte „Bravo" stieg plötzlich auf schräg layoutierte Textblöcke, die an die Klebetechnik des Punk erinnerten, um. (Glaser 2002: 124)
Und Ende der 1990er Jahre konnte man Logo-Parodie-T-Shirts, die die frühe Techno-Bewegung geprägt hatten, fernab von Techno an nahezu jedem Jahrmarktstand kaufen.
Die von Punk und Techno entwickelten Ästhetiken flossen in die Werbung und ins Medienbusiness ein und wurden in kommerziell entschärfter Form und entbunden von ihrem ursprünglichen Bedeutungszusammenhang zu Allgemeingut.

Werbung verkauft Vorstellungsbilder, nicht Produkte

Jeder weiß, dass Werbung verkaufen soll. Die Jugendlichen wissen das natürlich auch. Werbung beschönigt, genauer gesagt: Sie muss beschönigen. Unglaubwürdigkeit ist hier quasi Teil des Programms. Doch auch wenn die „Kinder der Konsumgesellschaft" Werbung nicht übermäßig glaubwürdig finden, konsumieren sie doch – und, wie man hört, gar nicht so schlecht. Wie geht das zusammen?

Ganz einfach: Es ist in der Regel heute nicht (mehr) das auf einen funktionalen Produktnutzen bezogene Werbeversprechen, das zum Konsum führt. In der ausdifferenzierten Konsumlandschaft, in der Jugendliche heranwachsen und wo man als Konsument und Konsumentin fast immer mehrere annähernd gleichwertige Produkte zur Auswahl hat, wird das Produkt an sich unwichtiger und es geht vor allem um das Image, das mit dem Produkt verbunden ist. Aufgabe der Werbung ist es hier, dieses Image an den jungen Mann und die junge Frau zu bringen. Das funktioniert, indem man das Produkt mit Werten, Stimmungen und Emotionen besetzt. Diese werden dann vorzugsweise über Bilderwelten vermittelt, um das, worum es geht, mit einem Blick rüber zu bringen, um Identifikation zu ermöglichen, Verbundenheit mit dem Produkt(image) wie auch mit der das Produkt konsumierenden „Lifestyle-Community" zu stiften etc. Das Werbeversprechen, das hier abgegeben wird, besteht darin, dass durch den Konsum des jeweiligen Produktes ein Imagetransfer in Gang kommt und das Image – sei es cool, schräg, trendig, was auch immer – vom Produkt auf diejenigen, die es konsumieren, überspringt und sie damit plötzlich selbst cool, schräg, trendig etc. werden. In der Werbebranche spricht man hier von emotionalem Mehrwert, der fernab vom Gebrauchswert des zu bewerbenden Produktes, durch gekonnte Werbeinszenierungen direkt an die Kundschaft mitgeliefert werden muss. Die glaubwürdige Kaufempfehlung findet heute hingegen ganz woanders statt. Jugendliche orientieren sich, wie die Jugendmarktforschung, vorzugsweise an Tipps und Empfehlungen von Freunden und Freundinnen. Und auch persönliche Testerfahrungen, die man durch Gratis-Produktproben sammelt, sind als Kaufanreiz relevant. (tfactory Hamburg 2006a)

Tabelle 5: Werbebeachtung und Werbeeinfluss

Welche von diesen Werbearten nimmst du am stärksten wahr, das heißt, welchen schenkst du die größte Beachtung? Und noch eine weitere Frage zur Werbung. Welche der folgenden Werbearten regen dich am stärksten dazu an, in späterer Folge ein beworbenes Produkt zu kaufen?

Mittelwerte auf Skala 1 bis 7: 1 = sehr stark; 7 = überhaupt nicht

	Werbebeachtung			Werbeeinfluss		
	11 bis 29 Jahre	männlich	weiblich	11 bis 29 Jahre	männlich	weiblich
Empfehlung von Freunden	2,50	2,28	1,83	2,28	2,48	2,08
Verteilung von Produktproben	2,84	3,21	2,49	3,07	3,45	2,70
Kino-Werbung	2,90	2,90	2,90	3,88	3,92	3,84
TV-Werbung	3,24	3,19	3,29	3,66	3,67	3,64
Anzeigen in Zeitschriften	3,58	3,72	3,45	3,89	4,03	3,75
Flyer	3,69	3,78	3,60	4,28	4,31	4,25
Plakate auf der Straße	3,91	3,98	3,84	4,53	4,58	4,49
Plakate im Lokal	4,13	4,17	4,08	4,78	4,80	4,76
Werbung auf öffentlichen Verkehrsmitteln	4,13	4,22	4,05	4,72	4,83	4,61
Werbung auf Events	4,14	4,13	4,16	4,73	4,76	4,70
Werbung im Geschäft	4,18	4,17	4,19	4,32	4,29	4,35
Gratispostkarten	4,42	4,82	4,01	5,05	5,33	4,77
Radiowerbung	4,45	4,44	4,46	4,92	4,88	4,97
Werbe-Emails	5,79	5,88	5,71	5,88	5,87	5,89
Popups im Internet	5,84	5,71	5,97	5,97	5,93	6,01
Werbe-SMS	5,84	5,79	5,90	6,10	6,03	6,17
Basis	900	450	450	900	450	450

Quelle: tfactory Hamburg (2006): Timescout Welle 9, rep. für 11- bis 29-jährige Trendsetter und Early Adoptes, n=900

Die klassische Werbung verkauft indessen nicht einfach irgendwelche materiellen Dinge, sondern sie verkauft eben Vorstellungsbilder und motiviert über diese Vorstellungsbilder zum Konsum. Das klingt überzeugend, um nicht zu sagen: Es klingt überzeugend einfach. Doch ganz so einfach, wie es auf den ersten Blick scheint, ist es dann doch nicht. Denn es muss erst einmal gelingen, die Aufmerksamkeit der Jugendlichen, die als Zielgruppe angesprochen werden sollen, überhaupt auf sich zu lenken und zu binden. Attraktive Konkurrenzangebote sind da ein geradezu klassischer Stolperstein. Doch auch die allgemeine Informationsüberflutung, durch die sich die Konsum- und Medienumwelt, in der wir heute leben, charakterisiert, wird zu einer Herausforderung.

Wir alle kämpfen mit einem Überangebot an Reizen, die auf uns einströmen. Und die einzige Möglichkeit, darauf zu reagieren, ist Aufmerksamkeitsentzug. Die Jugendlichen sind da keine Ausnahme. Auch sie reagieren auf die Omnipräsenz von Werbemedien und Werbebotschaften mit einer simplen Selbstschutzmaßnahme: Sie entziehen sich dem Bombardement der Werbebotschaften einfach dadurch, dass sie ihnen Aufmerksamkeit verweigern, an Plakatflächen vorbeigehen, ohne sich auf das beworbene Produkt näher einzulassen, beim Werbeblock im Fernsehen auf einen anderen Kanal „zappen", ganzseitige Anzeigen in Musikmagazinen überblättern etc. Und selbst wenn sie ein Auge riskieren, ist noch lange nicht gesagt, dass sie die Angebote der Warenwelt, die die Werbung ihnen in imposanten Bildern offeriert, auch tatsächlich irgendwann einmal konsumieren werden. Die so genannte AIDA-Formel, mit der Werbestrategen gerne arbeiten, spielt darauf an: Der Weg zur erfolgreichen Zielgruppen-Kommunikation läuft über „A" für „Attention" (Aufmerksamkeit), „I" für „Interest" (Interesse) und „D" für „Desire" (der Wunsch etwas zu besitzen, nutzen zu können, mitzumachen etc.). Erst dann kommt das „A" für „Action", also der Kaufakt bzw. die Konsumhandlung. Die Kommunikationswissenschaft betont zwar, dass AIDA eine zu simple Formel ist, um Wirkungszusammenhänge abzubilden. Aber AIDA ist immerhin eine Denkhilfe: Sie hilft zu verstehen, wo das Problem liegt.

Und dann ist da noch etwas: „Ich glaube nicht, das jedes Bild, das ich sehe, wirklich etwas aussagt", meint Sandra. Und damit hat sie wohl recht. Jugendliche leben in einer Welt der Bilder. Medien und Marketing überhäufen sie mit einer Bilderflut, die kaum zu bewältigen ist. Im täglichen Konkurrenz-Kampf werden Bilder und expressive Inszenierungen allzu oft inflationär verwendet. Allzu viele Bilder werden als schlecht, nervig, „peinlich" empfunden. Sie fallen zwar vielleicht wohl ins Auge, schaffen eine bunte Kulisse, bleiben für die Betrachter aber zu sehr an der Oberfläche. Das heißt, sie werden von ihnen nicht in innere Vorstellungswelten transformiert und verfehlen damit ihre Wirkung. Ein Problem, mit dem das kommerzielle Marketing, aber auch das Social Marketing bis hin zur Öffentlichkeitsarbeit im Non-Profit-Sektor zu kämpfen hat. Hier weiß man, dass man versuchen muss, diejenigen, die in der Konkurrenz um die Aufmerksamkeit des Publikums als Mitbewerber agieren, zu übertreffen, um vom Publikum wahrgenommen zu werden. Und man weiß zugleich auch, dass man, wenn man es nicht richtig bzw. nicht „richtig gut" macht oder auch wenn man es übertreibt, der Schuss allzu leicht nach hinten losgehen kann. Wobei es diejenigen, die nicht nur möglichst lustig und lifestyletauglich den Konsum stimulieren wollen, sondern auf eine seriöse Auseinandersetzung mit „ernsten Themen" hoffen, es hier wohl noch ein Quäntchen schwerer haben. Denn wenngleich auch sie auffallen müssen, um gesehen zu werden, laufen gerade sie allzu leicht Gefahr, dass die Botschaft, die sie vermitteln wollen, aufgrund des expressiven Auftretens nicht angenommen wird. Eine paradoxe Situation, um die medienkompetente Jugendliche durchaus wissen.

Sandra, 18: „Ich kann mich jetzt nackt auf die Straße stellen und demonstrieren, weil es noch immer Legebatterien gibt. Es wird mich zwar jeder anschauen, aber niemand ernst nehmen."

„The machine is us": Die schöne neue Online-Welt

Anfang der 1980er Jahre beschäftigte sich die Jugendforschung erstmals mit der Frage, wie Jugendliche die Rolle der Computertechnologie in Hinblick auf die zukünftige Entwicklung der Gesellschaft einschätzen. 20 Prozent der deutschen Jugendlichen und jungen Erwachsenen im Alter von 15 bis 24 Jahren waren damals überzeugt, dass die Menschen in Zukunft durch Computer kontrolliert werden würden. Weitere 37 Prozenten hielten dies für wahrscheinlich. (Jugendwerk der Deutschen Shell 1981)

Heute weist der Zeitgeist in eine ganz andere Richtung. Technologieskepsis findet man bei Jugendlichen kaum mehr. Kontrollszenarien, wie in der genannten Jugendstudie angesprochen, passen mit den Alltagserfahrungen der Jugendlichen nicht zusammen. Das heißt, sie sehen sich nicht als Opfer der Technologien, sondern stellen diese vielmehr selbstbewusst in den Dienst ihrer eigenen Alltagsbedürfnisse. Computer haben sich mittlerweile in fast allen Bereichen des Alltags durchgesetzt, ohne das soziale Miteinander bedenklich zu stören. Entwicklungen im Bereich der Informations-, Kommunikations- und Unterhaltungstechnologien schreiten rasant voran. Technologische Standards werden ständig „upgedatet" und neu definiert. Und die Jugend macht, sofern ihren Interessen und Bedürfnissen ausreichend Platz geboten wird, einfach mit.

Internet als Leitmedium

Das Internet ist für die heutige Jugend zu einem Leitmedium geworden. „Internet ist einfach enorm praktisch und außerdem macht es Spaß", sagt Jan und bringt damit auf den Punkt, was viele denken. Kontakt mit der Online-Welt ist für Jugendliche heute kaum mehr vermeidbar. Die so genannten „Ponas", die „People of no account", also Menschen, die keinen Zugang zum Internet haben, sind eine aussterbende Spezies. Internet ist einfach nicht mehr wegzudenken – aus der Freizeitgestaltung, aber auch aus Lehr-/Lernzusammenhängen, in die die Jugendlichen eingebunden sind. Neben gewöhnlicher Info-Recherche und E-Mail-Kommunikation zählen Musik hören, Musik downloaden und Chatten bei ihnen mittlerweile zu den Standardanwendungen. „Skypen", also Telefonieren via Internet, „Bloggen", sprich: Tagebuchführen im Internet, und populäre Mitmachseiten wie „MySpace" oder „YouTube" gewinnen immer mehr an Bedeutung.

Neue Tools finden Eingang in den Alltag der Jugendlichen: Sie verändern die kommunikativen Repertoires und nicht selten auch die Kommunikationsgewohnheiten.

Magdalena, 15: „Also seit ich zu Hause Internet habe, sinkt meine Handy-Rechnung ständig. Ich telefoniere jetzt fast gar nicht mehr, seit ich Skype und MySpace für mich entdeckt habe."

Die Attraktivität, die das Internet für Jugendliche hat, gründet in seiner Vielseitigkeit, also in seiner „Multifunktionalität". Internet ist ein globales Informationsverbundsystem, wo alle nur denkbaren und undenkbaren Informationen schnell und in der Regel auch aktuell vom Schreibtisch aus verfügbar sind. Es ist zugleich aber auch ein Sammelbecken für allerlei Angebote mit hohem Unterhaltungswert. Und, nicht zu vergessen, Internet ist eine Möglichkeit, persönliche Gespräche, die sich aus welchen Gründen auch immer weder im Wohnzimmer noch in der Stammkneipe führen lassen, online zu führen, eine Chance über größere Distanzen mit Freunden und Bekannten in Kontakt zu bleiben, und ein Tool, um mit Gleichgesinnten – seien sie nah oder fern – selbstorganisiert eine „Community", also eine Online-Gemeinschaft, zu bilden und sich über all jene Themen auszutauschen, die wirklich interessieren.

acts > More Facts > More Facts > More Facts > More Facts> Mo

Internet bindet den ländlichen Raum an die Jugendkultur an

Ohne Internet geht heute gar nichts mehr, das steht für Jugendliche außer Streit. Infos über die angesagtesten jugendkulturellen Trends holen sie sich, wenn nicht von ihren Freunden und Freundinnen, dann vorzugsweise aus dem Internet. Und sie nutzen es frei nach dem Motto „Let's get connected!" auch als Infrastruktur für neue Formen der Gemeinschaftserfahrung, bei denen eine gemeinsame Anwesenheit an einem materiellen Ort nicht notwendig ist. Dies hat, wie die Jugendforschung zeigt, vor allem für Jugendliche im ländlichen Raum immense Bedeutung. Angefangen bei „msn" und „icq" bis „partynet", virtuelle Treffpunkte im „Netz" haben für sie enormen Stellenwert – nicht zuletzt deshalb, weil attraktive jugendkulturelle Treffpunkte im Nahraum häufig fehlen. Abgesehen davon ermöglicht das Internet jenen, die fernab der großen Jugendkultur-Metropolen leben, quasi von der Peripherie aus an die Jugendkultur Anschluss zu finden und jugendkulturell „connected" zu sein. (Institut für Jugendkulturforschung 2006)

> Auch wenn gängige Klischees die städtische Jugend als die „Coolen" und die ländliche Jugend als ewige „Landeier" zeigen: Jugendliche am Land leben – dank der modernen Informations- und Kommunikationstechnologien – nicht mehr in einer jugendkulturellen Einöde. Zwar verfügen sie in der Realwelt über eine ungleich weniger gut ausgebaute bzw. meist weniger attraktive Jugendkulturinfrastruktur, es gibt kaum Musikclubs, Szenelokale, oft fehlt sogar ein Kino etc. Dennoch definieren sie sich in nahezu gleichem Ausmaß wie die städtische Jugend über jugendkulturelle Lifestyles und sie deklarieren in nahezu gleichem Ausmaß Szene-Zugehörigkeit. (Institut für Jugendkulturforschung 2005a, Institut für Jugendkulturforschung 2007a)

> Neben MTV hat vor allem das Internet einen wichtigen Anteil daran. Über das Internet stehen Jugendliche im ländlichen Raum mit „ihrer" Szene in Kontakt. Sie tauschen sich mit Jugendlichen, die an einem anderen Ort leben, aus. Sie tummeln sich in Musiktauschbörsen und „saugen" die Musik, die man in ihrer Heimatgemeinde nirgendwo kaufen kann, aus dem „Netz". Sie nutzen Online-Mailorder-Services, wenn sie coole Szene-Klamotten, die man nur in den großen Städten in exklusiven Szene-Läden bekommt, kaufen wollen. Und sie sind vielleicht auch Teil einer Online-Community.

Für Jugendliche ist Internet ein echtes Allroundmedium. Und sie setzen es auch als Allroundmedium ein. Vieles, was sie mit bzw. aus dem Internet machen, ist dem Durchschnittserwachsenen fremd. Und so steht plötzlich die Frage im Raum: Ticken Jugendliche, die in dieser schönen neuen Online-Welt aufwachsen, etwa anders? Eine gute Frage, die sich allerdings nicht so einfach beantwortet lässt. Also versuchen wir es der Reihe nach.

Was man heute sicher weiß, ist, dass technologie-affine Jugendliche in ihrem Freizeitverhalten anders sind als technologie-distanzierte. Technologie-affine Jugendliche haben vielseitigere Freizeitinteressen: Sie nennen, wenn man sie nach ihren liebsten Freizeitbeschäftigungen fragt, durchschnittlich mehr verschiedene Freizeitaktivitäten als die Technologie-Distanzierten. Erwartungsgemäß haben Medien und Kommunikationstechnologien im Freizeitmix der Technologie-Affinen einen größeren Stellenwert als bei den Technologie-Distanzierten. Aber auch Formen der außerhäuslichen Freizeitgestaltung werden von den Technologie-Affinen häufiger als beliebte Form der Freizeitgestaltung genannt. (Institut für Jugendkulturforschung 2005a) Was bedeutet das nun aber konkret? Bedeutet das, dass die technologiebegeisterten Jugendlichen vielfältiger und flexibler, vielleicht sogar weltoffener sind? Oder sind sie eine Ansammlung von „Zappel-Philippen", die einfach alles machen wollen, aber nichts davon richtig, die immer Abwechslung brauchen, null Monotonie-Toleranz haben und sich nicht auf eine Sache konzentrieren können? Die Antwort lautet: Man kann das derzeit noch nicht wirklich sagen. Die Forschung steht hier erst am Anfang und, bevor man endgültige

Schlüsse ziehen kann, gibt es noch viel zu tun.

Was indessen hingegen schon einmal fix ist, ist, dass die so genannte Internet-Generation im Umgang mit Informationen und Bildungsinhalten andere Aneignungsstile und Rezeptionsbedürfnisse entwickelt als ihre Elterngeneration, die noch ganz ohne Internet, also „offline" mit dem klassischen Lese- und Lernmedium „Buch" aufwuchs. Und die Internet-Generation ist nicht nur anders. Sie erwartet sich natürlich auch, dass Informations- und Lernangebote, die Erwachsene an sie herantragen, diesem Anders-Sein gerecht werden. Informationsaufbereitung nach dem „Hypertext-Prinzip", so lautet das Zauberwort.

Hypertext bedeutet eine Vernetzung von Inhalten über Querverweise: Die Inhalte und Informationen werden hier nicht wie in den guten alten Lesemedien linear organisiert, sondern es werden mithilfe von anklickbaren „Links", die auf Texte bzw. Textteile verweisen, verschiedene Wisseneinheiten und Informationsressourcen miteinander verknüpft. Zum Einstieg gibt es kompakte Basisinformation; der Weg zu mehr Information bzw. mehr Wissen führt dann eben über die „Links". So kann man sich in ein Thema „einzoomen". Und man hat die Möglichkeit, individuell zu vertiefen – freilich vorausgesetzt, dass man einen Plan hat, in welche Richtung die thematische Vertiefung gehen soll.

Hypertext – das ist die Logik, nach denen Informationen im Internet organisiert sind. Jugendliche, die mit dem Internet aufwachsen und für die das Netz schlicht und einfach ein Stück Alltag ist, sind es gewöhnt, sich Themen auf diese Art und Weise zu erschließen. Informationen, die nach dem Hypertextprinzip aufbereitet werden, sind für sie weniger langweilig als Bücher, die Inhalte linear organisieren. Und sie werden häufig auch als übersichtlicher empfunden.

Ralph, 15: „Ich finde mich in Büchern nicht so richtig zurecht: Wenn ich immer Seiten blättern muss – da verliere ich irgendwie den Überblick. Ich meine, ich will nicht sagen, dass Bücher schlecht sind. Ich bin halt mehr der Hypertext-Typ: Ich tue mir einfach leichter, wenn ich über Links gehen kann. Das ist einfach übersichtlicher, finde ich."

Hypertext-Denken ist aber nur eine Facette, in der die Grundmentalität jugendlicher „Onliner" zum Ausdruck kommt. Ihre Faszination für das Interaktive ist ein zweiter wesentlicher Punkt, den zu berücksichtigen für ein Verständnis der jungen Internet-User von besonderer Bedeutung ist.

Interaktive Möglichkeiten, die das Internet bietet, sind für Jugendliche ein großes Thema. Das zeigt die Jugendtrendforschung deutlich. Im Trend-Segment sagen immerhin sieben von zehn der 15- bis 19-Jährigen: „Ich finde es toll, wenn Web-Sites ihren Besuchern die Möglichkeit bieten, auch miteinander in Kontakt zu treten." (tfactory Hamburg 2007) Und auch im breiten Mainstream finden immer mehr

Jugendliche Spaß daran, das Leben in der Online-Welt selbst aktiv mitzugestalten. Vieles davon passiert in quasi-selbstorganisierten Bereichen. Beispiele dafür sind Weblogs, Wikis, Videoportale, Tauschbörsen und Community-Seiten à la MySpace, also all das, was heute gemeinhin unter dem Titel Web 2.0 abgehandelt wird.

Web 2.0 ist ein Oberbegriff für allerlei interaktive Techniken und Dienste, die im Internet verfügbar sind. Und Web 2.0 steht zugleich auch für eine Entwicklung, die dahin geht, dass Internet-User heute eben nicht mehr nur „Surfer" sind, die auf Angebote, welche von großen, offiziellen Content-Providern bereitgestellt werden, zugreifen. Sie treten als „Filesharer" und Urheber von „nutzergenerierten Inhalten" aus ihrer passiven Konsumentenrolle heraus und mischen bei dem, was sich im Netz abspielt, kräftig mit. Menschen gehen online, um sich entlang der Themen, die sie interessieren, und der Facetten des Alltags, die ihnen Spaß bereiten, anderen Usern zu präsentieren, sich mit ihnen zu vernetzen und vielleicht sogar in einer Online-Community zu organisieren. „The machine is us": Wir sind das Internet – so lautet das Motto. Und weil Jugendliche darauf offensichtlich besonders abfahren, ist Web 2.0 zu dem Zeitpunkt, wo diese Zeilen geschrieben werden, eines der heißesten Trendschlagworte in Zusammenhang mit Jugendkommunikation. Alles spricht von der „Generation Web 2.0" und will die Mentalität der Web-2.0-Gemeinde verstehen – ohne freilich immer auch zu sehen, wie vielfältig das so genannte Web 2.0 ist.

Die „Generation Web 2.0"

Das so genannte Web 2.0 hat viele verschiedene Gesichter. Und es lockt mit ganz unterschiedlichen Angeboten. Bei erwachsenen Internet-Usern vermutlich am bekanntesten ist Wikipedia, eine freie Online-Enzyklopädie, also ein Internet-Lexikon, bei dem jeder mitschreiben kann.

Wikipedia über Wikipedia: „Wikipedia ist ein Wiki, das heißt eine Website, bei der jeder Benutzer ohne Anmeldung Autor werden, Beiträge schreiben und bestehende Texte ändern kann. Eine Redaktion im engeren Sinne gibt es nicht, das Prinzip basiert vielmehr auf der Annahme, dass sich die Benutzer gegenseitig kontrollieren und korrigieren."
(http://de.wikipedia.org/wiki/Wikipedia, Zugriff am 12.5.07)

Auch bei Jugendlichen ist Wikipedia ein echter Renner. Mit einem Mausklick kann man sich hier einen Überblick über fast alle nur erdenklichen Themen verschaffen. Und bei jenen Themen, bei denen man sich selbst gut auskennt und die einem wichtig sind, kann man ganz einfach weitere Informationen in das Lexikon eintragen. Das macht Wikipedia sympathisch, keine Frage. Das allein macht die Attraktivität, die die freie Online-Enzyklopädie bei Jugendlichen genießt, aber noch nicht aus. Wikipedia hat vielmehr noch einen anderen ganz entschiedenen Vorteil: „Klingt jetzt ein bisschen blöd, aber man kann dort immer ´was für die Schule nachgucken ...", so bringt Josefa die Sache auf den Punkt. Allzu oft bleibt es freilich nicht beim Nachgucken. Allzu oft dienen die frei zugänglichen Infos im Internet nicht dazu, sich erst mal einen groben inhaltlichen Überblick zu verschaffen, um sodann in Lehrbüchern, Sachbüchern und sonstigen Nachschlagewerken die inhaltliche Recherche mittels unumstritten seriöser Quellen zu vertiefen.

Wenn nicht genügend Zeit für Hausarbeiten oder Referate bleibt, werden Textbausteine aus Online-Texten einfach rauskopiert – hier ist Wikipedia freilich nur eine Quelle von vielen, aber in jedem Fall eine, die sich großer Popularität erfreut. „Copy and paste", so heißt das Schlüsselwort. Plagiat nennt man das, was dann dabei der Output ist.

> More Facts

Wie ist Wikipedia-Wissen zu bewerten?

Wikipedia basiert auf der Idee, dass User ehrenamtlich Beiträge verfassen und dass andere User, die diese Beiträge lesen, etwaige Fehler, die passieren, gleich korrigieren. Jeder, der zu einem Thema etwas zu sagen hat oder zumindest glaubt, dazu etwas zu sagen zu haben, darf sich einbringen – und zwar ungeachtet fachlicher Qualifikationen. Für viele steht Wikipedia damit im Zeichen einer Demokratisierung von Wissen: für eine Alternative zu etablierten Expertenkulturen, die danach trachten, Wissensmonopole aufzustellen und zu zementieren.

Statt auf individuelle Expertise setzt Wikipedia auf das Wissen des Kollektivs. „Eine Grundüberzeugung der Wikiwelt ist es, dass im Verlauf des kollektiven kreativen Prozesses jedes nur erdenkliche Problem, das im Wiki auftaucht, Stück für Stück korrigiert werden wird", so der Computerexperte Jaron Lanier, der einst den Begriff „virtuelle Realität" prägte und als Insider der „digitalen Revolution" gilt. Für die Wikipedia-Fangemeinde, die immer größer wird, ist dieses Prinzip schlichtweg genial. Lanier sieht die Sache hingegen ambivalent. Er gilt heute als einer der schärfsten Kritiker des Konzepts der Kollektivintelligenz.

Ohne das Prinzip freier Online-Enzyklopädien grundsätzlich in Frage zu stellen, warnt er vor zu viel Digitalromantik und naiver Technologie-Euphorie. Für ihn ist Wikipedia wohl auch so etwas wie eine Herausforderung an die Wissensgesellschaft. Insbesondere der Mythos vom Wissen und der Weisheit des Kollektivs beschäftigen ihn: „Was wir jetzt beobachten können, ist eine beängstigende Ausbreitung des Trugschlusses, das Kollektiv sei unfehlbar", so Lanier. Und weiter: „Ein Kollektiv auf Autopilot kann ein grausamer Idiot sein, wie uns die Ausbrüche maoistisch, faschistisch oder religiös geprägter Schwarmgeister immer wieder vorgeführt haben. Es gibt keinen Grund, warum solche gesellschaftlichen Katastrophen in Zukunft nicht auch unter dem Deckmantel technologischer Utopien passieren könnten." (Lanier 2006; online verfügbar unter: www.sueddeutsche.de/kultur/artikel/306/78228/, Zugriff am 14.2.07)

Plagiate sind Texte, die nicht selbst erarbeitet wurden, sondern die geklaut sind. Die geistige Arbeit anderer wird ohne Quellenbeleg übernommen, wörtliche Zitate sind nicht als solche kenntlich gemacht. Wie eine im Herbst/Winter 2006/2007 durchgeführte Studie des Instituts für Jugendkulturforschung zeigt, gibt jeder zweite Internet-User im Alter von 11 bis 18 Jahren offen zu, auch selbst schon mal Texte aus dem Internet in die Schulaufgaben einzukopieren. (Institut für Jugendkulturforschung 2007a) Unrechtsbewusstsein haben Jugendliche, die das machen, meist kein allzu großes. Über Urheber- wie auch Verwertungsrechte machen sie sich kaum Gedanken. Oftmals wissen sie wohl auch gar nicht, dass es so etwas gibt.

Und so ist es auch, wenn Jugendliche sich Musik aus dem Internet „saugen", wenn sie also nicht – wie es sich die Musikindustrie wünschen würde – auf Bezahlseiten wie „iTunes" zugreifen, sondern, wie es heute eben Gang und Gebe ist, so genannten illegalen Download praktizieren. Man muss das Kind beim Namen nennen: Musiktauschbörsen im Internet sind aus dem jugendlichen Alltag nicht mehr wegzudenken. Und einmal mehr lautet hier das Motto: „Internet ist super, weil dort alles gratis ist – sozusagen." Mitleid mit der Musikindustrie oder erfolgreichen, großen Stars des Musik-Business gibt es hier in der Regel nicht. „Die verdienen ohnehin genug Kohle", wird als Rechtfertigungsgrund vorgebracht. Für Musik Geld auszugeben – seien es Tonträger, die man im Fachhandel kauft, oder auch Downloads – macht für viele nur dann Sinn, wenn sie einen Künstler oder eine Band wirklich extrem gut finden und „unterstützen" wollen.

Alexa, 17, zum Thema „illegales Donwloaden von Musik": „Es gibt Bands, die unterstütze ich: Da kaufe ich mir die CD. Und es gibt Bands, da gefällt mir nur ein Lied, das andere kann man vergessen. Die lade ich runter. Und das kommt dann auf meinen MP3-Player oder auf eine eigene CD."

Community-Feeling und das Prinzip „Broadcast yourself"

Neben Musiktauschbörsen spielen in der internet-basierten Musik-Nutzung der Jugendlichen heute auch Community-Portale wie MySpace oder YouTube eine immer bedeutendere Rolle. Im jugendkulturellen Trendsetter-Milieu sagen mehr als die Hälfte der deutschen Jugendlichen, dass viele in ihrem Freundeskreis auf Seiten wie MySpace zugreifen, um Musik anzuhören oder auch Musikvideos anzusehen. 40 Prozent der trendaffinen Jugendlichen nutzen auch selbst Plattformen wie MySpace, knapp 30 Prozent stellen eigene Videos ins Internet – auf YouTube geht das beispielsweise ja sehr einfach. Auch im breiten Mainstream scheint der Erfolgskurs dieser Plattformen nicht mehr zu stoppen: Immerhin 20 Prozent aller 11- bis 18-jährigen österreichischen Jugendlichen deklarieren sich als Nutzer von Internetplattformen wie MySpace. 14 Prozent haben auch selbst schon einmal ein eigenes Video ins Netz gestellt. Das zeigt eine Momentaufnahme zur Nutzung von Web-2.0-Anwendungen im Herbst/Winter 2006/2007. (tfactory Hamburg 2007, Institut für Jugendkulturforschung 2007)

Praktisch jeder Jugendliche weiß heute, was MySpace und YouTube ist, auch wenn er nicht zur Gruppe der begeisterten Nutzer zählt. Bei Erwachsenen ist das hingegen (noch) nicht so ganz selbstverständlich. Qualitätszeitungen wie „Die Zeit" versorgen ihre Leser und Leserinnen daher mit Einsteiger-Information, die erläutert, worum es bei den populären Community-Portalen geht. Zum Beispiel MySpace: „‚A place for friends' ist das Motto, unter dem die Gründer Tom Anderson und Chris De Wolfe die Website MySpace seit 2003 bewerben", liest es sich da. Und weiter: „Eigentlich sollten unbekannte Künstler eine Plattform erhalten, auf der sie ihre Produkte – und sich selbst – vermarkten konnten. Das Verlangen nach einem eigenen Platz im Netz aber griff um sich, und MySpace wuchs und wuchs. (...) Der Einstieg ins Freundschafts-Netz ist simpel: Mail-Adresse und Kennwort reichen, schon ist man drin. Liebevoll feilen die Benutzer anschließend am eigenen ‚Profil', wie die Homepage hier programmatisch heißt. Sie unterlegen es mit selbst gemalten Bildchen, peppen die Seite, die es nun auch auf Deutsch gibt, mit Musik, Fotos und Videos auf." (Schelp 2006; online verfügbar unter: www.zeit.de/2006/38/Internet-Plattform?page=2, Zugriff am 11.2.2007) So wird dem Web-2.0-distanzierten Erwachsenen nahegebracht, was gemeint ist, wenn jugendliche Internet-User sagen, dass sie sich ein Internet ohne Community-Seiten gar nicht mehr vorstellen können.

Auch YouTube, eines der bekanntesten Videoportale des Web 2.0, sollte man als Erwachsener, der mit der Zeit geht, kennen. „Broadcast yourself" – so lautet hier das Motto. YouTube setzt zumindest auf den ersten Blick weniger stark auf Community, das Prinzip der Peer-Production, bei der Online-Communities ihren Ausgang nehmen, ist aber auch hier unverkennbar. Nüchtern betrachtet funktioniert YouTube wie eine audio-visuelle Bibliothek, die jedem von überall aus zugänglich ist (vorausgesetzt, er verfügt über Breitband-Internet, sonst ist das Laden der Videos schwierig). Diese audio-visuelle Bibliothek wird von Usern bestückt. Die „Bestandsexemplare" werden von Usern kommentiert und auch weiter verbreitet. Im Klartext heißt das, jeder, der das gerne möchte, kann selbst produzierte Videos, Film- und Fernsehausschnitte ins Netz stellen, sich in die Diskussionen, die sich rund um die Videos und Filme entspinnen, einklinken und die Videos und Filme kommentieren und an andere User verschicken. Für die MTV-Generation ist YouTube das, was Museum und Ausstellungen für den erwachsenen Bildungsbürger waren – allerdings mit einem wesentlichen Unterschied: YouTube ist von Usern für User konzipiert. Zwischen den Usern findet, sofern die das wollen, auch reger Austausch statt. YouTube ist also mehr als bloß ein Online-Bewegtbildarchiv. YouTube ist Kommunikation, Interaktion und eben „Community". So wie bei MySpace wird professionelles Entertainment hier verzichtbar, denn das

Publikum unterhält sich quasi mit sich selbst.

Klar geworden sein dürfte mithin, dass die bei Jugendlichen populären Web-2.0-Portale Welten entfernt sind von jener betont informationsorientierten Internet-Nutzung, die für den durchschnittlichen erwachsenen Internet-User charakteristisch ist. Selbst wenn so mancher aus der Web-2.0-Generation meint, dass es mittlerweile wohl an der Zeit sei, sich für den großen Lauschangriff der „Alten" zu rüsten.

Jonas, 19: „Bei Community-Seiten wie studivz muss man gut aufpassen, welche Informationen man da von sich hergeben will. Da recherchiert heute schon jeder Arbeitgeber nach."

Die Technologie-Trendspirale dreht sich schnell

Im Bereich der Informations-, Kommunikations- und Unterhaltungstechnologien dreht sich die Innovationsspirale heute mit einer ungeheuren Geschwindigkeit. Das, was zum Zeitpunkt, zu dem dieses Buch geschrieben wird, gültig, ja vielleicht sogar absolut neu ist, ist übermorgen möglicherweise schon überholt. Das, was heute noch als Nischentrend verkauft wird, könnte morgen aber vielleicht schon für breite Mehrheiten normal geworden sein.

Kommunikationssoziologen und -soziologinnen sprechen von einer Co-Evolution von Medien bzw. Technologien und der Gesellschaft und meinen damit, dass die Gesellschaft Medien und Kommunikationstechnologien verändert und umgekehrt auch die Medien und Kommunikationstechnologien die Gesellschaft verändern. (vgl. Ziemann 2006: 29) Menschen werden einerseits von der medialen und technologischen Umwelt, in der sie aufwachsen und leben, geprägt. Andererseits geben Menschen mit ihren Erwartungen, ihren Bedürfnissen und ihrer Akzeptanz gegenüber neuen Angeboten aber immer auch eine Richtung vor, in die technologische Entwicklungen gehen. Die technologischen Entwicklungen nehmen ihrerseits wiederum Einfluss auf das soziale Miteinander. Immer dann, wenn sich Neues einen Weg in den Alltag der Menschen bahnt, findet zunächst eine Vorbereitungsphase statt: Eine technologieinteressierte, medienkompetente Minderheit wendet sich ihm zu und macht es für sich nutzbar. Jugendkulturorientierte Jugendliche aus höheren Bildungsschichten spielen hier erfahrungsgemäß eine Schlüsselrolle. Sie zählen zu den Hauptakteuren des technologisch-sozialen Wandels: Sie sind so genannte „change agents". Die gesellschaftliche Implementierung neuer Medien und Technologien, also deren Einführung und Verankerung in der Mehrheitsgesellschaft, findet erst mit einer gewissen Zeitverzögerung statt.

Neue Angebotsformen werden nun an die Bedürfnisse des Durchschnittsbürgers angepasst und was dabei herauskommt, muss sich mit den Nutzungsformen und -stilen der Technologie-Trendsetter nicht immer decken. Das heißt, wohin der Technologietrend-Zug führen wird, lässt sich zu dem Zeitpunkt, wo ihn die jugendlichen „Agenten des Wandels“ besteigen, meist noch nicht exakt sagen. Dass er abfährt, ist aber allemal fix. Das gilt auch für das bei jugendkulturorientierten Jugendlichen derzeit so populäre Web 2.0.

Community-Seiten im Web 2.0 funktionieren nach dem Prinzip „von uns für uns“. Inhalte werden nicht mehr von professionellen Inhaltsproduzenten, sondern eben von „Amateuren“ bereitgestellt. Das ist vor allem für den klassisch informationsorientierten erwachsenen User neu. Die junge „Generation Web 2.0“ folgt hier freilich weniger publizistischen Neigungen. Vielmehr scheint es so, als suchte sie eine Bühne: ein Tool für Selbstdarstellung oder zumindest für Selbstthematisierung. Doch warum tut sie das?

Findet sie in der „Offline-Welt“ nicht genug Raum, um sich ausdrücken, sich darstellen, sich ihrer Umwelt mit all ihren Interessen und Bedürfnissen präsentieren zu können? Hoffen diejenigen Jugendlichen, die hier mitmachen, einen großen „Online-Freundeskreis“ um sich zu versammeln, um damit unter ihresgleichen zu punkten? Wollen sie vielleicht einfach irgendwo ihre Spuren hinterlassen – in Reaktion auf eine vergängliche Welt? Oder üben sie sich in Selbstmarketing und werden sie die Selbstmarketing-Kompetenzen, die sie sich hier aneignen, später, wenn sie sich in der neuen Arbeitswelt erfolgreich behaupten müssen, vielleicht brauchen? Viele Fragen drängen sich auf. Und alle weisen sie in eine ähnliche Richtung: Nämlich auf die Schlüsselfrage hin, worauf die Co-Evolution von Technologien, Technologie-Nutzern und Gesellschaft in der Causa Web 2.0 hinauslaufen wird.

Auch die Frage, warum sich Jugendliche dafür interessieren, was andere über sich preisgeben oder wie sie sich präsentieren, steht hier zur Debatte.

Geht es ihnen um ein „get connected“, also darum, von überall in der Welt an die Jugendkultur angebunden zu sein? Ist es Voyeurismus? Ist es oberflächlicher Spaß? Ist es die Möglichkeit, auf das Gezeigte unmittelbar zu reagieren, die fasziniert? Ist es die Tatsache, dass sie ihren Senf dazu geben können und das Gefühl haben, dass ihnen irgendwo da draußen jemand zuhört? Oder steckt vielleicht noch ganz etwas Anderes hinter der Faszination an MySpace und Co.? Das Thema ist in der Jugendforschung derzeit noch so frisch, dass es auf all diese Fragen kaum seriöse Antworten gibt.

Und was machen indessen die Jugendlichen, die sich zur so genannten „Generation Web 2.0“ formieren? Sie geben sich davon völlig unbeirrt und zeigen, ohne über Irritationen der Älteren weiter nachzudenken, einfach schon mal vor, was es bedeutet, wenn das Internet sein Nutzbarkeitsrepertoire erweitert und klassische Anwendungsformen wie gezielte Informationsrecherche und E-Mail-Kommunikation nur mehr ein Ausschnitt des Handlungs- und Wirkungshorizonts des Internets sind. Willkommen also in der schönen neuen Online-Welt!

Tabelle 6: „Schönes neues Internet": eine Momentaufnahme aus dem Herbst/Winter 06/07 – Mainstream und Trendsetter im Vergleich

Bitte sag mir, welche dieser Möglichkeiten und Angebote du selbst nutzt.

	Mainstream: 11 bis 18 Jahre gesamt	Trend-Segment: 11 bis 18 Jahre gesamt	Mainstream: 11- bis 18-jährige Onliner	Trend-Segment: 11- bis 18-jährige Onliner
Musik hören im Internet				
Internetradio nutzen	29,7	38,7	36,8	40,1
Radio-Podcast nutzen	5,6	12,9	6,9	13,4
Bewegtbild im Internet				
Video-Podcasts nutzen	14,5	22,3	17,9	23,0
eigene Videos ins Internet stellen	13,9	27,6	17,2	29,0
„Tagebuch" im Internet				
lesen, was andere in Weblogs schreiben	23,8	35,3	29,2	37,1
ein eigenes Weblog haben	9,0	20,0	11,3	20,7
Community im Internet				
Plattformen wie MySpace nutzen	19,7	40,0	24,5	41,5
Basis	880	417	701	394

Quelle „Mainstream-Segment": Institut für Jugendkulturforschung (2007): elf/18 – die Jugendstudie, rep. für 11- bis 18-jährige Jugendliche, n=880, Angaben in %

Quelle „Trend-Segment": tfactory Hamburg (2007): Timescout Welle 11, rep. für 11- bis 39-jährige Trendsetter und Early Adopters, n=1200, Angaben in %

Jugend 2010

Co-Evolution von Jugendkultur und Gesellschaft

Bernhard Heinzlmaier

Wohin geht der Trend?

Die Jugendkultur mit ihrer bunten Vielfalt an populären Stilen dient nicht nur dem individuellen Selbstausdruck junger Menschen, die dabei sind, eine eigenständige sozio-kulturelle Persönlichkeit zu entwickeln, sie ist nicht nur Bühne und Experimentierfeld. Trendrelevante Jugendkulturphänomene sind immer zugleich auch Dokumente der Auseinandersetzung Jugendlicher mit dem sozialen, ökonomischen, kulturellen und medialen/technologischen Status quo unserer Gesellschaft. Und sie markieren auch Eckpunkte, wohin gesellschaftliche Entwicklungen führen. Sie können als frühe Boten eines nahenden neuen Zeitgeists verstanden werden.

Stellt sich die Frage: Wo führt uns die Reise der Jugend hin? Was sind die wichtigsten jugendkulturellen Entwicklungen und Strömungen der nächsten Zeit? Wie wird sich die Jugend generell zu Staat und Gesellschaft verhalten? Setzt sich der Auszug der Jugend aus dem Parteienstaat fort, erschöpft sich Jungsein im 21. Jahrhundert in der Teilnahme am Massenkonsum, im lustvollen Mitwirken an der so genannten Spaßgesellschaft, die vornehmlich jene Denk- und Handlungsweisen belohnt, die an der individuellen Nutzenmaximierung ausgerichtet sind? Und ist Individualität ohnehin nichts anderes mehr als ein Mythos, eine Einbildung, etwas, das man sich selbst suggerieren muss, um das tägliche Leben in einer immer gleichförmiger dahinlebenden, uniformen Masse zu ertragen?

Die heutige Jugend wird in eine Massengesellschaft hineingeboren

Die Gesellschaft, in der wir heute leben, ist eine Massengesellschaft, der eine Tendenz zur Vereinheitlichung und zur Integration aller ihrer Teilgruppen und Einzelindividuen innewohnt. Die stärkste Dynamik zur Integration einzelner Teile in die Totalität des Ganzen geht dabei von der Ökonomie aus. Die postfordistische Ökonomie tendiert dazu, alle gesellschaftlichen Phänomene und Zusammenhänge in Waren zu verwandeln. Jede noch so kleine Nische wird aufgebrochen, ihr Inhalt wird an die Öffentlichkeit des Marktes gezerrt, schön verpackt, mit Preisschildchen versehen und in den Regalen der Supermärkte oder in Internetshops zum Verkauf ausgelegt.

Die aufgrund des zunehmenden Konkurrenzdrucks alles vereinnahmende Kulturindustrie hat das Verhältnis zwischen dem Mainstream und den rebellischen Minderheiten am Rande der Popkultur völlig auf den Kopf gestellt. Die ursprünglich widerständigen, außerhalb des Systems der kapitalistischen Marktlogik stehenden alternativen Kulturproduzenten und Kulturproduzentinnen wurden Teil des dominierenden kapitalistischen Wirtschaftssystems. Die alternativen Widerstands- und Subkulturen wurden integriert, indem man sie auf kaufte und in Waren verwandelte. Auf diese Art wurden Rebellenkulturen in den kulturindustriellen Mainstream integriert.

Für Tom Holert und Mark Terkessidis beginnt dieser grundlegende Wandel im Verhältnis zwischen kulturellen Mehrheitskulturen und Subkulturen bereits zu Beginn der 1990er Jahre, als die legendäre amerikanische Grunge-Formation „Nirvana" in ein marktwirtschaftliches Konzept integriert und im Zuge eines professionellen Marketingverfahrens ein rebellisches subkulturelles Phänomen in ein kommerzielles Massenprodukt verwandelt wurde.

„(...) seit NIRVANAS ‚Smells Like Teen Spirit' aus dem Jahre 1992 riecht der Mainstream nicht länger abgestanden. Die ganze Nation der USA konnte sich plötzlich mit ‚alternativen' Rebellenkulturen identifizieren und dafür im Reservoir der subkulturell produzierten Zeichen des ‚Underground' aus dem Vollen schöpfen. ‚Underground'-Bands gingen zur Industrie, und diese erwartete zum ersten Mal nicht Glättung, sondern kompromisslose Abweichung. (...) Hocherfreut präsentierte sich der Mainstream nun selbst als Minderheit." (Holert/Terkessidis 1998: 315)

Das kommerzielle Marketing hatte Subkulturen, aber auch Gruppen, die in fundamentaler Opposition zu Staat und Gesellschaft standen, plötzlich als taugliche Zielgruppen erkannt. Auch mit ihnen, so die Einsicht der Marketingmanager, kann man, wenn man ihnen die richtigen Produkte offeriert und den passenden Kommunikationsstil findet, gute Geschäfte machen. Allerdings gab es anfangs Probleme bei der Ansprache dieser neuen Konsumentengruppen, denn sie repräsentierten alles andere als ein einheitliches in sich geschlossenes Konsumsegment, stellten sich vielmehr als äußert heterogen und in sich widersprüchlich dar. Es zeigte sich, dass der rebellische, subkulturelle „Underground" in eine Unzahl von kleinen Gruppen zerfällt, die allesamt ihre Autonomie und ihre gruppenspezifischen Besonderheiten ins Zentrum ihres Selbstverständnisses stellten und somit in ihren Interessen und Bedürfnissen äußerst vielfältig und gegensätzlich waren. Eine einigende Klammer musste also jenseits dieser Vielfalt an Identitäten und Selbstkonzepten gesucht werden, um dem neuen Marktsegment mit einer effizienten und kostengünstigen Kommunikationsstrategie begegnen zu können.

Und man fand die gemeinsame Klammer schließlich in einer allen diesen Gruppen gemeinsamen alternativen Grundeinstellung zum Konsum, die mit den Schlagworten „Bewusst kaufen, Stil erwerben" auf den Punkt gebracht werden konnte. „So hatten nun alle die gleichen Werte und konnten je nach minoritärem Gusto zielgruppenoptimiert angesprochen werden." (Holert/Terkessidis 1998: 316) Damit war das Vermarktungskonzept für den „Mainstream der Minderheiten" geboren.

Jugendkultureller „Underground" wird bereits in den 1990ern marketingrelevant

Die Kulturindustrie wendet sich nun partiell von der vereinheitlichenden, monokulturellen Form der Massenproduktion ab, eignet sich das symbolische Kapital der kulturellen Minderheiten an und vermarktet es. Anstelle einer einheitlichen, am fordistischen Ideal orientierten Massenproduktion entsteht ein breit ausdifferenzierter, flexibler, postfordistischer Markt der Freizeitkulturen, der sich durch individuelle Produktdesigns auszeichnet, die vor allem auf die speziellen Bedürfnisse von kulturellen Teilgruppen und postmodernen, individualisierten jungen Konsumenten und Konsumentinnen ausgerichtet sind. Parallel dazu verwandelt sich die traditionelle Disziplinargesellschaft in eine postmoderne Kontrollgesellschaft.

acts > More Facts > More Facts > More Facts > More Facts> Mo

Fordismus und Postfordismus

Der Begriff Fordismus geht auf Henry Ford, den amerikanischen Autoindustriellen, zurück. Er gilt als Initiator der Fließbandarbeit. Im Rahmen eines strikt reglementierten und durchgeplanten Produktionsverfahrens werden von relativ unqualifizierten Arbeitern zu billigen Löhnen standardisierte Massenprodukte hergestellt. Diese werden auf einem Massenmarkt, der durch relativ einheitliche Konsumentenbedürfnisse bestimmt ist, abgesetzt. Das für die fordistische Produktionsweise typische Produkt ist der Ford T (Thin Lizzy), der am Beginn des 20. Jahrhunderts in den USA zeitweise 50 Prozent Marktanteil hatte und von dem 15 Millionen Stück produziert wurden. Das zum Fordismus gehörige Gesellschaftsmodell ist das der Disziplinargesellschaft. Das Individuum wird in einer solchen Gesellschaft einem straffen Zeitregime unterworfen, seine Leistungen werden ständig kontrolliert und überwacht. Abweichendes Verhalten in Produktion und Gesellschaft wird mit Strafen und Sanktionen bedroht.

In den 1960er Jahren beginnt die Krise des fordistischen Produktionsmodells. Die Unzufriedenheit der Arbeiter steigt, der Dienstleistungsbereich gewinnt an Bedeutung, die alte zentralistische und stark reglementierte restriktive Arbeitsorganisation ist den neuen Produktions- und Gesellschaftsverhältnissen nicht mehr adäquat. Zudem hat sich auch der Konsumentenmarkt verändert. Der individualisierte Konsument steht standardisierten Massenprodukten zunehmend skeptisch gegenüber, verlangt nach einem breiten und vielfältigen Produktspektrum, aus dem er Waren auswählen kann, die seinen individuellen Ansprüchen und Bedürfnissen entsprechen. Im Gegensatz zum Fordismus setzt das postfordistische Modell auf flexible Produktion, auf Produkte, die auf die individuellen Bedürfnisse des Konsumenten abgestimmt sind und vor allem auf die Eigeninitiative von motivierten Mitarbeitern anstelle von Zwang und Repression. Die autoritäre, auf Zwang basierende Disziplinargesellschaft wird von der Kontrollgesellschaft abgelöst. Integration in Produktion und Gesellschaft erfolgt in der Kontrollgesellschaft nicht mehr durch Überwachen, Strafen und unmittelbare Repression, sondern durch Überzeugung, Motivation und Herstellung von Identifikation vermittels Kommunikations- und Schulungsmaßnahmen. Regiert der Fremdzwang die Disziplinargesellschaft, so dominiert in der Kontrollgesellschaft der Selbstzwang, das heißt das durch Kommunikationsmaßnahmen überzeugte und motivierte Individuum setzt sich selbst unter Druck, um die Vorgaben und Regeln, von deren Richtigkeit und Legitimität es überzeugt ist, zu erfüllen. (www.uni-muenster.de/PeaCon/kapzeit/Fordismus.htm, Zugriff am 3.6.2007)

War in der alten Disziplinargesellschaft das Individuum in Institutionen wie der Fabrik quasi eingesperrt und erfolgte die Disziplinierung dort „im abgespeckten Raum der Körperdisziplin" (Bublitz 2005: 152) zum Beispiel dadurch, dass der Mensch seine Arbeitszeit in einer Fabrikshalle vor einer bestimmten Werkzeugmaschine unter ständiger Aufsicht zu verbringen hatte, so arbeitet der kontrollgesellschaftliche Integrationsmechanismus subtiler. Es wird nicht mehr mit Zwangsmaßnahmen direkt auf den Körper der Menschen zugegriffen. Im Mittelpunkt der Interventionen steht nun die „Seele".

„Während die Fabrik selbst ein Körper war und vor allen Dingen auf die Körper einwirkte, so ist das Unternehmen heute ‚Seele'. Während der Arbeiter seine Einspannung in die Produktionsabläufe ‚seelisch' verneinen konnte, wird heute vom Mitarbeiter volle Identifikation mit dem Unternehmen erwartet." (Holert/Terkessidis 1998: 327)

Die neue, kontrollgesellschaftliche Integrationsstrategie stellt die Verführung des Individuums zur Identifikation mit den gesellschaftlichen und arbeitsweltlichen Machtverhältnissen und Reglements ins Zentrum ihres Handelns. Mechanismen des Fremdzwangs werden durch Mechanismen des Selbstzwanges ersetzt. Auf die Menschen wird primär durch allerlei Überredungskünste und suggestive Strategien eingewirkt. Staat, Gesellschaft und Wirtschaft setzen darauf, junge Menschen von der Richtigkeit ihrer Regeln, Normen und Gesetze durch Kommunikation zu überzeugen. Der administrative und monetäre Aufwand dafür ist gigantisch. Ziel der Materialschlacht um die Köpfe der Menschen ist es, einen Bürger und Mitarbeiter zu generieren, den man nicht zu seinem Glück zwingen muss, sondern der sich aufgrund von Überzeugung und Identifikation selbst dazu zwingt, vorgegebenen Normen und Reglements zu folgen.

„(...) die Kontrollkreisläufe der Gesellschaft haben sich nicht nur über das gesamte ‚intim-öffentliche' Terrain ausgebreitet, sondern ins Subjekt verlagert. Dabei kehrt sich das Verhältnis von Überwachung und Selbstkontrolle um. Während zunächst der Blick der Anderen/der Medien zum Bestandteil der inneren Verfasstheit des Subjekts geworden ist, transformiert sich der nach innen gewendete Blick, der den Beobachter bloß imaginiert, zu sozialen Maßstäben. Die Umkehrung besteht darin, dass die sozialen Kontroll- und Überwachungsstrategien nun mediale Effekte einer gesteigerten Selbstkontrolle sind." (Bublitz 2005: 157)

Stellt sich die Frage, was diese kontrollgesellschaftlichen Zumutungen für Jugendliche bedeuten, wie sie damit umgehen und wie sie sie in den Griff zu kriegen versuchen, ohne sich als Individuum dabei selbst zu verlieren.

Wie reagiert die Jugend auf diese Welt?

In ihrem Alltag empfindet die Jugend die „ins Subjekt verlagerten Kontrollkreisläufe" als sich ständig steigernden Normen- und Erwartungsdruck und sie erkennt die Richtigkeit dieser Normen und Erwartungen an. Sie sind internalisiert und werden akzeptiert. Dennoch wird der Einzelne von diesen akzeptierten Regulativen und Normen, von dem Druck, den er sich selbst auferlegt, in vielen Fällen übermannt. Der Normenüberdruck und die damit verbundenen Versagensängste müssen individuell bewältigt werden. Vielfach werden auch Bewältigungsstrategien angewendet, die zu den so genannten riskanten Verhaltensweisen zählen.

Judith, 19: „Ich sitze dann oft zu Hause und versuche, den Lernstoff in mich hineinzusaugen und dann bemerke ich, dass da nichts mehr reingeht in mein Hirn. Wenn du dann ein paar Tage so zu Hause gesessen bist, dann hast du irgendwann das Gefühl, jetzt ist das Maß voll, jetzt muss ich da raus, jetzt will ich ganz 'was Anderes. Und dann passiert es schon mal, dass ich mir mit ein paar Freunden einen heiteren Abend mache, bei dem der Prosecco dann in Strömen fließen muss."

Man kann davon auszugehen, dass wir in den kommenden Jahren eine verstärkte Hinwendung von Jugendlichen zu punktuellen Formen des Exzesses beobachten werden. Pädagogische Institutionen, Jugendorganisationen und die Jugendpolitik werden sich daran messen lassen müssen, inwieweit es ihnen gelingt, Konzeptionen und Projekte zu implementieren, die Druck von den Jugendlichen wegzunehmen in der Lage sind. Gleichzeitig wird es auch darauf ankommen, Erlebnisformen und Erlebnisräume zu offerieren, die weniger riskante kompensatorische Alternativen zum Drogen-, Alkohol- oder zum Geschwindigkeitsexzess im Straßenverkehr darstellen.

Deutlich verstärken wird sich in den nächsten Jahren auch die Hinwendung der Jugendlichen zu so genannten nicht-diskursiven, symbolischen Formen der Kommunikation. Die kommunikativen Praxen der Jugendlichen werden zusehends zu bild-ästhetischen Praxen werden. Bild-ästhetische Praxen umgibt die Aura des Authentischen, des Echten, des Ungefilterten, aber auch des Wahrhaftigen. Das Bild kann nicht betrügen, so meint man, und setzt es bewusst in Gegensatz zu den verbal argumentierenden Diskursen der Politik und der Erwachsenengesellschaft. Die Hinwendung der Jugend zu symbolischen, nicht-diskursiven Formen der Kommunikation muss auch als Reaktion auf die mangelnde Wahrhaftigkeit politischer, gesellschaftlicher und medialer Diskurse gesehen werden. Um nur ein Beispiel zu nennen: Die politischen Diskussionen und die Entscheidungen rund um die Studiengebühren bei und nach den österreichischen Nationalratswahlen 2006 wurden von vielen Jugendlichen und jungen Erwachsenen als Paradebeispiele für eine Politik gesehen, die sie nicht ehrlich vertritt, sondern lediglich zu manipulieren und als Stimmvieh zu benutzen trachtet.

Kurt, 22: „Die Studiengebühren sind doch ein klassisches Beispiel dafür, dass man von den Politikern nur verarscht wird. Zuerst sagen sie dir, wenn du mich wählst, dann wird das abgeschafft. Du rennst hin und wählst, und dann machen die, die du gewählt hast, einen faulen Kompromiss und alles bleibt wie es ist. Also ich geh da nicht mehr hin. Die nächsten Wahlen finden ohne mich statt."

Womit wir darüber hinaus zu rechnen haben, ist ein verstärktes Auftreten von Ironie und Parodie in der Jugendkommunikation. Mit Ironie und Parodie wird die Jugend – zukünftig vermutlich noch stärker als heute – ihre moralische Verzweiflung über die politischen und gesellschaftlichen Verhältnisse zu kompensieren versuchen. Das Vertrauen in die Wahrhaftigkeit und Ehrlichkeit des verbalen rationalen Diskurses ist aufgrund unzähliger Negativ-Beispiele aus Politik und Wirtschaft, angefangen beim bereits dargestellten Fall der Studiengebühren, der Eurofighter-Anschaffung, der Korruption bei Siemens, der BAWAG-Skandal etc. schwer angeschlagen. Die Parodie entzieht sich gleich von vorne herein dem Anspruch des ernsthaften Umgangs mit einem Thema, die Ironie macht sich über die Diskurse der anderen lustig, ist also ein Mittel, um Distanz zwischen sich und einer gesellschaftlichen Sphäre zu schaffen, die man längst aufgegeben hat – zum Beispiel der der Politik – und in Bezug auf die man davon überzeugt ist, dass keine Form des argumentativ-rationalen Einwands irgendetwas an den dort herrschenden Verhältnissen verändern wird können.

Die Entwertung des rational-argumentierenden Diskurses setzt sich bis in die Sprache hinein fort, die die Jugendlichen selbst verwenden, um untereinander zu kommunizieren. Auch hier dominiert das so genannte „Klönen". Gaukelei, Ironie, Parodie beherrschen die Gespräche, die Jugendliche untereinander führen. Versucht jemand eine ernsthafte Note ins Spiel zu bringen, wird er gleich mit einer witzigen Volte gestoppt und das Gespräch so unversehens aus der Stilistik des Ernsthaften wieder herausgeführt.

Parallel zum Bedeutungsverlust des rationalen Diskurses werden wir bei den Jugendlichen aber auch verstärkte Bemühungen erleben, sich auf der symbolisch-stilistischen Ebene als einzigartige Individuen zu inszenieren.

Kathrin, 21: „Es gibt nichts Schlimmeres als den Massenmenschen, diese Vieherde, wo alle gleich aussehen, alle das gleiche denken und alle in dieselbe Richtung laufen."

In der Masse verliert man seine Individualität, darüber ist sich die Mehrheit der Jugend einig. Abgrenzen kann man sich von der Masse in erster Linie durch Strategien des ästhetischen Spiels. Aber wie etwas Besonderes sein, wenn man bei der Selbstdarstellung auf die Produkte der Massenkultur angewiesen ist?

„Alle gleich, jeder anders“, so hat Karl Lagerfeld eine Strategie der kleinen Differenz charakterisiert, die es versteht, im Rahmen der kulturellen Alltagspraxis Symbole der Zugehörigkeit zu einer Gruppe mit Symbolen der individuellen Differenz zu verbinden. Dabei handelt es sich um einen Distinktionsversuch, der auf eine Differenz der gestalteten Oberfläche, der ästhetischen Stilistik, beruht.

„‚Alle gleich, jeder anders' steht für die Realisierung eines Gleichheitsanspruchs, den die Massenkultur in der fortwährenden Markierung von Differenz und Abgrenzung sichert. Individualität ist Ausdruck dieser Differenz. Sie sichert ‚Distinktionsgewinne'. Soziale Zugehörigkeit wird, gegenläufig zur normalisierenden Angleichung des Einzelnen an alle, durch Anderssein geregelt. Einem elaborierten System der ‚feinen Unterschiede' (...) folgend, wird Individualität visuell sichtbar als Differenz von Zeichen kommuniziert. Diese werden, auf der Oberfläche käuflich verfügbarer Objekte, zu Stilmetaphern.“ (Bublitz 2005: 11)

Kontrollgesellschaftlicher Normen- und Erwartungsdruck, die als verlogen empfundenen Diskurse der Politik und die beharrlichen Versuche des kommerziellen Sektors, die Jugend zum Konsum käuflich erwerbbarer Stilmetaphern zu verführen, werden zukünftig noch stärker als bisher zu jugendkulturellen Kommunikationsstrategien führen, die sich vor allem an der ästhetischen Gestaltung der Oberfläche orientieren. Gleichzeitig wird eine reflektierte, kritische Auseinandersetzung mit Politik und Gesellschaft bei Jugendlichen und jungen Erwachsenen wohl weiterhin an Bedeutung verlieren. Und so wird es keine großen Revolutionen mehr geben, sondern bestenfalls viele kleinen Rebellionen. Und diese werden Stilrevolten sein, niemals ganz ernst, immer etwas ironisch, meistens spontan und keinesfalls mit einem mittel- oder gar langfristigen Konzept zur Gesellschaftsveränderung: „kleine Revolten" in einer Zeit jenseits der „großen Erzählungen". Dabei wird die Jugend sich eher in ein Bündnis mit der Konsumkultur als mit der traditionellen Politik begeben und sich, so oder ähnlich verhalten, wie es Tom Frank bereits in den 1990er Jahren in der linken US-amerikanischen Zeitschrift „The Baffler" beschrieb: „Der Rebell wurde ganz natürlich zum zentralen Bild der Konsumkultur. Er symbolisiert unaufhaltsame, richtungslose Veränderung, eine ewige Unzufriedenheit mit dem Establishment – oder besser gesagt mit den Waren, die das Establishment letztes Jahr zum Kauf empfahl." (Frank zitiert nach Holert/Terkessidis 1998:315)

SAVOY

Tabelle 7: Die beliebtesten Musikstile 11- bis 18-jähriger österreichischer Jugendlicher

Welche der folgenden Musikstile hörst du persönlich am liebsten?

	11 bis 18 Jahre	11 bis 14 Jahre	15 bis 18 Jahre	männlich	weiblich
Rock	42,0	40,8	43,1	44,8	39,2
Pop	41,5	45,4	37,6	38,2	44,8
International HipHop	25,9	24,1	27,6	27,7	24,0
Techno	25,5	20,8	30,2	26,7	24,3
Deutscher HipHop	23,7	27,2	20,1	23,6	23,7
Punk	23,3	20,9	25,6	21,8	24,7
Oldies aus den 70er und 80er Jahren	22,0	17,6	26,3	18,9	25,1
Reggae	20,4	15,5	25,3	20,1	20,7
Deutscher Rock	20,3	20,9	19,8	17,0	23,6
House	16,3	11,7	20,8	16,4	16,2
Heavy Metal	16,1	14,8	17,3	23,0	9,1
Indie/Alternative	16,0	9,3	22,7	13,1	18,9
Drum'n'Bass	13,9	6,7	21,1	15,2	12,5
Gangsta Rap	13,1	13,7	12,5	18,5	7,7
International Soul/R'n'B	12,6	9,2	15,9	8,3	16,8
Ska	9,7	6,4	13,1	11,0	8,4
Jazz	9,5	9,2	9,7	10,1	8,8
Dance Hall/Ragga	9,3	5,7	12,9	8,7	9,9
Britpop	7,8	5,0	10,7	6,5	9,2
Latin	6,9	4,7	9,2	3,0	10,9
Klassik	6,8	4,0	9,5	6,9	6,6
Grunge	6,3	2,6	10,0	6,2	6,4
Deutscher Soul	6,0	7,2	4,9	3,8	8,3
Crossover	5,9	4,2	7,7	6,7	5,2
Gothic	5,5	3,1	7,8	5,8	5,1
Blues	5,3	3,2	7,4	7,6	3,0
Funk	5,3	4,4	6,2	6,1	4,5
Deutscher Schlager	4,8	4,1	5,6	2,9	6,8
Folk	1,4	0,3	2,4	1,4	1,3
Basis	880	440	440	440	440

Quelle: Institut für Jugendkulturforschung (2007): elf/18 – die Jugendstudie, rep. für 11- bis 18-Jährige, n=880, Angaben in %

Tabelle 8: Welche Musikstile trendsensible deutsche 11- bis 29-Jährige für derzeit angesagt halten

Bitte sage, welche der angeführten Musikstile deiner Meinung nach angesagt sind.

	11 bis 29 Jahre	11 bis 14 Jahre	15 bis 19 Jahre	20 bis 24 Jahre	25 bis 29 Jahre
Deutscher HipHop	53,0	42,7	58,8	55,7	54,8
International HipHop	51,5	46,1	53,7	53,1	53,1
House	36,2	26,1	38,4	44,5	35,9
Pop	34,8	33,5	34,9	38,2	32,6
Gangsta Rap	33,6	39,7	35,2	29,5	30,1
Rock	32,0	32,7	39,8	30,6	24,8
International Soul/R'n'B	30,7	23,8	32,8	35,7	30,3
Deutscher Rock	25,7	26,3	28,2	27,2	20,9
West Coast HipHop	25,3	26,4	32,1	21,0	21,9
East Coast HipHop	24,0	25,4	29,4	20,4	20,9
Reggae	23,8	23,5	32,8	21,4	17,3
Punk	23,2	30,1	26,1	19,1	17,7
Techno	22,7	16,4	27,0	25,9	21,4
Independent/Alternative	19,8	8,0	24,2	19,9	27,3
Dance Hall/Ragga	18,8	12,1	20,4	21,3	21,3
Drum'n'Bass	18,3	9,8	12,9	24,6	25,8
Brit Pop	18,3	12,8	16,9	18,6	24,9
Electro	18,0	9,4	16,6	24,3	21,5
Deutscher Soul	16,8	13,0	16,2	19,6	18,5
Latin	16,8	13,3	13,0	21,3	19,8
Heavy Metal	16,0	24,6	20,4	11,0	8,3
Ska	13,2	9,8	13,8	12,6	16,5
Oldies	12,6	11,1	18,1	12,6	8,6
Funk	12,2	9,6	13,6	11,4	14,3
Jazz	11,6	14,5	11,2	7,7	13,1
Nu Metal	10,6	8,5	11,4	11,2	11,3
Gothic	9,8	11,1	10,1	7,9	9,9
Emocore	9,7	10,5	7,0	8,8	12,5
Raggaton	9,4	6,4	12,4	7,3	11,3
Crossover	8,8	7,0	8,5	5,4	14,3
Basis	900	225	225	225	225

Quelle: tfactory Hamburg (2007): Timescout Welle 11, rep. für 11- bis 39-jährige Trendsetter und Early Adopters, n=1200, Angaben in %

© Universal Music

Tabelle 9: Zukunftsängste 11- bis 18-jähriger österreichischer Jugendlicher

Wenn du an die Zukunft denkst, was macht dir persönlich da am meisten Angst? (Mehrfachnennungen)

Mir macht Angst, ...	11 bis 18 Jahre	11 bis 14 Jahre	15 bis 18 Jahre	männlich	weiblich
dass ich keine Arbeit finden bzw. arbeitslos werden könnte	59,2	52,0	66,4	59,8	58,6
dass ich an einer schweren Krankheit erkranke	57,3	60,4	54,2	50,8	63,8
dass immer mehr Menschen Opfer von Naturkatastrophen werden	48,5	50,5	46,4	43,9	53,0
dass ich den 3. Weltkrieg miterleben muss	42,1	43,0	41,3	41,0	43,3
dass ich von der Pension, die ich später einmal bekomme, nicht leben kann	38,7	32,3	45,1	43,0	34,5
dass die Luftverschmutzung so sehr zunimmt, dass man nur mehr mit Atemschutzgerät ins Freie gehen kann	37,3	40,9	33,6	35,9	38,7
dass sich niemand um mich kümmert, wenn ich einmal alt bin	34,7	37,0	32,5	32,0	37,5
dass ich Opfer eines Terroranschlags werde	34,1	38,5	29,7	33,4	34,9
dass politische Extremisten an Einfluss gewinnen	22,6	18,3	26,8	24,8	20,3
dass es eine Wirtschaftskrise gibt und das Geld nichts mehr wert ist	22,1	22,0	22,2	25,0	19,1
dass es zu einem Religionskrieg zwischen Christen und Moslems kommt	21,0	21,9	20,1	21,2	20,8
Basis	800	400	400	400	400

Quelle: Institut für Jugendkulturforschung (2005): elf/18 – die Jugendstudie, rep. für 11- bis 18-Jährige, n=800, Angaben in %

Tabelle 10: Wie trendsensible deutsche 11- bis 29-Jährige über Gesellschaft und Politik denken

In welchem Ausmaß kannst du den folgenden Aussagen zustimmen?

	11 bis 29 Jahre	11 bis 14 Jahre	15 bis 19 Jahre	20 bis 24 Jahre	25 bis 29 Jahre
Die Politik meint es oft nicht ganz ehrlich mit den Bürgern					
stimme voll und ganz zu	42,9	23,2	40,2	52,4	55,7
stimme etwas zu	43,3	52,9	45,9	36,3	38,2
stimme gar nicht zu	12,3	21,1	12,0	10,2	6,1
Der Leistungsdruck ist in unserer Gesellschaft einfach zu groß					
stimme voll und ganz zu	36,7	25,5	40,7	40,1	40,4
stimme etwas zu	44,0	45,8	44,0	42,0	44,3
stimme gar nicht zu	17,2	24,4	13,1	16,2	15,3
Die Welt wird heute nicht mehr von der Politik, sondern von Wirtschaftsunternehmen und deren Interessen gelenkt					
stimme voll und ganz zu	43,7	19,6	46,5	53,1	55,7
stimme etwas zu	46,0	55,9	45,1	40,9	42,1
stimme gar nicht zu	8,5	21,2	6,7	4,8	1,5
Der Klimaschutz ist eines der wichtigsten Themen unserer Zeit					
stimme voll und ganz zu	68,8	70,8	69,1	61,8	73,4
stimme etwas zu	23,6	19,2	21,1	30,0	24,3
stimme gar nicht zu	6,1	7,2	7,9	7,1	2,3
Den Protestanten gegen den G8-Gipfel gehört meine ganze Sympathie					
stimme voll und ganz zu	21,7	21,7	27,3	19,1	18,9
stimme etwas zu	44,1	39,1	44,6	44,7	48,1
stimme gar nicht zu	31,5	32,8	25,8	35,0	32,3
Basis	900	225	225	225	225

Quelle: tfactory Hamburg (2007): Timescout Welle 12, rep. für 11- bis 39-jährige Trendsetter und Early Adopters, n=1200, Angaben in % (Diff. auf 100%: k.A.)

Literatur

Aldrige, Alan (2005): The Beatles Songbook. Das farbige Textbuch der Beatles. (22. Auflage) München: dtv

Angerer, Marie-Luise (2007): Vom Begehren nach dem Affekt. Zürich: Diaphanes

Bachmann-Medick, Doris (2006): Cultural Turns. Neuorientierungen in den Kulturwissenschaften. Reinbeck bei Hamburg: Rowohlt

Baumann, Zygmunt (2003): Flüchtige Moderne. Frankfurt am Main: Suhrkamp

Bausch, Constanze (2006): Verkörperte Medien. Die soziale Macht televisueller Inszenierungen. Bielefeld: transcript

Beck, Ulrich; Beck-Gernsheim, Elisabeth (Hg.) (1994): Riskante Freiheiten. Individualisierung in modernen Gesellschaften. Frankfurt am Main: Suhrkamp

Benjamin, Walter (1983): Das Passagen-Werk (6. Auflage). Frankfurt am Main: Suhrkamp

Bette, Karl-Heinrich (2004): X-treme. Zur Soziologie des Abenteuer- und Risikosports. Bielefeld: transcript

Bette, Karl-Heinrich (2005a): Körperspuren. Zur Semantik und Paradoxie moderner Körperlichkeit (2. Auflage). Bielefeld: transcript

Bette, Karl-Heinrich (2005b): Risikokörper und Abenteuersport. In: Schroer, Markus (Hg): Soziologie des Körpers. Frankfurt am Main: Suhrkamp, 295-322

Bohnsack, Ralf (2003): Rekonstruktive Sozialforschung. Einführung in qualitative Methoden (5. Auflage). Opladen: Leske+Budrich

Bourdieu, Pierre (1987): Die feinen Unterschiede. Kritik der gesellschaftlichen Urteilskraft. Frankfurt am Main: Suhrkamp

BMSG/Bundesministerium für soziale Sicherheit, Generationen und Konsumentenschutz (2003): 4. Bericht zur Lage der Jugend in Österreich/Teil A: Jugendradar 2003. Wien: BMSG

Bublitz, Hannelore (2005): In der Zerstreuung organisiert. Paradoxien und Phantasmen der Massenkultur. Bielefeld: transcript

Büsser, Martin (2005): Antifolk. Von Beck bis Adam Green. Mainz: Ventil

Calvino, Italo (2007): Herr Palomar. Berlin: Klaus Wagenbach

Celen, Sengül; Nida-Sumeyya, Öztürk (2006): Rap österreichisch-türkischer Jugendlicher. Wien. Univ. Projektarbeit im Rahmen von Step 5 am Institut für Publizistik- und Kommunikationswissenschaft

Droener, Alexandra (2006): Der Smiley grinst wieder. „Nu Rave“. In: DE:BUG. Magazin für elektronische Lebensaspekte. Musik, Medien, Kultur, Selbstbeherrschung #108, 32

Dt. Shell (Hg.) (2000): Jugend 2000. 13. Shell Jugendstudie. Opladen: Leske+Budrich

Dt. Shell (Hg.) (2006): Jugend 2006. Eine pragmatische Generation unter Druck (15. Shell Jugendstudie). Frankfurt am Main: Fischer Taschenbuch

Duden, Etymologie (1997): Herkunftswörterbuch der deutschen Sprache (nach den Regeln der neuen dt. Rechtschreibung, überarbeiteter Nachdruck der 2. Auflage). Mannheim/Leipzig/Wien/Zürich: Dudenverlag

Eco, Umberto (1977): Zeichen. Einführung in einen Begriff und seine Geschichte. Frankfurt am Main: Suhrkamp

Eickelpasch, Rolf; Rademacher, Claudia (2004): Identität. Bielefeld: transcript

Fessel-GfK (1999): Wertestudie 1999 (Tabellenband). Wien: Fessel-GfK

Fuchs, Benjamin (2006): Culcha Candela: „Kids sollten den Aggro-Quatsch nicht glauben“. Laut.de-Special vom 9.2.2006. Online verfügbar unter http://www.laut.de/vorlaut/feature/01372/index.htm (Zugriff am 18.5.2007)

Gebauer, Gunter u.a. (2004): Treue zum Stil. Die aufgeführte Gesellschaft. Bielefeld: transcript

Gebhardt, Winfried; Hitzler, Ronald (2006): Nomaden, Flaneure, Vagabunden. Wissensformen und Denkstile der Gegenwart. Wiesbaden: VS Verlag für Sozialwissenschaften

Gebhardt, Winfried u.a. (2000): Events. Opladen: Leske+Budrich

Generation Cool. Der motikologische Einschub, online verfügbar unter: http://www.ouk.de/issue_25/generation_cool.html (Zugriff am 31.5.2007)

Glaser, Peter (2002): Geschichte wird gemacht. In: Kunsthalle Düsseldorf (Hg.): Zurück zum Beton. Die Anfänge von Punk und New Wave in Deutschland 1977-´82. Düsseldorf: Verlag der Buchhandlung Walter König, 121-128

Goetz, Maya (2006): Nur schön sozial und nachgiebig? Die Lieblingsfiguren der Mädchen. In: televIZIon 19 (1), 24-29

Gottschlich, Alexander u.a. (2006): Punk und HipHop. Szenen in Wien und Hamburg. Wien. Univ. Projektarbeit im Rahmen von Step 5 am Institut für Publizistik- und Kommunikationswissenschaft

Großegger, Beate (2003a): Die sozialen Netzwerker. Primärbeziehungen im jugendlichen Alltag. In: BMSG/Bundesministerium für soziale Sicherheit, Generationen und Konsumentenschutz: 4. Bericht zur Lage der Jugend in Österreich/Teil A: Jugendradar 2003. Wien: BMSG, 6-39

Großegger, Beate (2003b): Medien- und Informationstechnologien im jugendlichen Alltag. In: BMSG/Bundesministerium für soziale Sicherheit, Generationen und Konsumentenschutz: 4. Bericht zur Lage der Jugend in Österreich/Teil A: Jugendradar 2003. Wien: BMSG, 77-134

Großegger, Beate (2004): Jugendfernsehen zwischen Zeitgeist und Zielgruppe. In: televIZIon 17 (2), 4-11

Großegger, Beate (2006): Please, Herr Bürgermeister, pimp our St. Johann. Was Programmverantwortliche aus eigenproduzierten Beiträgen Jugendlicher lernen können. In: televIZIon 19 (2), 18-23

Großegger, Beate; Heinzlmaier, Bernhard (2002): Jugendkultur Guide. Wien: öbv&hpt

Gugutzer, Robert (2004): Soziologie des Körpers. Bielefeld: transcript

Hall, Stuart (2004): Ideologie, Identität, Repräsentation. Ausgewählte Schriften 4. Hamburg: Argument Verlag

Hahn, Marina u.a. (1997): Die Freizeitsituation Jugendlicher in Österreich. In: Friesl u.a. (Hg.): Erlebniswelten und Gestaltungsräume. Die Ergebnisse des „Dritten Berichts zur Lage der Jugend in Österreich". Graz/Wien: Zeitpunkt, 11-61

Han, Byung-Chul (2005): Hyperkulturalität. Kultur und Globalisierung. Berlin: Merve Verlag

Hansen, Klaus P. (2003): Kultur und Kulturwissenschaft. Eine Einführung (3., durchgesehene Auflage). Tübingen/Basel: A. Francke

Hebdige, Dick (1998): Stil als absichtliche Kommunikation. In: Kemper, Peter u.a. (Hg.): „But I like it." Jugendkultur und Popmusik. Stuttgart: Reclam, 392-420

Hebecker, Eike (2001): Die Netzgesellschaft. Jugend in der Informationsgesellschaft. Frankfurt am Main: Campus

Helmes, Günther; Köster, Werner (Hg.) (2004): Texte zur Medientheorie. Stuttgart: Reclam

Hepp, Andreas (2005): Kommunikative Aneignung. In: Mikos, Lothar; Wegener, Claudia (Hg.): Qualitative Medienforschung. Ein Handbuch. Konstanz: UVK, 67-79

Hitzler, Ronald (2006): Vagabundierende Geister. Skeptizismus, Irrsinn und Narretei als Irritationen der Wirklichkeit. In: Gebhardt, Winfried; Hitzler, Ronald (Hg.): Nomaden, Flaneure, Vagabunden. Wissensformen und Denkstile der Gegenwart. Wiesbaden: VS Verlag für Sozialwissenschaften, 67-63

Hitzler, Ronald u.a. (2001): Leben in Szenen. Formen jugendlicher Vergemeinschaftung heute. Opladen: Leske+Budrich

Hitzler, Ronald u.a. (2005): Leben in Szenen. Formen jugendlicher Vergemeinschaftung heute (2., aktualisierte Auflage). Wiesbaden: VS Verlag für Sozialwissenschaften

Hoffmann, Justin (2002): Do it yourself. Das Verhältnis zu den Achtundsechzigern. In: Kunsthalle Düsseldorf (Hg.): Zurück zum Beton. Die Anfänge von Punk und New Wave in Deutschland 1977-'82. Düsseldorf: Verlag der Buchhandlung Walter König, 161-170

Holert, Tom; Terkessidis, Mark (1998): Mainstream der Minderheiten. In: Kemper, Peter u.a. (Hg.): „But I like it." Jugendkultur und Popmusik. Stuttgart: Reclam, 314-332

Hörning, Karl. H. (1999): Kulturelle Kollisionen. Die Soziologie vor neuen Aufgaben. In: Hörning, Karl H.; Winter, Rainer (Hg.): Widerspenstige Kulturen. Cultural Studies als Herausforderung. Frankfurt am Main: Suhrkamp, 84-115

Hurrelmann, Klaus (1999): Lebensphase Jugend. Eine Einführung in die sozialwissenschaftliche Jugendforschung (6. Auflage). Weinheim und München: Juventa

Joswig, Jan (2006): Voll supi, e. SuperSuper Magazin. In: DE:BUG. Magazin für elektronische Lebensaspekte. Musik, Medien, Kultur, Selbstbeherrschung #108, 34

Jugendwerk der Deutschen Shell (Hg.) (1954): Jugend zwischen 15 und 24. Eine Untersuchung zur Situation der deutschen Jugend im Bundesgebiet. Bielefeld: Deutscher Heimatverlag Ernst und Werner Gieseking

Jugendwerk der Deutschen Shell (1981): Jugend '81. Lebensentwürfe, Alltagskulturen, Zukunftsbilder. Band 3. Hamburg: Dt. Shell

Keupp, Heiner u.a. (2002): Identitätskonstruktionen. Das Patchwork der Identitäten in der Spätmoderne (2. Auflage). Reinbek bei Hamburg: Rowohlt

Khan, Anne; Defcon, Robert (2007): Brennt den Club ab! Die Oral History des Berliner Rap Untergrunds. In: SPEX. Magazin für Popkultur #307, 74-86

Klein, Gabriele; Malte, Friedrich (2003): Is this real? Die Kultur des HipHop. Frankfurt am Main: Suhrkamp

Kösch, Sascha (2007): Dominik Eulberg. Steinmetz des Techno. In: DE:BUG. Magazin für elektronische Lebensaspekte. Musik, Medien, Kultur, Selbstbeherrschung #111, 21

Kraus, Wolfgang (2006): Alltägliche Identitätsarbeit und Kollektivbezug. Das wiederentdeckte Wir in einer individualisierten Gesellschaft. In: Keupp, Heiner; Hohl, Joachim (Hg.): Subjektdiskurse im gesellschaftlichen Wandel. Zur Theorie des Subjekts in der Spätmoderne. Bielefeld: transcript, 143-164

Lanier, Jaron: Digitaler Maoismus. Kollektivismus im Internet, Weisheit der Massen, Fortschritt der Communities? Alles Trugschlüsse. In: Süddeutsche Zeitung, 16.06.2006, online verfügbar unter: www.sueddeutsche.de/kultur/artikel/306/78228/ (Zugriff am 14.2.07)

Laut-Werk. Pop-Lexikon. Online verfügbar unter http://www.laut.de/lautwerk/index.htm (Zugriff am 17.4.2007)

Lenz, Thomas (2007): Konsum und Großstadt. Anmerkungen zu den antimodernen Wurzeln der Konsumkritik. In: Jäckel, Michael (Hg.): Ambivalenzen des Konsums und der werblichen Kommunikation. Wiesbaden: VS Verlag für Sozialwissenschaften, 41-52

Lights, Camera, Klaxons (2007). In: mixmag. The World's Biggest Dance Music and Clubbing Magazine #191, 82-84

Luhmann, Niklas (1995): Soziologische Aufklärung 6. Die Soziologie und der Mensch. Opladen: Westdeutscher Verlag

Luhmann, Niklas (2000): Vertrauen. Ein Mechanismus der Reduktion sozialer Komplexität (4. Auflage). Stuttgart: Lucius&Lucius

Mansury, Homaira (2006): „Turkish Power Boys". Verloren zwischen Aufnahmegesellschaft und Elterngeneration. In: Lucke, Doris (Hg.): Jugend in Szenen. Lebenszeichen aus flüchtigen Welten. Münster: Westfälisches Dampfboot, 51-65

Marx, Karl (1979): Das Kapital. Kritik der politischen Ökonomie. Berlin: Dietz

Medienpädagogischer Forschungsverbund Südwest (Hg.) (2006): JIM 2006: Jugend, Information, (Multi-) Media. Basisstudie zum Medienumgang 12- bis 19-Jähriger in Deutschland. Stuttgart: Eigenverlag

Misik, Robert (2005): Genial dagegen. Kritisches Denken von Marx bis Michael Moore. Berlin: Aufbau-Verlag

Mühlenhöfer, Georg (1999): Phänomen Disco. Geschichte der Clubkultur und der Popularmusik. Köln: Dohr

Müller, Marion G. (2003): Grundlage der visuellen Kommunikation. Theorieansätze und Analysemethoden. Konstanz: UVK

Müller, Michael R. (2006): Entweder-Oder? Über Praktiken der Selbststilisierung und den postmodernen Mythos vom fragmentierten Selbst. In: Gebhardt, Winfried; Hitzler, Ronald (Hg.): Nomaden, Flaneure, Vagabunden. Wissensformen und Denkstile der Gegenwart. Wiesbaden: VS Verlag für Sozialwissenschaften, 100-112

Münch, Richard; Schmidt, Jan (2005): Medien und sozialer Wandel. In: Jäckel, Michael (Hg.): Mediensoziologie. Grundfragen und Forschungsfelder. Wiesbaden: VS Verlag, 201-218

Münchmeier, Richard (2002): Miteinander – Nebeneinander – Gegeneinander? Zum Verhältnis zwischen deutschen und ausländischen Jugendlichen. In: Dt. Shell (Hg.): Jugend 2000. 13. Shell Jugendstudie (Band 1). Opladen: Leske+Budrich, 221-260

Niermann, Ingo; Sack, Adriano (2007): Breites Wissen. Die seltsame Welt der Drogen und ihrer Nutzer. Frankfurt am Main: Eichborn

Nietzsche, Friedrich (1979): Menschliches, Allzumenschliches, Werke I – V, Bd. I. Frankfurt am Main/Berlin/Wien: Ullstein

O'Hara, Craig (2004): The Philosophie of Punk. Die Geschichte einer Kulturrevolution (3. Auflage der Übersetzung). Mainz: Ventil

Plauk, Dennis (2006): Treffen sich zwei Adams. In: Visions #156, 40-42

Rauch, Matthias (2006): Starbilder. Über die mediale Herstellung von Authentizität in der Popkultur. In: testcard. Beiträge zur Popgeschichte #15 (The Medium is the Mess), 98-103

Richter, Rudolf (2005): Die Lebensstilgesellschaft. Wiesbaden: VS Verlag für Sozialwissenschaften

Robert Koch Institut (2006): Kinder- und Jugendgesundheitssurvey – KiGGS, online verfügbar unter: http://www.rki.de/nn_201180/DE/Content/GBE/Erhebungen/Gesundheitsurveys/Kiggs/kiggs__node.html?__nnn=true (Zugriff am 4.6.2007)

Sachs-Hombach, Klaus (Hg.) (2005): Bildwissenschaft. Disziplinen, Themen, Methoden. Frankfurt am Main: Suhrkamp

Schelp, Sarah (2006): Mafiose Vegetarier und andere Freunde. In: DIE ZEIT, 14.09.2006, online verfügbar unter: www.zeit.de/2006/38/Internet-Plattform?page=2 (Zugriff am 11.2.2007)

Schierl, Thomas (2005): Werbungsforschung. In: Sachs-Hombach, Klaus (Hg.): Bildwissenschaft. Disziplinen, Themen, Methoden. Frankfurt am Main: Suhrkamp, 309-319

Schiller, Friedrich (2000): Über die ästhetische Erziehung des Menschen. Stuttgart: Reclam

Schnetzer, Dominik (2006): Der Iconic Turn im massenmedialen Ensemble nach 1900. In: Mitterbauer, Helga; Tragatschnig, Ulrich (Hg.): Moderne. Kulturwissenschaftliches Jahrbuch 2. Innsbruck/Wien/Bozen: Studien Verlag, 50-63

Schramm, Holger (2004): Musikrezeption und Radionutzung. In: Mangold, Roland; Vorderer, Peter; Bente, Gary (Hg.): Lehrbuch der Medienpsychologie. Göttingen: Hogrefe, 434-436

Schroer, Markus (Hg.) (2005): Soziologie des Körpers. Frankfurt am Main: Suhrkamp

Schulze, Gerhard (1995): Die Erlebnis-Gesellschaft: Kultursoziologie der Gegenwart (5. Auflage). Frankfurt/New York: Campus

Simmel, Georg (1999): Der Krieg und die geistigen Entscheidungen u.a. Gesamtausgabe Band 16. Frankfurt am Main: Suhrkamp

Straub, Jürgen (2006): Differenzierungen der psychologischen Handlungstheorie – Dezentrierungen des reflexiven, autonomen Subjekts. In: Keupp, Heiner; Hohl, Joachim (Hg.): Subjektdiskurse im gesellschaftlichen Wandel. Zur Theorie des Subjekts in der Spätmoderne. Bielefeld: transcript, 1-74

Strittmatter, Peter (1990): Ein Bild sagt mehr als 1000 Worte. Wissensvermittlung durch visuelle Medien. In: Scheidgen, Helmut u.a. (Hg.): Information ist noch kein Wissen. Weinheim/Basel: Beltz, 127-141

Sydow, Sandra (2006): Ein Brett geht noch. Connaisseur. In: DE:BUG. Magazin für elektronische Lebensaspekte. Musik, Medien, Kultur, Selbstbeherrschung #108, 22

Vaskovics, Laszlo u.a. (Hg.) (1997): Jungsein in Deutschland. Opladen: Leske+Budrich

Williams, Paul (1998): Von hier aus können wir überall hingehen – Das Woodstock-Festival als erlebte Realität. In: Kemper, Peter u.a. (Hg.): but I like it. Jugendkultur und Popmusik. Stuttgart: Reclam, 25-45

Weber, Max (1988): Die protestantische Ethik und der Geist des Kapitalismus. In: Weber, Max: Gesammelte Aufsätze zur Religionssoziologie I. Tübingen: UTB, 17-206

Werner, Goetz (2007): Jonas und Jules. In: Lodown. Zeitschrift für Populärkultur und Bewegungskunst #56, 130-133

Winter, Reinhard; Neubauer, Gunter (2006): Oben drüber oder unten durch. Figurenqualitäten für 9- bis 11-jährige Jungen. In: televIZIon 19 (1), 31-36

Wittel, Andreas (2006): Auf dem Weg zu einer Netzwerk-Sozialität. In: Hepp, Andreas u.a. (Hg.): Konnektivität, Netzwerk und Fluss. Konzepte gegenwärtiger Medien-, Kommunikations- und Kulturtheorie. Wiesbaden: VS Verlag für Sozialwissenschaften, 163-188

Wulf, Christoph (2004): Anthropologie. Geschichte, Kultur, Philosophie. Reinbek bei Hamburg: Rowohlt Taschenbuch

Zentner, Manfred (1998): FUNtastic Sports. Lifestyle in Motion. In: Großegger u.a. (Hg.): Trendpaket 2. Graz/Wien: Zeitpunkt, 122-134

Ziemann, Andreas (2006): Soziologie der Medien. Bielefeld: transcript

Zinnecker, Jürgen (1989): Die Versportung jugendlicher Körper. In: Brettschneider, Wolf-Dietrich u.a. (Hg.): Sport im Alltag von Jugendlichen. Schorndorf: Hofmann, 133-159

Studien

Institut für Jugendkulturforschung (2005a): elf/18 – die Jugendstudie, repräsentativ für 11- bis 18-jährige Jugendliche in Österreich, n=800 (Eigenstudie)

Institut für Jugendkulturforschung (2005b): Mädchen-Studie 05 – Beruf, Pop und Politik (Eigenstudie)

Institut für Jugendkulturforschung (2006): Nix los in St. Johann – ein partizipatives Forschungsprojekt mit Jugendlichen (im Auftrag der Musik Kultur St. Johann)

Institut für Jugendkulturforschung (2007a): elf/18 – die Jugendstudie, repräsentativ für 11- bis 18-jährige Jugendliche in Österreich, n=880 (Eigenstudie)

Institut für Jugendkulturforschung (2007b): elf/18-Generationen-Special: Was Erwachsene von Jugendlichen lernen können, repräsentativ für 11- bis 18-jährige Jugendliche in Österreich, n=880 (Eigenstudie)

tfactory Hamburg (2004): Timescout Welle 6, repräsentativ für 11- bis 29-jährige Trendsetter und Early Adopters in Deutschland, n=900 (Eigenstudie)

tfactory Hamburg (2005): Timescout Welle 8, repräsentativ für 11- bis 29-jährige Trendsetter und Early Adopters in Deutschland, n=900 (Eigenstudie)

tfactory Hamburg (2006a): Timescout Welle 9, repräsentativ für 11- bis 29-jährige Trendsetter und Early Adopters in Deutschland, n=900 (Eigenstudie)

tfactory Hamburg (2006b): Timescout Welle 10, repräsentativ für 11- bis 29-jährige Trendsetter und Early Adopters in Deutschland, n=900 (Eigenstudie)

tfactory Hamburg (2007): Timescout Welle 11, repräsentativ für 11- bis 39-jährige Trendsetter und Early Adopters in Deutschland, n=1200 (Eigenstudie)

tfactory Wien (2006): Timescout Welle 7, repräsentativ für 11- bis 29-jährige Trendsetter und Early Adopters in Österreich, n=847 (Eigenstudie)

Grundlagenforschung

Institut für Jugendkulturforschung (laufend): qualitative Interviews und Gruppendiskussionen mit 11- bis 24-jährigen Jugendlichen und jungen Erwachsenen; Szene-Medienbeobachtung

tfactory Hamburg (laufend): Trend-Gruppendiskussionen mit 11- bis 29-jährigen Jugendlichen und jungen Erwachsenen aus dem Trendsetter- und Early-Adopters-Segment

nova rock
NICKELSDORF
NUKE
ST. PÖLTEN
YEAH!
WICKED!
YEAH!
CLUB
Da ist was los.
www.studentenkontoXL.at